JN431839

SAMUEL
KINGS
CHRONICLES

왕들의 이야기

| 김영길 지음 |

쿰란출판사

머리말

《왕들의 이야기》는 은퇴하면서 쓰기 시작한 '가슴으로 읽는 성경'의 일곱 번째 저서다. 나는 '가슴으로 읽는다'는 표현에 세 가지 의미를 담았다.

첫째로, 하나님의 가슴으로 성경을 읽어본다는 뜻이다. 하나님께서 왜 그 사람을 왕으로 택하셨는지, 왜 그런 방식으로 역사를 이끌어 가셨는지, 그리고 특정한 사건에 나타난 하나님의 목적은 무엇이었는지, 이런 관점에서 성경을 읽어보려는 시도이다. 둘째로, 성경에 나오는 개인과 집단의 입장에서 읽어본다는 뜻이다. 그들의 열정, 성공과 실패, 시인(是認)과 변명 사이에서 그들의 가슴속을 들여다보는 시도이다. 셋째로, 성경 이야기의 시간과 공간 사이에 나 자신을 넣어본다는 뜻이다. '나라면 그때 어떻게 했을까', '내 삶 속에서 발견되는 그와 비슷한 경험들은 무엇일까', '장래 이런 일이 일어난다면 나는 어떻게 대처해야 할까', 이런 질문을 가지고 성경을 읽어보려는 시도이다.

그러므로 이 책의 목적은 하나님의 뜻을 살피고, 성서에 등장하는 인물들을 충분히 이해하며, 관객의 자리에 앉아 있는 내 자신을 깊이 성찰하는 데 있다. 그렇게 하기 위해 나는 하나님과 성경 인물들과 내 자신에게 자주 질문할 것이다. 그리고 이와 같은 '질문하며 읽기'에 독자 여러분을 정중히 초청하려고 한다.

이 책에서 다루는 이스라엘 왕들의 역사는 사울 왕(주전 1050년)

때로부터 시드기야 왕(주전 586년) 때까지이다. 물론 왕국의 출현을 설명하기 위해 사무엘 선지자를 먼저 살펴볼 것이다.

이스라엘 왕들이 다스렸던 460여 년은 크게 세 부분으로 나누어진다. 첫째는, 사울과 다윗과 솔로몬이 다스렸던 통일왕국 시대로 주전 1050년경부터 주전 931년에 이르는 120여 년이 여기에 속한다. 둘째는, 남왕국 유다와 북왕국 이스라엘로 분열된 '분열왕국'이다. 그렇게 나누신 분은 하나님이셨다. 그 원인은 솔로몬 왕과 백성들의 죄 때문이었다. 상대적으로 하나님을 더 멀리 떠났던 북왕국 이스라엘은 주전 722년에 앗수르의 살만에셀 왕에게 정복당한 후 더 이상 나라의 면모를 회복하지 못했다. 셋째는, 북왕국이 멸망한 후에 계속된 남왕국 유다의 역사이다. 북왕국의 결말을 보고서도 깨닫지 못했던 유다는, 주전 586년에 바벨론에 멸망당하고 열강의 속국으로 전락하고 말았다.

그러나 하나님께서는 이스라엘을 영원히 버리시지 않았다. 훗날 그런 일이 일어날 줄 미리 아시고 하나님은 모세를 통하여 그의 계획을 들려주셨다.

"그런즉 그들이 그들의 원수들의 땅에 있을 때에 내가 그들을 내버리지 아니하며 미워하지 아니하며 아주 멸하지 아니하고 그들과 맺은 내 언약을 폐하지 아니하리니 나는 여호와 그들의 하나님이

되이니라."(레 26:44)

포로로 잡혀간 땅 바벨론에서 태어났던 느헤미야는 예루살렘으로 귀환하여 성벽을 쌓은 후에 이렇게 감사기도를 드렸다.

"주의 크신 긍휼로 그들을 아주 멸하지 아니하시며 버리지도 아니하셨사오니 주는 은혜로우시고 불쌍히 여기시는 하나님이심이니이다."(느 9:31)

이스라엘은 하나님께서 택하신 나라이다. 아브라함에게 약속하시고, 애굽에서 4백여 년 동안 기르셨으며, 약속하신 대로 가나안 땅에 세워주신 나라이다. 여호수아가 이스라엘을 가나안으로 인도한 이후 300여 년 동안 이스라엘에는 왕이 필요 없었다. 하나님이 그들의 왕이 되셨기 때문이다. 하나님은 옷니엘에서 삼손에 이르기까지 12명의 사사들을 택하시고 이스라엘을 다스리게 하셨다. 엘리와 사무엘까지 합하면 14명이다.

사사란 하나님께서 주신 권위와 능력으로 백성들을 섬기는 지도자였다. 그들은 주변 국가들로부터 나라를 보호하고 백성들의 재판을 담당했다. 누구도 사사직을 대물림하지 않았으며, 자기의 권력을 유지하기 위해 수도(首都)를 정하거나 조직을 강화하지 않았다. 그들 모두 일반 백성 중의 하나로 자기가 사는 성읍에 머물며 백성들을 섬겼다.

그런데 사무엘의 노년기에 백성들이 "우리에게는 왕이 필요하다"면서 들고 일어났다. 가장 큰 이유는 암몬 자손들의 침략 때문이었다. 그들은 왕이 있어야 전쟁에서 승리할 수 있다고 생각했다. 사무엘은 백성들을 꾸짖었다. 하나님께서 그들 중에 이미 왕으로 좌정하고 계셨기 때문이다. 그러나 백성들은 물러서지 않았다. 이런 움직임은 언제나 요원의 불길처럼 번지는 법이다. 결국 하나님께서 이를 허락하셨다.

> "우리에게 왕을 주어 우리를 다스리게 하라 했을 때에 사무엘이 그것을 기뻐하지 아니하여 여호와께 기도하매 여호와께서 사무엘에게 이르시되, '백성이 네게 한 말을 다 들으라. 이는 그들이 너를 버림이 아니요 나를 버려 자기들의 왕이 되지 못하게 함이니라. 내가 그들을 애굽에서 인도하여 낸 날부터 오늘까지 그들이 모든 행사로 나를 버리고 다른 신들을 섬김같이 네게도 그리하는도다. 그러므로 그들의 말을 듣되 너는 그들에게 엄히 경고하고 그들을 다스릴 왕의 제도를 가르치라.'"(삼상 8:6-9)

기뻐서 하신 말씀이 아니다. 마지못해 하신 말씀이다. 왜냐하면 그들의 장래가 위험천만했기 때문이다. 그 이후 이스라엘의 역사는 살얼음과 벼랑 끝 같은 날들의 연속이었다. 다윗처럼 하나님을 경외하는 왕들도 있었지만 대부분은 하나님을 슬프시게 했다. 처음에는 하나님을 경외하다가도 나중에는 멸시하는 왕들이 있었다. 물론 그중에는 하나님께로 백성들을 돌아오도록 종교개혁을 일으켰던 왕들도 몇 명 있었다. 그러나 아버지의 신앙을 물려받은 아들이 드물었다. 대부분의 왕들은 선보다 악을 따르는 데 익숙해서 언제나 똑같은 잘못을 저지르곤 했다. 그 결과 나라는 패망했고, 백성들은 흩어졌다.

르호보암 왕 시절에 분열된 남과 북의 왕국에는 각각 20명의 왕들이 있었다. 북왕국 이스라엘은 주전 931년부터 722년까지 209년 동안, 그리고 남왕국 유다는 주전 931년부터 586년까지 345년 동안 지속되었다. 북왕국의 왕들이 다스린 기간은 평균 11년이고, 남왕국의 왕들이 다스린 기간은 평균 15년이었다. 북왕국은 그 짧은 기간에 왕조가 아홉 번이나 바뀌었고, 그 사이에 암살당한 왕들만 7명이었다. 남왕국은 다윗의 후손들이 계속해서 왕위를 지켰지만 암살당한 왕들이 4명이나 되었다. 그럼에도 하나님께서 나단을 통하여 다윗에게 주신 하나님의 약속이 남왕국을 붙들고 계셨다.

"네 집과 네 나라가 내 앞에서 영원히 보전되고 네 왕위가 영원히 견고하리라 하셨다 하라."(삼하 7:16)

두 왕국을 멸망의 길로 인도한 몇 가지 요소들이 있었다. 북왕국의 역사에 자주 나오는 '여로보암의 죄'와 남왕국의 역사에 자주 나오는 '산당제사'이다. 둘 다 우상숭배와 관련이 있었다. 물론 솔로몬도 성전을 짓기 전에는 산당에서 제사를 지냈다. 그 유명한 '일천번제'도 산당에서 지냈고, 그 결과 하나님께서 꿈을 통해 그를 만나 주셨다. 성전을 건축하기 전까지는 광야에서 모세가 세운 회막이 기브온에 있었는데, 성전을 완성하고 언약궤를 옮겨온 이후에도 솔로몬은 여전히 산당에서 제사를 지냈다.

"솔로몬이 여호와의 눈앞에서 악을 행하여 그의 아버지 다윗이 여호와를 온전히 따름같이 따르지 아니하고 모압의 가증한 그모스를 위하여 예루살렘 앞산에 산당을 지었고 또 암몬 자손의 가증한 몰록을 위하여 그와 같이 하였으며 그가 또 그의 이방 여인들을 위

하여 다 그와 같이 한지라. 그들이 자기의 신들에게 분향하며 제사하였더라."(왕상 11:6-8)

그 이후부터 '산당의 제사'는 곧 '우상숭배'라는 등식(等式)이 성립되었다. 북왕국 이스라엘은 말할 것도 없고, 남왕국 유다의 왕들도 히스기야와 요시야를 제외하고는 모두 산당에서 분향했다. 히스기야 왕이 모든 산당들을 다 허물었지만 그의 아들 므낫세는 다시 세웠다. 그 후에 요시야가 다시 한번 대대적으로 산당들을 제거했다. 그 이후에는 산당이라는 단어가 성경에 다시 나오지 않았다. 그러나 불행하게도 그로부터 20여 년 후에 남왕국 유다는 바벨론으로 인해 멸망하고 말았다.

북왕국 이스라엘은 '여로보암의 죄'에 사로잡혀 있었다. 그것은 북왕국의 초대왕 여로보암이 절기 때마다 백성들이 예루살렘으로 내려가는 것을 막기 위해 금송아지 우상을 만든 죄였다. 그는 남쪽에 있는 벧엘과 북쪽에 있는 단에 금송아지를 만들어 놓고 '이가 너희 조상을 애굽에서 인도하여 낸 여호와'라고 호도(糊塗)하며 일반인들로 제사장을 삼았다. 북왕국 이스라엘은 결국 '여로보암의 죄'라는 올무에 걸려 망하게 되었다.

이번에 저술한 《왕들의 이야기》는 사무엘서와 열왕기서, 그리고 역대기서를 총망라하여 기록했다. 왕들의 이야기가 중요한 까닭은 그것이 곧 하나님의 절대 주권에 관한 이야기이기 때문이다. 왕들은 하나님께서 세우셨다. 비록 이스라엘 백성들이 자기들을 위하여 왕을 세워달라고 요청했지만, 왕과 백성들 모두 하나님의 절대주권 아래에 놓여 있었다. 왕이 하나님의 계명을 지키고 겸손하며 말씀에 순종하면 부와 평안을 선물로 주셨다. 그러나 왕이 하나님을 거역하고 우상을 숭배하면 암살을 당하거나 적의 침략을 받아 평안한 날이 없었다.

원래 사무엘상·하는 한 권이었다. 사무엘서는 사울 왕(주전 1050-1010년 재위)과 다윗 왕(주전 1010-970년 재위)에 대한 기록으로서, 어떻게 이스라엘 왕조가 시작되었는지 설명하고 있다.

열왕기상·하도 본래 한 권의 책이었지만 그 내용이 방대하여 편의상 두 개의 두루마리(scroll) 책으로 나누어졌던 것이 상권과 하권으로 불리게 되었다. 열왕기는 솔로몬의 등극으로부터 남왕국 유다의 시드기야 왕이 바벨론에 사로잡혀가서 죽는 장면까지를 담고 있다.

열왕기가 기록된 시기는 주전 560년과 주전 538년 사이로 추측된다. 주전 560년이라 함은 남왕국 유다의 19대 왕이었던 여호야긴이 그 해에 바벨론 느부갓네살에 의해 (비록 포로생활이었지만) 석방되어 왕의 대우를 받고 살았다는 기록 때문이다(왕하 25:27-30). 그리고 주전 538년이라 함은 그 해에 유다 백성들이 고향으로 돌아왔던 1차 포로귀환 이야기가 열왕기에 기록되어 있지 않기 때문이다. 열왕기서를 기록한 저자가 누구인지 우리는 알 수 없다. 그러나 전통적으로 에스라, 에스겔, 혹은 예레미야 중 하나였을 것이라고 여겨왔다.

열왕기서의 목적은 역사로부터 교훈을 얻는 데 있다. 때문에 두 왕국의 역사를 공평하게 다루며, 왕국에 영향을 주었던 선지자들의 역할도 자세히 기록하고 있다. 열왕기서의 저자는 '모세의 율법'을 중심으로 왕들을 평가했다. 그래서 율법을 지킨 왕은 복을 받고, 지키지 않는 왕은 벌을 받는다는 패턴(pattern)이 반복되고 있다. 왕들의 성공과 실패는 한마디로 '하나님과의 관계'가 절대적이냐 아니면 상대적이냐에 의해 결정되었다. 하나님의 절대주권을 인정하고 계명(혹은 말씀)에 순종하는 왕들은 복을 받았다. 저자는 포로로

잡혀간 유다 백성들에게 율법의 중요성을 강조하고 가르칠 목적으로 열왕기를 기록했을 것이다.

열왕기서는 다윗의 죽음과 솔로몬의 등극으로부터 시작한다. 그런 면에서 열왕기는 사무엘상·하의 연결 편으로 보아도 무방하다. 그러나 역대기상·하(이 책도 원래는 한 권이었다.)는 아담으로부터 시작하여 열두 지파에 이르는 족보들을 기록하는 데 처음 10여 장을 할애한다. 역대상 4장은 바벨론 포로에서 돌아와 정착한 백성들에 관한 기록이다. 역대하 마지막 장(36장)에는 바벨론이 망하고 바사(페르시아)가 세워진 이야기, 그리고 바사 왕 고레스가 통치 원년(元年)에 예레미야의 예언처럼 유다 백성들을 예루살렘으로 돌려보낸 이야기가 간단히 기록되어 있다.

> "바사 왕 고레스가 이같이 말하노니 하늘의 신 여호와께서 세상 만국을 내게 주셨고 나에게 명령하여 유다 예루살렘에 성전을 건축하라 하셨나니 너희 중에 그의 백성 된 자는 다 올라갈지어다. 너희 하나님 여호와께서 함께하시기를 원하노라 하였더라."(대하 36:23)

역대기에 나오는 인물들 중 가장 후대의 인물은 여호야긴(여고냐, 주전 598년에 바벨론에 잡혀감) 왕의 8대손인 아나니(Anani)다(대상 3:17-24). 한 세대를 25년으로 계산하면 역대기는 주전 400년경에 기록되었을 것이다.

역대기는 유다와 다윗의 가문에 중점을 두고 있다. 대부분 유다 왕들 중심으로 기록했고, 이스라엘 왕은 아합을 비롯한 소수에 불과하다. 사울 왕에 관한 기록은 한 장(대상 10장)에 그친 반면, 다윗 왕에 관한 기록은 19장(대상 11-29장)을 차지한다. 뒤이어 솔로몬을 위해 9장(대하 1-9장)을, 그리고 나머지 20여 명의 유다 왕들을 위해 27장을 할애하고 있다(대하 10-36장).

특이한 점은 역대기상의 처음부터 9장까지를 보면, 아담으로부터 시작한 족보를 기록하고 있는데, 그중에 성전과 제사장과 레위인들에 대한 내용이 많은 부분을 차지하고 있다는 점이다. 이런 면에서 볼 때 역대기를 기록한 저자의 목적은, 다윗가와 성전 예배를 중심으로 하여 이스라엘의 정통성을 회복시키는 데 있다고 볼 수 있다. 그는 우상을 숭배하다가 앗수르에 망한 후 종교혼합주의에 빠진 북왕국 이스라엘을 별로 중요하게 생각하지 않았다.

역대기에는 다윗이 밧세바를 간통한 이야기가 없다. 그런가 하면 므낫세가 앗수르에 사로잡혀 갔다가 하나님께 회개한 후에 풀려난 이야기가 있다. 한편 열왕기에는 므낫세가 끝까지 하나님을 대적하다가 죽은 최악의 왕으로 기록되어 있다. 그래서 혹자는 역대기 저자가 편견을 가지고 역사를 기록했다고 생각할 수 있다.

그러나 역대기는 열왕기보다 약 130여 년 후에 기록되었다. 다윗과 밧세바 이야기는 이미 사무엘 시대부터 널리 알려졌기 때문에 다시 반복할 필요가 없을 것이다. 더구나 그 시절의 유대인들은 메시아(이스라엘을 구원할 기름 부음 받은 종)를 갈망하며 그가 다윗의 위(位)에서 나오리라고 기대하고 있었다. 그들은 이스라엘을 강성대국으로 만든 다윗이 메시아의 원형(原型, prototype)이라고 생각했다. 이런 메시아사상은 예수님 시대까지 계속되었다. 예수님께서 그들의 잘못된 생각을 바로잡아주신 이야기가 마태복음에 기록되어 있다.

"바리새인들이 모였을 때에 예수께서 그들에게 물으시되, '너희는 그리스도에 대하여 어떻게 생각하느냐. 누구의 자손이냐.' 대답하되, '다윗의 자손이니이다.' 이르시되, '그러면 다윗이 성령에 감동되어 어찌 그리스도를 주라 칭하여 말하되 주께서 내 주께 이르시되 내가 네 원수를 네 발 아래에 둘 때까지 내 우편에 앉아 있으라 하셨도다 하였느냐. 다윗이 그리스도를 주라 칭하였은즉 어찌 그의 자손이 되겠느냐.' 하시니 한 마디도 능히 대답하는 자가 없고 그날부터 감히 그에게 묻는 자도 없더라"(마 22:41-46).

역대기는 열왕기의 부족한 부분을 채워주고 있다. 그러므로 이 책에서는 사무엘서와 열왕기서, 그리고 역대기서를 참고하여 이스라엘 왕들의 흥망성쇠를 살펴보려고 한다. 베드로는 성도들을 가리켜 '왕 같은 제사장'이라고 불렀다(벧전 2:9). 우리는 '하나님의 아름다운 덕을 선포하는' 왕 같은 존재들이다. 그렇다면 이스라엘 왕들의 생애는 우리에게 더없이 좋은 교훈과 귀감이 될 것이다.

항상 '가슴으로 읽는 성경' 시리즈의 속간(續刊)을 위해 기도하시며 기다려주시는 사랑하는 성도님들에게 진심으로 감사를 드린다. 그리고 정성을 다해 책을 출판해주신 쿰란출판사의 이형규 사장님과 온 직원들에게 감사를 드린다.

또한 부족한 종에게 지혜와 능력을 부어주신 우리 아버지 하나님께 감사와 찬송과 영광을 올려드린다.

2022년 3월

로스앤젤레스에서

차례

제1부 사울 왕과 다윗 왕(사무엘상·하)

제2부 솔로몬 왕과 성전 건축(열왕기상 1-11장)

제3부 분열된 왕국(열왕기상 12장-열왕기하 25장)

가슴으로
읽는 7 Samuel
성경 Kings
Chronicles

제1부

사울 왕과 다윗 왕

(사무엘상·하)

1

마지막 사사(士師) 사무엘

삼상 1-8장

왜 하나님께서 한나의 태를 늦게 여셨을까? 성경을 보면 하나님께서 한나의 태를 닫으셨고(삼상 1:5) 때가 되매 열어주셨다(삼상 1:19). 한나의 남편 엘가나는 레위 족속이며, 고라 자손에 속한 숩의 현손(玄孫 5대손)이다. 이렇게 거창하게 조상을 기록한 이유는 엘가나가 뼈대 있는 가문에 속했기 때문이다.

그에게는 한나 외에도 브닌나라는 아내가 있었다. 한나의 이름이 브닌나보다 앞서 나온 것을 보면 틀림없이 한나가 본처였을 것이다. 그러나 한나에게는 자식이 없고 브닌나에게는 여럿 있었다. 이 일 때문에 한나가 슬퍼하자 엘가나는 그녀에게 갑절의 사랑과 관심을 기울였다. 그러나 그럴수록 한나의 슬픔은 쌓여갔다.

슬픔의 원인이 제거되지 않은 상태에서 받는 위로는 오히려 슬픔을 가중시키는 법이다. 더구나 기회 있을 때마다 브닌나가 한나의 속을 뒤집어놓았다. 무슨 말로 브닌나가 한나를 격동시켰을까.

아마도 이렇게 말했을지도 모른다. “아이고, 자식 없는 사람은 무슨 복을 타고났을까. 나는 이것들 때문에 밥도 편하게 먹을 수가 없네.” 그런 날들이 얼마나 지속되었는지 우리는 모른다. 적어도 수년은 되었을 것이다.

그들은 매년 제사 드리기 위해 여호와의 집에 올라갔다. 하루는 한나가 여호와의 전 문밖에서 눈물로 통곡하며 이렇게 기도했다.

> “만군의 여호와여 만일 주의 여종의 고통을 돌보시고 나를 기억하사 주의 여종을 잊지 아니하시고 주의 여종에게 아들을 주시면 내가 그의 평생에 그를 여호와께 드리고 삭도를 그의 머리에 대지 아니하겠나이다.”(삼상 1:11)

엘리 대제사장이 본즉 한 여인이 오래 동안 기도하는데 입술만 움직이고 소리는 들리지 않았다. 엘리는 그녀가 술에 취했다고 생각했다.

“네가 언제까지 취하여 있겠느냐. 포도주를 끊으라.”

기가 막힌 한나가 대답했다.

“내 주여 그렇지 아니하니이다. 나는 마음이 슬픈 여자라 포도주나 독주를 마신 것이 아니요 여호와 앞에 내 심정을 통한 것뿐이오니 당신의 여종을 악한 여자로 여기지 마옵소서. 내가 지금까지 말한 것은 나의 원통함과 격분됨이 많기 때문이니이다.”

좀 미안했던지 엘리 대제사장이 한나를 축복했다.

“평안히 가라. 이스라엘의 하나님이 네가 기도하여 구한 것을 허락하시기를 원하노라.”

한나는 “당신의 여종이 당신께 은혜 입기를 원하나이다” 하고 밝은 얼굴로 돌아갔다. 주의 종들에게 주어진 가장 큰 임무 중의 하나는 축복의 언어를 사용하는 권세이다. 진실한 마음으로 축복을 선포하면 믿음으로 받아들이는 사람에게 특별한 일이 일어난다. 나는 목회하면서 그런 경험을 자주 했다.

그 후에 하나님께서 한나의 태를 여시고 사무엘('내가 여호와께 그를 구하였다')을 잉태하게 하셨다. 그런데 기왕에 주실 아이였다면 무슨 연유로 그렇게 오래 지체하셨을까? 두 가지 대답이 가능하다. 만일 한나가 평범하게 사무엘을 낳았다면 그런 서원기도를 하지 않았을 것이다. 하나님께서 그의 지체하심을 통하여 사무엘을 특별히 선택하셨다는 확실한 징조를 보여주셨다. 또 다른 대답은 엘리 대제사장과 그의 아들들에게 임할 심판의 때가 아직 이르지 않았기 때문이다.

한나는 사무엘이 젖뗄 때까지 집에 머무르게 했다가 때가 되자 실로에 있는 회막으로 데려갔다. (그들이 살고 있는 라마에서 실로까지는 북쪽으로 40여 km이다.) 그때 사무엘은 몇 살쯤 되었을까? 세계보건기구는 적어도 두 살까지는 모유를 먹여야 한다고 권장하고 있다. 보통 생후 2-4년 사이에 젖을 뗀다. 그렇다면 사무엘은 적어도 세 살쯤부터 혼자 생활하는 훈련을 받았을 것이다. 한나는 사무엘의 말귀가 열릴 때부터 수도 없이 이런 말을 들려주었을 것이다.

"사무엘아, 너는 하나님께 드려진 아이이다. 앞으로 엘리 대제사장님이 계시는 실로에 가서 혼자 살아야 한단다."

한나가 엄하게 사무엘을 훈련시키는 장면이 눈에 그려진다. 엘가나와 한나는 수소 세 마리와 밀가루 한 에바(22리터)와 포도주 한 가죽부대를 가지고 사무엘을 하나님께 드리기 위해 회막으로 올라갔다. 성경은 "아이가 어리더라"고 묘사했다. 한나는 수년 전의 일을 회고하며 엘리 제사장에게 어린 사무엘을 맡겼다.

사무엘은 그날부터 세마포 에봇을 입고 여호와를 섬겼다. 여호와의 언약궤가 있는 천막이 그의 잠자리였다. 한나는 매년 제사를 드리러 올라갈 때마다 옷 한 벌씩을 준비해갔다. 만날 때는 얼마나 반가웠고 헤어질 때는 또 얼마나 섭섭했을까. 사무엘의 어린 시절을 생각하면 가슴이 아려온다. (시간을 내어 사무엘상 2장 1-10절에 있는 한나의 노래를 천천히 음미해보자. 그러면 절망 중에 담대함을 얻게 될 것이다.)

동서고금을 막론하고 자식은 부모 뜻대로 되지 않는다. 훌륭한 부모 밑에서도 못된 자식이 나올 때가 있다. 엘리 대제사장의 두 아들 홉니와 비느하스가 바로 그런 경우였다. 성경은 "엘리의 아들들은 행실이 나빠 여호와를 알지 못하더라"(삼상 2:12)고 했다. 하나님을 멸시했다는 말의 완곡(婉曲)한 표현이다.

그들은 여호와의 제사를 멸시했다. 내키는 대로 제사 음식을 가져다 먹고 회막에서 섬기는 여인들을 건드렸다. 엘리 대제사장을 제외하고는 모든 사람들이 다 알고 있는 사실이었다. 누구 탓일까. 엘리의 탓일 수도 있고 자식들의 탓일 수도 있다. 신앙의 유산을 물려주기 위해 부모가 최선을 다해도 뜻대로 되지 않는 경우가 있다. 그때는 하나님의 은혜에 맡기는 수밖에 없다. 그렇더라도 자식들에 대한 소문을 듣고 난 후 엘리가 보인 반응은 나약하고 무력했다.

"너희가 어찌하여 이런 일을 하느냐. 내가 너희의 악행을 이 모든 백성에게서 듣노라. 내 아들들아 그리하지 말라. 내게 들리는 소문이 좋지 아니하니라. 너희가 여호와의 백성으로 범죄하게 하는도다. 사람이 사람에게 범죄하면 하나님이 심판하시려니와 만일 사람이 여호와께 범죄하면 누가 그를 위하여 간구하겠느냐."(삼상 2:23-25)

불행하게도 그들은 아버지의 말을 듣지 않았다. 성경은 여호와께서 그들을 죽이기로 뜻하셨기 때문이라고 기록하고 있다. 하나님께서 선지자들을 보내셔서 엘리의 집안을 책망하셨다.

"너희는 어찌하여 내가 내 처소에서 명령한 내 제물과 예물을 밟으며 네 아들들을 나보다 더 중히 여겨 내 백성 이스라엘이 드리는 가장 좋은 것으로 너희들을 살지게 하느냐. 그러므로 이스라엘의 하나님 나 여호와가 말하노라. 내가 전에 네 집과 네 조상의 집이 내 앞에 영원히 행하리라 하였으나 이제 나 여호와가 말하노니 결단코 그렇게 하지 아니하리라. 나를 존중히 여기는 자를 내가 존중히 여기고 나를 멸시하는 자를 내가 경멸하리라."(삼상 2:29-30)

뒤이어 하신 경고의 말씀이 더 섬뜩했다. '자손 중에 노인이 하나도 없고 모두 젊어서 죽게 될 것이다. 홉니와 비느하스는 한 날에 죽게 될 것이다.' 그러나 위로하시는 예언도 있었다. 하나님께서 하나님 자신을 위하여 충실한 제사장을 일으키시겠다는 약속이었다. 그가 바로 사무엘이다. 그는 하나님의 마음과 하나님의 뜻대로 행하는 제사장이 될 것이라고 했다. 하루는 밤중에 하나님께서 사무엘을 깨우시더니 장차 엘리의 가문에 임할 두려운 심판을 들려주셨다.

"내가 엘리의 집에 대하여 말한 것을 처음부터 끝까지 그날에 그에게 다 이루리라. 내가 그의 집을 영원토록 심판하겠다고 그에게 말한 것은 그가 아는 죄악 때문이니 이는 그가 자기의 아들들이 저주를 자청하되 금하지 아니하였음이니라. 그러므로 내가 엘리의 집에 대하여 맹세하기를 엘리 집의 죄악은 제물로나 예물로나 영원히 속죄함을 받지 못하리라 하였노라."(삼상 3:12-14)

이 말씀을 전해들은 엘리는 "이는 여호와이시니 선하신 대로 하실 것이니라" 하고 입을 다물었다. 그리고 여러 날이 지났다. 적어도 사무엘이 사사의 역할을 할 수 있을 만큼 시간이 지났을 것이다. 끝까지 회개하지 않던 두 아들은 얼마 후 블레셋과 싸우는 전쟁터에서 죽고 말았다. 엘리 제사장은 하나님의 언약궤를 블레셋 사람들에게 빼앗겼다는 말을 듣고 뒤로 넘어지며 목이 부러져 죽었다. 그의 나이 98세였다. 비느하스의 아내도 아들을 낳다가 이 소식을 듣고 죽었다. 하루아침에 엘리의 가족이 망했다.

엘리 대제사장이 죽은 후 사무엘은 제사장 겸 사사가 되었다. 엘리의 시절에는 여호와의 말씀이 희귀했었다. 그러나 이제는 사무엘을 통하여 다시 말씀하시기 시작하셨다.

"사무엘이 자라매 여호와께서 그와 함께 계셔서 그의 말이 하나도 땅에 떨어지지 않게 하시니 단에서부터 브엘세바까지의 온 이스라엘이 사무엘은 여호와의 선지자로 세우심을 입은 줄을 알았더라. 여호와께서 실로에서 다시 나타나시되 여호와께서 실로에서 여호와의 말씀으로 사무엘에게 자기를 나타내시니라."(삼상 3:19-21)

한편 블레셋 사람들은 자기네 신이 이스라엘의 신을 이겼다고 큰 소리치며 여호와의 언약궤를 다곤 신전에 갖다 두었다. 그런데 다음 날 다곤 신상이 여호와의 궤 앞에 엎드려 있었다. 깜짝 놀라 다곤 신상을 제자리에 세워 놓았더니 이튿날에는 넘어질 뿐 아니라 목과 손목이 부러져서 신전의 문턱까지 굴러가 있었다. 설상가상으로 다곤 신전이 있는 아스돗에 독한 종기가 유행하기 시작했다. 놀란 아스돗 사람들이 여호와의 언약궤를 가드로 보냈지만 그곳에는 더 독한 종기가 유행하기 시작했다.

결국 언약궤는 에그론을 거쳐 이스라엘 땅 벧세메스로 보내졌다. 안타깝게도 벧세메스 사람들이 언약궤 안을 들여다보다가 70명이 죽는 사고가 일어났다. 그 후 언약궤는 기럇여아림에 사는 아비나답의 집으로 옮겨졌고, 훗날 다윗이 예루살렘으로 옮겨갈 때까지 적어도 70년 이상을 그 집에 머물러 있었다.

언약궤가 아비나답의 집으로 옮겨간 지 20여 년이 지나자 이스라엘 백성들이 여호와를 사모하기 시작했다. 일종의 영적 부흥운동이 일어나고 있었다. 사무엘이 백성들에게 말했다.

> "사무엘이 이스라엘 온 족속에게 말하여 이르되 만일 너희가 전심으로 여호와께 돌아오려거든 이방 신들과 아스다롯을 너희 중에서 제거하고 너희 마음을 여호와께로 향하여 그만을 섬기라. 그리하면 너희를 블레셋 사람의 손에서 건져내시리라. 이에 이스라엘 자손이 바알들과 아스다롯을 제거하고 여호와만 섬기니라."(삼상 7:3-4)

사무엘은 백성들을 미스바로 불러 모아 온전히 하루를 금식하며 회개하게 했다. 이 소문이 블레셋의 귀에 들어갔다. 그들은 이스라엘의 기도모임을 전쟁 준비로 오해하고 공격해왔다. 그렇게 해서 미스바의 성회는 전쟁으로 연결되었고 그날 이스라엘이 큰 승리를 거두었다. 하나님께서 큰 우렛소리로 블레셋 사람들을 쫓아주셨기 때문이었다.

사무엘은 벧갈 아래까지 블레셋을 추격한 후에 돌비석을 세우고 '여기까지 도우셨다'는 뜻으로 '에벤에셀'이라 불렀다. 그 후에 사무엘은 해마다 미스바와 길갈과 벧엘을 순회하며 이스라엘 백성들을 다스리고 라마로 돌아와서 제단을 쌓았다. 라마는 예루살렘 북쪽 8km 지점에 있는 사무엘의 고향이다. 미스바는 예루살렘의 북쪽 13km, 벧엘은 그보다 5km 더 북쪽으로, 그리고 길갈은 요단강 서쪽 6km에 있다.

사무엘이 사사로 있는 동안에도 언약궤는 아비나답의 집에 있었다. 그래서 실로를 방문할 필요가 없었을 것이다. 그렇다면 백성들은 언약궤를 잊고 살았을까? 적어도 사무엘과 사울의 생애 동안에는 그랬던 것 같다.

사무엘에게는 두 아들, 요엘과 아비야가 있었다. 요엘은 '여호와는 하나님이시다'는 뜻이고, 아비야는 '여호와는 아버지'라는 뜻이다. 아버지가 지어준 가장 신앙적인 이름들이다. 사무엘은 노년(아마도 50여 세 즈음)에 두 아들들을 사사로 삼아 브엘세바에서 백성들을 다스리게 했다. '일곱 개의 우물'이라는 뜻을 가진 브엘세바는 라마로부터 80여 km 남쪽에 있는 성읍이다. 오래전 아브라함과 이삭과 야곱이 머물렀던 곳이다.

원래 사사 직분은 계승되지 않고 하나님께서 직접 택하여 세우셨다. 그런데 사무엘은 왜 아들들을 사사로 삼았을까. 아니나 다를까, 그들은 아버지와 달리 뇌물을 받으며 판결을 굽게 했다. 백성들은 엘리의 두 아들, 홉니와 비느하스를 연상했을 것이다. 견디다 못한 백성의 장로들이 라마로 사무엘을 찾아왔다. 그 무렵 자주 암몬 사람들이 변경을 침략하곤 했다. 이스라엘도 백성을 위해 싸워줄 왕이 필요했다.

"당신은 늙고 당신의 아들들은 당신의 행위를 따르지 아니하니 모든 나라와 같이 우리에게 왕을 세워 우리를 다스리게 하소서."(삼상 8:5)

그 말에 사무엘의 마음이 상했다. 나이가 들면 사소한 말도 섭섭하게 들린다. 그것은 단순한 섭섭함이 아니었다. 왕을 세워달라는 말은 더 이상 하나님의 다스리심을 받지 않겠다는 말이었기 때문이다. 슬퍼하는 사무엘에게 하나님께서 찾아오셨다.

"여호와께서 사무엘에게 이르시되 백성이 네게 한 말을 다 들으라. 이는 그들이 너를 버림이 아니요 나를 버려 자기들의 왕이 되지 못하게 함이니라. 내가 그들을 애굽에서 인도하여 낸 날부터 오늘까지 그들이 모든 행사로 나를 버리고 다른 신들을 섬김같이 네게도 그리하는도다. 그러므로 그들의 말을 듣되 너는 그들에게 엄히 경고하고 그들을 다스릴 왕의 제도를 가르치라."(삼상 8:7-9)

하나님께서도 언젠가는 이런 일이 일어날 줄 알고 계셨다. 그래서 4백여 년 전에 모세에게 왕에 대한 제도를 미리 일러두셨다.

"네가 네 하나님 여호와께서 네게 주시는 땅에 이르러 그 땅을 차지하고 거주할 때에 만일 우리도 우리 주위의 모든 민족들같이 우리 위에 왕을 세워야겠다는 생각이 나거든 반드시 네 하나님 여호와께서 택하신 자를 네 위에 왕으로 세울 것이며 네 위에 왕을 세우려면 네 형제 중에서 한 사람을 할 것이요 네 형제 아닌 타국인을 네 위에 세우지 말 것이며 그는 병마를 많이 두지 말 것이요 병마를 많이 얻으려고 그 백성을 애굽으로 돌아가게 하지 말 것이니 이는 여호와께서 너희에게 이르시기를 너희가 이 후에는 그 길로 다시 돌아가지 말 것이라 하셨음이며 그에게 아내를 많이 두어 그의 마음이 미혹되게 하지 말 것이며 자기를 위하여 은금을 많이 쌓지 말 것이니라. 그가 왕위에 오르거든 이 율법서의 등사본을 레위 사람 제사장 앞에서 책에 기록하여 평생에 자기 옆에 두고 읽어 그의 하나님 여호와 경외하기를 배우며 이 율법의 모든 말과 이 규례를 지켜 행할 것이라. 그리하면 그의 마음이 그의 형제 위에 교만하지 아니하고 이 명령에서 떠나 좌로나 우로나 치우치지 아니하리니 이스라엘 중에서 그와 그의 자손이 왕위에 있는 날이 장구하리라."(신 17:14-20)

이 말씀 속에 '왕이 지켜야 할 일곱 가지 원칙들'이 담겨 있다. 첫째로 하나님께서 택하신 자를 왕으로 세울 것, 둘째로 반드시 이스라엘 사람 가운데 하나를 왕으로 세울 것, 셋째로 왕은 병마를 많이 두지 말고 또 그것들을 구하기 위해 애굽에 내려가지 말 것, 넷째로 왕은 아내를 많이 두어 마음이 현혹되지 않게 할 것, 다섯째로 왕은 자기를 위하여 은금을 많이 쌓지 말 것, 여섯째로 왕은 평생 율법서를 읽고 지켜 하나님 경외하기를 배울 것, 마지막 일곱째로 왕의 마음이 그의 형제 위에 교만하지 말 것, 이렇게 중요한 원칙들을 정해주셨다. 이 말씀을 따라 행하는 왕은 좋은 왕이 될 것이다.

사무엘은 하나님의 말씀에 자기의 생각을 첨가했다. 왕이 백성의 자식들을 차출하여 왕을 호위하게 하고 군대를 조직하며, 농사를 짓게 하고 무기를 만들게 할 것이라고 했다. 또 딸들을 차출하여 향료를 만들게 하고 요리하는 자로 삼을 것이라고 했다. 왕이 그들의 농산물 중에서 십일조를 거두어 자기 관리와 신하에게 줄 것이며 양 떼의 십분의 일도 가져갈 것이라고 했다. 사무엘의 말 속에 그의 불편한 심기가 스며 있었다. 이스라엘 백성들이 주변 국가의 영향을 받아 하나님을 떠날까 걱정되었기 때문이다. 그러나 백성들은 '왕을 세워 달라'고 계속 고집을 부렸다.

> "그날에 너희는 너희가 택한 왕으로 말미암아 부르짖되 그날에 여호와께서 너희에게 응답하지 아니하시리라 하니 백성이 사무엘의 말 듣기를 거절하여 이르되, '아니로소이다. 우리도 우리 왕이 있어야 하리니 우리도 다른 나라들같이 되어 우리의 왕이 우리를 다스리며 우리 앞에 나가서 우리의 싸움을 싸워야 할 것이니이다.' 하는지라."(삼상 8:18-20)

하나님께서 '그들의 말을 들어 왕을 세우라'고 허락하셨다. 이제는 하나님께서 좋은 왕을 세워 주시기를 구하는 길밖에 다른 길이 없었다.

2

이스라엘의 초대왕 사울

삼상 9-13장

하나님의 선하심과 인자하심은 끝이 없다. 속을 뒤집어 놓는 자식을 품에 안은 부모처럼 하나님의 사랑은 끝이 없다. 하나님께서는 이스라엘의 첫 번째 왕을 손수 찾아주셨다. 그는 베냐민 지파 기스의 아들 사울이었다. 성경은 그를 가리켜 "이스라엘 자손 중에 그보다 더 준수한 자가 없고 키는 모든 백성보다 어깨 위만큼 더 컸더라"(삼상 9:2)고 했다. '준수하다'는 말은 잘생겼다는 뜻이다.

어느 날 사울이 아버지의 잃어버린 암나귀를 찾기 위해 종과 함께 집을 나섰다. 그 길에서 하나님이 그를 이스라엘의 왕으로 부르셨다. 사울은 암나귀를 찾으러 에브라임 산지와 베냐민 땅을 두루 돌아다녔지만 허사였다. 이러다가는 아버지가 암나귀보다 자신들을 더 걱정하시겠다는 생각이 들자, 집으로 돌아가기로 했다. 가까운 라마에 하나님의 사람이 있다는 말을 듣고 암나귀를 찾을 수 있는지 물어보기 위해 그를 찾아갔다. 그가 바로 사무엘 선지자였다.

라마에는 하나님께 제사 드리는 산당이 있었고, 마침 그날이 제사 드리는 날이었다. 사무엘은 사울이 찾아오기 전에 하나님의 지시를 받았다.

> "사울이 오기 전날에 여호와께서 사무엘에게 알게 하여 이르시되 내일 이맘때에 내가 베냐민 땅에서 한 사람을 네게로 보내리니 너는 그에게 기름을 부어 내 백성 이스라엘의 지도자로 삼으라. 그가 내 백성을 블레셋 사람들의 손에서 구원하리라. 내 백성의 부르짖음이 내게 상달되었으므로 내가 그들을 돌보았노라."(삼상 9:15-16)

사울과 사환이 사무엘에게 길을 물었다. "선견자의 집이 어디인지 가르쳐주소서." 그때 하나님께서 사무엘에게 말씀하셨다. "보라. 이는 내가 네게 말한 사람이니 이가 내 백성을 다스리리라." 사무엘은 자신의 신분을 밝히며 사울에게 말했다.

> "내가 선견자이니라. 너는 내 앞서 산당으로 올라가라. 너희가 오늘 나와 함께 먹을 것이요 아침에는 내가 너를 보내되 네 마음에 있는 것을 다 네게 말하리라. 사흘 전에 잃은 네 암나귀들을 염려하지 말라. 찾았느니라. 온 이스라엘이 사모하는 자가 누구냐. 너와 네 아버지의 온 집이 아니냐."(삼상 9:19-20)

사울이 펄쩍 뛰며 사무엘의 말을 부인했다.

"나는 이스라엘 지파의 가장 작은 지파 베냐민 사람이 아니니이까. 또 나의 가족은 베냐민 지파 모든 가족 중에 가장 미약하지 아니하니이까. 당신이 어찌하여 내게 이같이 말씀하시나이까."

베냐민 지파는 이스라엘 열두 지파 중에 막내다. 더구나 사사 시대에 베냐민 지파는 거의 멸족할 뻔한 큰 재앙을 겪었다. 사유는 이러했다. 에브라임 산지 구석에 사는 어떤 레위인의 첩이 간음하고 베들레헴에 있는 친정으로 도망갔다. 레위인이 그 첩을 달래서 집으로 돌아가는 길에 베냐민 지파 기브아에 사는 어떤 노인의 호의로 그 집에서 하룻밤 머물게 되었다. (이 기브아는 훗날 사울의 고향이 되었다.) 그 밤에 여부스의 불량배들이 레위인을 욕보이려고 찾아왔다. 이는 동성 간의 성폭행을 의미한다. 집주인이 아무리 사정해도 그들은 막무가내였다.

마침내 레위인이 자기 첩을 그들에게 내어주었다. 그들은 밤새 그의 첩을 욕보이다가 새벽에야 놓아 보냈다. 아침에 길을 떠나려고 문을 열어보니 첩이 문지방 앞에 죽어 있었다. 레위인은 선악 간에 말하지 않고 첩의 시신을 나귀에 싣고 집으로 돌아왔다. 그리고 그 시신을 열두 조각으로 나누어 이스라엘의 각 지파로 보냈다. 이스라엘 역사에 처음 보는 기가 막힌 사건이었다.

그 일의 전말을 듣고 이스라엘 백성들이 기브아 사람들을 치기 위해 미스바로 모였다. 모두 40여만 명이나 되었다. 레위인은 백성들에게 그날 있었던 일을 다시 상세히 설명했다. 백성의 지도자들은 베냐민 지파에 사람을 보내어 그 불량배들을 내놓으라고 말했다. 그러나 베냐민 사람들은 오히려 싸울 준비를 했다. 그들의 병력은 2만 6천에 기브아 사람들이 7백이었다. 그렇게 해서 이스라엘 지파들 사이에 전쟁이 일어났다. 결과적으로 베냐민 지파는 크게 패했고, 겨우 6백 명의 전사(戰士)만 남았다. 잘못하면 열두 지파 중에 한 지파가 뿌리째 뽑히게 되었다. 이스라엘 백성들은 크게 슬퍼하며 그들을 살려주었다.

이 일이 어느 시점에 일어났는지는 정확히 알 수 없다. 그 당시에 사사가 있었는지, 있었다면 누구였는지 이름도 모른다. 사사기 저자는 그 일을 하나의 부록처럼 마지막에 기록하고 있다. 그러나 '이스라엘에 왕이 없을 그때에'라는 표현으로 미루어 보아 사사시대의 후반부에 일어났을 것이다. 사울의 "나는 이스라엘 지파의 가장 작은 지파 베냐민 사람이 아니니이까"라는 말속에는 이런 슬픈 과거가 담겨 있었다. 더구나 그의 아버지 집은 베냐민 지파 가운데서도 미약했다. 사람들은 그의 아버지 이름도 알지 못했다(삼상 10:12).

그러나 사무엘은 개의치 않았다. 하나님께서 사울을 택하셨기 때문이다. 사무엘은 30여 명쯤 모인 산당의 식탁에 사울과 그의 사환을 초청하고 상좌에 앉혔다. 그리고 미리 준비한 제물의 넓적다리를 사울 앞에 놓았다. 특별한 대우였다. 식사가 끝나자 사무엘은 사울과 함께 지붕 위로 올라가 밤이 깊도록 여러 가지 이야기를 나누었다. 틀림없이 하나님께서 말씀하신 '왕의 제도'를 가르쳤을 것이다. 아침 일찍 사무엘은 옥상에서 자고 있는 사울을 깨워 함께 길을 떠났다. 성읍 끝에 이르자 사환을 앞서 가게 한 후에 사울의 머리에 기름을 붓고 입을 맞추며 하나님의 말씀을 들려주었다.

"여호와께서 네게 기름을 부으사 그의 기업의 지도자로 삼지 아니하셨느냐."(삼상 10:1)

그리고 그날 이루어질 세 가지 징조를 말했다. 첫째, 기브아로 내려가다가 라헬의 묘실을 지날 무렵 두 사람들을 만날 터인데 그들이 암나귀를 찾았다는 말과 또 아버지가 아들 걱정을 하고 있다는 말을 할 것이다. 둘째, 조금 더 나아가서 벧엘로 올라가다가 세 사람을 만날 터인데 한 사람은 염소 새끼 셋을 이끌고, 한 사람은 떡 세 덩이를 가졌으며, 한 사람은 포도주 한 가죽부대를 가지고 가다가 사울과 사환을 위하여 떡 두 덩이를 줄 것이다. 셋째, 하나님의 산이 있는 (기브아) 성읍에 들어갈 때에 산당으로부터 내려오는 한 무리의 선지자들을 만날 터인데, 그때 하나님의 영이 크게 임하여 사울이 예언을 하고 변하여 새 사람이 될 것이다.

여기에서 '새 사람'은 신약에서 말하는 '거듭남'이 아니다. 이스라엘 백성을 적들로부터 보호하려는 지도자의 마음을 갖게 되리라는 말씀이다. 이 세 가지는 하나님께서 사울과 함께하신다는 징조였고, 그날 이 세 가지 징조가 다 이루어졌다. 그런데 그날 사무엘이 사울에게 특별히 강조한 말이 있었다.

> "이 징조가 네게 임하거든 너는 기회를 따라 행하라. 하나님이 너와 함께하시느니라. 너는 나보다 앞서 길갈로 내려가라. 내가 네게로 내려가서 번제와 화목제를 드리리니 내가 네게 가서 네가 행할 것을 가르칠 때까지 칠 일 동안 기다리라."(삼상 10:7-8)

이 구절에 두 개의 명령어가 있다. 하나는 '너는 기회를 따라 행하라'이고, 다른 하나는 '길갈에서 칠 일 동안 기다리라'이다. 이 '칠 일'은 훗날 사울이 블레셋에 쫓겨 길갈에 내려갔을 때의 7일을 말한다(삼상 13장). 사울은 첫째 명령은 순종했지만 둘째 명령은 불순종했다. 이 불순종이 사울에게 재앙이 되었다. 그 일에 대해서는 나중에 다시 살펴보기로 하자.

사울은 집으로 돌아가는 길에 숙부를 만났다. 그는 호기심이 많은 사람이었다. 사무엘이 무슨 말을 했느냐고 꼬치꼬치 물었지만 사울은 입을 다물었다. 자기가 생각해도 너무 충격적인 말들이었기 때문이다. 할 수 있다면 사무엘의 말을 영원히 가슴에 묻어두고 싶었을 것이다. 얼마 후 사무엘이 온 이스라엘을 미스바로 불러 모으고 말했다.

"너희는 너희를 모든 재난과 고통 중에서 친히 구원하여 내신 너희의 하나님을 오늘 버리고 이르기를 우리 위에 왕을 세우라 하는도다. 그런즉 이제 너희의 지파대로 천 명씩 여호와 앞에 나아오라." (삼상 10:19)

왕을 세우기 위한 제비뽑기가 시작되었다. 열두 지파 가운데 베냐민 지파가 뽑혔다. 여기저기에서 긴 한숨 소리가 들렸다. 베냐민 지파 중에서 마드리의 가족이 뽑히고, 그 가족 중에 기스의 집안이 뽑히더니 결국에는 사울이 뽑혔다. 사람들은 사울이 누구냐고 물었다. 아무도 그를 본 사람이 없었다. 그때 하나님께서 "그가 짐 보따리들 사이에 숨었느니라"고 말씀하셨다. 사울은 소심한 사람이었을까, 아니면 겸손한 사람이었을까. 사람들이 달려가서 사울을 데려왔다. 그는 백성들보다 어깨 위만큼 더 컸다. 머리 하나는 더 얹혀 있었다는 말이다. 사무엘이 사울을 향해 말했다.

"너희는 여호와께서 택하신 자를 보느냐. 모든 백성 중에 짝할 이가 없느니라."(삼상 10:24)

누가 보아도 비교할 자가 없었다. 백성들이 왕의 만세를 외쳐 불렀다. 큰 기쁨과 감격이 물결처럼 퍼져나갔다. 사무엘은 왕이 지켜야 할 나라의 제도를 책에 기록하여 여호와의 성막에 두고 백성들을 고향으로 돌아가게 했다. 그중에 하나님의 감동하심을 받은 사람들은 사울과 함께 기브아로 내려갔지만, 어떤 사람들은 대놓고 사울을 멸시했다. 그래도 사울은 가타부타 말이 없었다.

그로부터 얼마 후에 이런 일이 있었다. 사울이 왕이 된 지 채 2년이 되지 않아서 일어난 일이다(삼상 13:1 참고). 암몬 사람 나하스가 이스라엘을 쳐들어왔다. 암몬 자손은 오래전 아브라함의 조카 롯이 그의 작은 딸에게서 낳았던 아들의 후손이다. 그들은 요단강 동편에 자리 잡고 살았는데, 현재의 요르단 수도 암만(Amman)의 당시 이름이 랍바(Rabbath Ammon)였다. 암몬 자손의 왕 나하스는 북쪽으로 50여 km 떨어진 길르앗 야베스를 쳐들어왔다. 길르앗 야베스는 므낫세 반(半)지파에게 주어진 땅으로, 갈릴리 호수 동남쪽 30km 부근에 있었다. 나하스의 군대가 워낙 강했으므로 야베스 사람들은 싸울 엄두를 내지 못했다. 그렇다고 항복하자니 나하스가 내어놓은 조건이 섬뜩했다.

> "암몬 사람 나하스가 그들에게 이르되, 내가 너희 오른눈을 다 빼야 너희와 언약하리라. 내가 온 이스라엘을 이같이 모욕하리라."
> (삼상 11:2)

나하스의 목적은 이스라엘을 정복하여 종으로 삼는 것이었다. 아마도 그때로부터 한 세기 전에 이스라엘의 사사 입다에게 당했던 수치를 되갚아주고 싶었을 것이다(삿 11장 참조). 궁지에 몰린 야베스 사람들이 온 이스라엘에 전령을 보내 도움을 청했다. 그 말을 듣고 백성들이 울기 시작했다. 길르앗 야베스에 사는 형제들이 큰 곤란에 처했는데 도울 힘이 없었기 때문이다.

밭에서 소를 몰고 집으로 돌아오던 사울도 그 소식을 들었다. (명색이 왕인데 아직도 농사를 짓고 있다.) 하나님의 영이 그에게 임하자 가슴에서 울분이 치솟았다. 그는 소 두 마리를 잡아 열두 토막으로 나누고 이스라엘 열두 지파에게 보내며 말했다. "누구든지 나와서 사울과 사무엘을 따르지 아니하면 그의 소들도 이와 같이 하리라." 이 소식을 들은 이스라엘 백성 33만여 명이 베섹(Bezek)으로 모였다. 길르앗 야베스로부터 20여 km 떨어진 곳이다. 이튿날 새벽에 사울과 이스라엘 백성들은 암몬을 공격하여 큰 승리를 거두었다.

그날부터 이스라엘 백성들이 사울을 왕으로 인정하고 따랐다. 사무엘은 백성들과 함께 길갈로 내려가서 하나님께 제사를 드리며 사울 왕의 대관식을 거행했다. 길갈은 사무엘이 자주 방문하며 백성들을 다스렸던 곳이다. 마침내 사무엘이 가슴속에 묻어두었던 이야기를 꺼냈다.

"사무엘이 온 이스라엘에게 이르되, '보라 너희가 내게 한 말을 내가 다 듣고 너희 위에 왕을 세웠더니 이제 왕이 너희 앞에 출입하느니라. 보라 나는 늙어 머리가 희어졌고 내 아들들도 너희와 함께 있느니라. 내가 어려서부터 오늘까지 너희 앞에 출입하였거니와 내가 여기 있나니 여호와 앞과 그의 기름 부음을 받은 자 앞에서 내게 대하여 증언하라. 내가 누구의 소를 빼앗았느냐? 누구의 나귀를 빼앗았느냐? 누구를 속였느냐? 누구를 압제하였느냐? 내 눈을 흐리게 하는 뇌물을 누구의 손에서 받았느냐? 그리하였으면 내가 그것을 너희에게 갚으리라.' 하니 그들이 이르되, '당신이 우리를 속이지 아니하였고 압제하지 아니하였고 누구의 손에서든지 아무

것도 빼앗은 것이 없나이다.' 하니라."(삼상 12:1-4)

성경을 보면 평생 흠잡을 데 없이 살았던 인물들이 몇 명 있다. 그중 한 사람이 사무엘이다. 누가 하나님과 사람들 앞에서 이렇게 대담한 질문을 할 수 있을까. 항상 성령님과 동행한 사람만이 할 수 있는 질문이다. 우리는 본질적으로 거룩함과 거리가 먼 존재들이다. 하나님 앞에서 '나는 죄 없는 사람이다' 하고 장담할 사람은 아무도 없다. 누구나 한두 가지 치명적인 허물들을 지니고 있다. 그러나 성령님께서 우리와 동행하시면 그 시간부터 거룩한 삶을 살 수 있다.

그나저나 왜 이스라엘 백성들이 갑자기 왕을 원했을까? 사무엘은 그 원인을 암몬 왕 나하스에게서 찾았다.

"너희가 암몬 자손의 왕 나하스가 너희를 치러 옴을 보고 너희의 하나님 여호와께서는 너희의 왕이 되심에도 불구하고 너희가 내게 이르기를, '아니라. 우리를 다스릴 왕이 있어야 하겠다.' 하였도다." (삼상 12:12)

만일 백성들이 하나님을 전적으로 의지했더라면 사울 왕 없이도 얼마든지 암몬 자손들을 물리칠 수 있었다. 그러므로 왕을 구하는 행위는 하나님 경외하기를 멀리한 결과였다. 사무엘은 이스라엘 백성들과 사울 왕 앞에서 다시 한번 다짐했다.

"너희가 만일 여호와를 경외하여 그를 섬기며 그의 목소리를 듣고 여호와의 명령을 거역하지 아니하며 또 너희와 너희를 다스리는

> 왕이 너희의 하나님 여호와를 따르면 좋겠지마는 너희가 만일 여호와의 목소리를 듣지 아니하고 여호와의 명령을 거역하면 여호와의 손이 너희의 조상들을 치신 것같이 너희를 치실 것이라."(삼상 12:14-15)

그 순간 하나님께서 우레와 비를 보내어 사무엘의 말을 확증해 주셨다. 그때는 밀을 베는 건조한 시기였다. 두려워 떠는 백성들에게 사무엘은 다시 한번 '유익하게도 못하며 구원하지도 못하는 헛된 것(우상)을 따르지 말라'고 다짐했다.

> "여호와께서는 너희를 자기 백성으로 삼으신 것을 기뻐하셨으므로 여호와께서는 그의 크신 이름을 위해서라도 자기 백성을 버리지 아니하실 것이요, 나는 너희를 위하여 기도하기를 쉬는 죄를 여호와 앞에 결단코 범하지 아니하고 선하고 의로운 길을 너희에게 가르칠 것인즉, 너희는 여호와께서 너희를 위하여 행하신 그 큰일을 생각하여 오직 그를 경외하며 너희의 마음을 다하여 진실히 섬기라. 만일 너희가 여전히 악을 행하면 너희와 너희 왕이 다 멸망하리라."(삼상 12:22-25)

사무엘은 자신과 사울의 역할을 구분했다. 사무엘은 백성을 위하여 하나님께 기도하고 백성에게 선하고 의로운 길을 가르칠 것인데, 이는 다른 말로 하면 제사장의 직분이다. 반면에 왕은 하나님을 경외하는 마음으로 백성의 안위를 지키고 공평하게 다스려야 한다. 비록 차선책이지만 사무엘과 사울이 각자 맡은 역할을 잘 수행한다면 하나님께서 이스라엘을 버리지 않으실 것이다.

왜 하나님께서 그의 백성을 버리지 아니하실까. 인간은 손익(損益) 계산서에 따라 행동한다. 자신에게 유익한 사람이면 허물을 감싸주고 손해가 될 사람이면 가차 없이 내친다. 오늘날 우리가 사는 사회의 현상이다. 그러나 하나님께서 이스라엘을 버리지 아니하시는 이유는 하나님 자신에게 있다. 하나님께서 이스라엘을 그의 백성으로 삼으신 것을 기뻐하셨다. 하나님은 그의 크신 이름을 위해서 자기 백성을 결코 버리지 않으신다. 그래서 하나님의 사랑은 절대적으로 신뢰할 수 있다. 사무엘은 이스라엘 백성들을 위하여 쉬지 않고 기도하며 가르치겠다고 약속했다. 왜 그럴까. 자신이 하나님의 종이기 때문이다. 사무엘의 말 속에는 '하나님께서 그러하시니 나도 그러하다'는 신념이 담겨 있다. 이것이 바로 기독교 신앙의 본질이다.

사무엘이 마지막으로 당부한 말은 짧고 단순했다. "너희는 여호와께서 너희를 위하여 행하신 그 큰일을 생각하여 오직 그를 경외하며 너희의 마음을 다하여 진실히 섬기라." 이 말씀을 읽을 때마다 가슴이 조마조마해진다. 왜냐하면 머지않아 이스라엘 백성들이 그 말씀대로 살지 못하게 될 터이니 말이다. 그것이 성경에서 반복되는 패턴이다.

한 가지 살펴볼 것이 있는데, 사울은 몇 살에 왕이 되었을까?

> "사울이 왕이 될 때에 사십 세라. 그가 이스라엘을 다스린 지 이 년에…"(삼상 13:1)

우리가 사용하는 개역 개정본의 내용이다. 다른 번역본들은 사울이 왕으로 등극한 나이를 30세로 기록하거나 아예 기록하지 않고 있다. NIV(한국어의 '새번역')는 30세라고 한다. 현대인의 성경과 킹 제임스(KJV) 번역본은 아예 40세라는 숫자를 빼버린다. 왜 이런 혼란이 일어났을까. 원래 히브리어 성경에 '40'이라는 숫자가 없기 때문이다. 이 문장을 좀 더 원문에 충실하게 읽는다면 '사울이 1년을 다스리고, 그리고 이스라엘을 2년 다스렸을 때에'가 된다. 그런 면에서 현대인의 성경 번역이 좀 더 원문에 가깝다.

"사울은 왕이 되어 이스라엘을 다스린 지 2년째에 이스라엘 백성을 모으고 그중에서 3,000명을 골라 2,000명은 자기와 함께 믹마스와 벧엘산에 있게 하고 나머지 1,000명은 그의 아들 요나단과 함께 베냐민 지파의 땅 기브아에 있게 하였으며 남은 백성은 모두 집으로 돌려보냈다."(삼상 13:1-2, 현대인의 성경)

사울의 큰아들 요나단은 이미 전장에 나가서 병사들을 통솔할만한 나이가 되었다. 그렇다면 사울의 나이는 30세와 40세 사이 어디쯤이어야 한다. 한편 바울은 사울 왕이 40년 동안 다스렸다고 말했다(행 13:21). 만일 사울이 40세에 왕이 되었다면 80세에 전사했다는 계산이 나온다. 그 나이에 전장에 나가기에는 좀 무리가 있을법하다. (사울과 다윗의 연대 비교는 사무엘상 20장에서 다시 다루려고 한다.)

사무엘상 13장에 기록된 사건은 길르앗 야베스에서 암몬 왕 나하스를 격퇴한 직후에 일어난 일이다. 나하스와의 전쟁에서 승리한 사울은 수십만의 이스라엘 전사들 중에서 삼천 명만 택하고 나머지는 모두 돌아가게 했다. 그중에 2천 명은 자기와 함께 믹마스와 벧엘산에 거하게 하고, 천 명은 자기 아들 요나단과 함께 기브아에 머물게 했다.

그런데 예상치 못한 사건이 게바에서 일어났다. 게바는 예루살렘에서 북쪽으로 10km, 그리고 기브아에서 북동쪽으로 5km에 있는 언덕 위의 마을이다. 요나단은 게바에 있는 블레셋 사람들의 수비대가 못마땅했다. 왜 이스라엘 땅에 블레셋의 군사가 주둔해야 하는가. 그래서 수비대를 공격했다. 이 일로 인하여 블레셋과 이스라엘 사이에 전쟁이 일어났다. 블레셋 군대가 사울이 머물고 있는 믹마스로 쳐들어온다는 소식이 들려왔다. 사울 왕은 요단강 가까이에 있는 길갈로 도망치듯 내려갔다.

이 전쟁은 시작부터 이스라엘에게 불리했다. 블레셋의 군대는 병거가 3만(어떤 사본은 3천으로 기록되어 있다.)이요, 마병이 6천이요, 군사는 해변의 모래 수와 같이 많았다. 반면에 이스라엘의 군사들은 대부분이 요단강 건너편으로 도망갔다. 그나마 남은 자들도 수풀과 바위틈과 토굴 속에 숨으며 싸울 생각을 하지 않았다. 말이 군사이지 칼을 가진 사람은 사울 왕과 요나단뿐이었다. 그동안 블레셋 사람들이 이스라엘 백성 중에서 쇠를 다루는 철공들을 다 잡아갔기 때문이다.

왕의 소집 명령에 백성들이 길갈에 모였지만 모두 두려워했다. 백성들의 용기를 북돋기 위해 하나님께 제사를 드려야 하는데, 사무엘은 약속한 일주일이 다 되도록 오지 않았다(삼상 10:8). 하루가 다르게 백성들의 숫자는 줄어들었다. 사울 왕은 기다리다 못해 번제와 화목제물로 제사를 드리기로 했다. 물론 실제로 제사를 집례한 사람은 제사장 아히야였을 것이다(삼상 14:3) 제사 드리기를 마칠 무렵 사무엘이 도착했다. 사울이 반갑게 맞이했지만 사무엘은 노기 띤 음성으로 책망했다.

"왕이 행하신 것이 무엇이냐?"

"백성은 내게서 흩어지고 당신은 정한 날 안에 오지 아니하고 블레셋 사람은 믹마스에 모였음을 내가 보았으므로 이에 내가 이르기를 '블레셋 사람들이 나를 치러 길갈로 내려오겠거늘 내가 여호와께 은혜를 간구하지 못하였다' 하고 부득이하여 번제를 드렸나이다."

아무리 상황이 급하더라도 그렇게 해서는 안 될 일이었다. 하나님을 멸시하는 행위였기 때문이다.

"사무엘이 사울에게 이르되 왕이 망령되이 행하였도다. 왕이 왕의 하나님 여호와께서 왕에게 내리신 명령을 지키지 아니하였도다. 그리하였더라면 여호와께서 이스라엘 위에 왕의 나라를 영원히 세우셨을 것이거늘 지금은 왕의 나라가 길지 못할 것이라. 여호와께서 왕에게 명령하신 바를 왕이 지키지 아니하였으므로 여호와께서 그의 마음에 맞는 사람을 구하여 여호와께서 그를 그의 백성의 지도자로 삼으셨느니라."(삼상 13:13-14)

사무엘은 '여호와의 마음에 맞는 사람'이 누구인지 아직 모르고 있었다. 물론 우리는 사무엘이 말한 그 사람이 다윗이라는 사실을 알고 있다. 우리가 사무엘상 13장부터 16장까지를 단숨에 읽다 보면, 이 모든 일들이 불과 몇 달 사이에 일어난 것처럼 착각하게 된다. 그러나 사실은 그 사이에 많은 시간이 흘러갔다. 사울 왕 2년째는 다윗이 태어나기 8년 전을 가리킨다. 왜냐하면 사울 왕이 그로부터 38년 후 길보아 산에서 전사했을 때에 다윗의 나이가 겨우 30세였기 때문이다. 그런데 하나님은 다윗이 아직 잉태되기도 전에 이스라엘의 두 번째 왕으로 내정하셨다. 하나님은 그렇게 예레미야와 바울도 어머니의 태중에서 택하셨다.

“여호와의 말씀이 내게 임하니라 이르시되, ‘내가 너를 모태에 짓기 전에 너를 알았고 네가 배에서 나오기 전에 너를 성별하였고 너를 여러 나라의 선지자로 세웠노라’ 하시기로.”(렘 1:4-5)

“그러나 내 어머니의 태로부터 나를 택정하시고 그의 은혜로 나를 부르신 이가.”(갈 1:15)

성경을 읽으면서 시간과 공간의 개념을 조금만 더 정확히 이해해도 말씀의 은혜가 새로워진다.

사울을 책망한 사무엘은 기브아로 올라갔다. 길갈은 해면보다 230미터 낮고 기브아는 해면보다 1100여 미터 높은 고원지대였으므로 ‘올라갔다’는 표현이 맞다. 그 무렵 사울을 따르는 자들은 6백여 명에 불과했다. 그 숫자로는 도저히 블레셋 사람들과 맞설 수 없었다. 하는 수 없이 사울은 그의 아들 요나단이 있는 게바로 올라가서 합류했다. 한편 블레셋 군인들은 북쪽과 동서로 약탈을 나가고 본대는 믹마스에 남았다. 믹마스와 게바 사이에는 양편 모두에게 험한 바위가 절벽을 이룬 깊은 계곡이 있었다.

3

하나님을 사랑하는 요나단

삼상 14장

요나단은 하나님의 백성들이 우상을 숭배하는 블레셋 사람들을 두려워하는 모습을 용납할 수 없었다. 블레셋이 동족을 죽이고 약탈하는데도 가만히 숨어 있는 무기력함을 견딜 수 없었다. 그렇다고 아버지의 지도력에 불평하거나 숨은 병사들을 설득시켜서 데려갈 생각도 없었다. 언제나 사랑은 함께 가고 믿음은 혼자 간다. 요나단은 무기를 들고 따르는 소년에게 자기의 생각을 들려주며 물었다.

"우리가 이 할례 받지 않은 자들에게로 건너가자. 여호와께서 우리를 위하여 일하실까 하노라. 여호와의 구원은 사람이 많고 적음에 달리지 아니하였느니라."(삼상 14:6)

소년의 대답이 뜻밖이었다.

"당신의 마음에 있는 대로 다 행하여 앞서 가소서. (당신 스스로 방향을 잡으십시오.) 내가 당신과 마음을 같이하여 따르리이다."

이 소년은 요나단의 믿음에 큰 영향을 받고 있었다. 그는 요나단이 하나님을 의지하고 나가면 놀라운 일이 일어날 줄 알고 있었다. 요나단이 자기의 계획을 소년에게 들려주었다.

"보라, 우리가 그 사람들에게로 건너가서 그들에게 보이리니 그들이 만일 우리에게 이르기를 우리가 너희에게로 가기를 기다리라 하면 우리는 우리가 있는 곳에 가만히 서서 그들에게로 올라가지 말 것이요, 그들이 만일 말하기를 우리에게로 올라오라 하면 우리가 올라갈 것은 여호와께서 그들을 우리 손에 넘기셨음이니 이것이 우리에게 표징이 되리라."

무모하기 짝이 없는 계획이었다. 흔히 힘든 일을 가리켜 '언덕을 올라가며 싸우는 싸움(uphill battle)'이라고 한다. 그런데 요나단의 싸움은 언덕이 아닌 절벽을 올라가며 싸우는 싸움이다. 밀리는 순간 절벽에서 떨어져 생명을 잃게 될 위험한 싸움이다. 그러나 요나단은 절벽을 타고 올라가는 그 길이 곧 승리의 길이라고 생각했다. 요나단은 하나님의 뜻을 먼저 구했다. 하나님께서 블레셋을 그의 손에 넘기신다는 표징(sign)을 보고 싶었다. 하나님께서 그와 동행하시면 적군의 숫자가 문제가 될 수 없을 것이다. 요나단의 믿음은 올바른 방향을 가리키고 있었다.

마침내 요나단과 소년이 남쪽 절벽 위에 모습을 드러냈다. 그것을 보고 블레셋 군사들이 "보라, 히브리 사람들이 그들이 숨었던 구멍에서 나온다" 하고 소리치며 말했다. "우리에게로 올라오라. 너희에게 보여줄 것이 있느니라." 요나단은 이것을 기도의 응답으로 받아들였다. 그리고 소년과 더불어 절벽을 내려가기 시작했다. 골짜기를 건넌 후에 다시 북쪽의 절벽을 타고 올라갔다. 도대체 어떻게 요나단은 이것을 하나님께서 보여주시는 징조라고 장담할 수 있었을까. 만용(蠻勇)은 아닐까?

그런데 절벽들의 이름을 자세히 살펴보면 깊은 뜻을 발견할 수 있다. 성경에 어느 지역의 이름을 특별히 기록해놓은 것은 그만한 이유가 있기 때문이다. 블레셋의 전진기지가 있는 북쪽 절벽의 이름은 '보세스'다. '보세스'라는 말은 '빛난다'(shining)는 뜻이다. 햇살에 비친 절벽이 밝게 보였기 때문일 것이다. 한편 요나단이 서 있는 남쪽 절벽의 이름은 '세네'로서 '가시나무 덤불'(Thorn bush)이라는 뜻이다. 가시나무는 응달에서 잘 자란다. 요나단은 가시나무 절벽을 타고 내려가서, 가시나무 골짜기를 지나고, 다시 블레셋 진영이 있는 가파른 절벽을 기어 올라갔다. 누가 보아도 무모했다.

그러나 요나단은 이 상황을 거꾸로 생각했다. 지금까지 블레셋 사람들에게 지배를 당하고 국가의 부(副)를 찬탈당하고, 자유가 억압당했던 것은 마치 응달진 가시나무 골짜기에서 사는 것과 같았다. 이제 하나님께서 가시나무 골짜기 같은 처지에서 벗어날 수 있는 절호의 기회를 주셨다. 요나단은 햇빛에 빛나는 보세스 절벽을 보면서, '우리가 저 절벽을 올라가면, 올라가서 적을 치면, 우리에게 밝은 날이 올 것이다. 저 절벽의 이름 보세스처럼, 그때에는 우리가 블레셋의 굴레를 벗어나 밝은 세상에서 살게 되리라' 이렇게 생각했다. 가슴으로 성경을 읽다 보면 그런 생각이 든다.

믿음의 사람들은 일반인들과 다른 생각을 한다. 이것은 우리가 영적 전쟁에서 승리할 수 있는 놀라운 전략이다. 그리스도인들은 문제를 피하는 연약한 사람들이 아니다. 그 문제가 비록 절벽같이 절망적일지라도 '나는 하나님과 함께 반드시 승리하리라'는 믿음을 가지고 절망의 절벽을 기어 올라가는 담대한 사람들이다. 믿음의 사람들은 절대로 포기하지 않는다.

요나단은 그날 하나님과 함께 그 절벽을 올라갔다. 블레셋을 치고 이긴다는 생각을 하며 절벽을 올라갔다. 그 순간 요나단의 믿음이 역사하기 시작했다. 요나단과 그 소년이 반나절 갈이 땅 안에서 죽인 자가 20여 명이나 되었다. 그 넓이는 두 마리의 소가 하루에 갈 수 있는 밭의 절반을 말한다. NIV 영어 성경에는 반 에이커라고 했다. 한국 평수로 말하면 600여 평 정도다. 그렇게 좁은 지역에서 벌인 근접 전투에서 요나단은 20여 명을 죽였다. 그러나 바닷가의 모래알처럼 많은 블레셋 군사들 앞에서 그 전과(戰果)가 무슨 의미가 있겠는가? 조만간 지쳐 쓰러질 것이다.

그런데 놀라운 일이 일어났다. 갑자기 블레셋 진영에 떨림이 임했다. 노략하기 위해 나가 있던 블레셋 사람들과 수비대들에게도 떨림이 임했다. 이 '큰 떨림'을 히브리 성경은 '그리고 이것은 하나님의 떨림이 되었다'고 기록하고 있다. 하나님께서 지진을 도구로 사용하셔서 블레셋 사람들을 두렵게 하셨던 것이다. 블레셋 사람들만 두려워했다. 요나단은 두려워하지 않았다.

하나님께서는 하나님을 의지하고 그 이름을 존귀하게 여기는 요나단을 적진에 혼자 보내지 않으셨다. 요나단이 블레셋을 치기 시작할 때에 하늘로부터 두려움을 쏟아 부으셨다. 동시에 블레셋 진영에서 자중지란(自中之亂)이 일어났다. 당시 블레셋 지역에 살고 있던 이스라엘 사람들 얼마가 그들의 협박에 못 이겨 억지로 전쟁터에 따라와 있었다. 그들은 요나단의 용감한 행동을 보며 자신들의 비겁함을 부끄럽게 생각했다. 그리고 요나단의 편에 서서 블레셋과 싸우기 시작했다. 절벽 건너편에서 보면 블레셋 사람들이 자기들끼리 싸우는 것 같았다.

"베냐민 기브아에 있는 사울의 파수꾼이 바라본즉 허다한 블레셋

사람들이 무너져 이리저리 흩어지더라…사울과 그와 함께한 모든 백성이 모여 전장에 가서 본즉 블레셋 사람들이 각각 칼로 자기의 동무들을 치므로 크게 혼란하였더라."(삼상 14:16, 20)

'무너졌다'는 말은 '녹아내렸다'는 뜻이다. 마음이 두려움으로 녹아내린 블레셋 군사들이 도망치기 시작했다. 뒤늦게 사울 왕과 6백 명의 군사들이 일어나 블레셋의 뒤를 좇았다. 여기저기 숨어 있던 이스라엘 백성들도 떨치고 일어났다. 그날 이스라엘은 위대한 승리를 거두었다. 믿음은 설득이 아닌 행동으로 전달된다. 믿기 때문에 행동한다.

한 가지 질문이 마음에 떠오른다. 요나단이 절벽을 올라가고 있을 때 하나님은 어디에 계셨을까? 대답은 간단하다. 하나님께서는 블레셋 진영에서 요나단이 올라오기를 기다리고 계셨다. 요나단이 절벽을 기어 올라와 칼을 빼자 하나님께서 큰 떨림을 보내셨다. 그 떨림 앞에서 블레셋의 3천 병거와 6천 마병과 해변의 모래 수와 같이 많은 군사들이 추풍낙엽처럼 흩어졌다.

하나님께서 기다리시는 시간에 우리의 믿음이 시험을 받는다. 어떤 사람은 믿음을 포기한다. 어떤 사람은 염려하고 두려워하며 원망한다. 그러나 요나단은 원망할 시간이 없었다. 믿음은 단순한 생각이 아니다. 믿음은 행동이다. 믿음으로 행동하는 사람은 하나님께서 기다리시는 그곳을 향하여 담대히 걸어간다. 하나님은 요나단 같은 믿음의 사람들을 지금도 기다리고 계신다. 은혜와 축복으로 빛나는 보세스 절벽 위에서 기다리고 계신다.

하나님께서 그렇게 애굽에서 요셉을 기다리셨다. 하나님께서 그렇게 젖과 꿀이 흐르는 땅에서 여호수아를 기다리셨다. 하나님께서 그렇게 여리고 성에서 기생 라합을 기다리셨다. 하나님께서 그렇게 헤브론에서 갈렙을 기다리셨다. 하나님께서 그렇게 미디안 진영에서 기드온을 기다리셨다. 하나님께서 그렇게 바벨론에서 다니엘을 기다리셨다. 하나님은 우리가 절벽처럼 느끼는 문제의 중심에서 우리를 기다리신다. 우리들의 절벽 같은 문제를 무너뜨리시기 위해 기다리고 계신다. 앞서간 믿음의 선배들의 응원하는 함성소리가 들려오지 않은가?

"이러므로 우리에게 구름같이 둘러싼 허다한 증인들이 있으니 모든 무거운 것과 얽매이기 쉬운 죄를 벗어버리고 인내로써 우리 앞에 당한 경주를 하며."(히 12:1)

그날 이스라엘 백성들은 블레셋의 억압으로부터 해방되었다. 사울이 왕이 된 지 2년 만에 거둔 두 번째 승리였다. 믹마스에서 시작된 전투는 20여 km 서남쪽에 있는 아얄론까지 이어졌다. 전투라기보다는 이스라엘 백성들이 블레셋의 패잔병들을 일방적으로 쫓아가고 있었다. 그런데 그날 뜻밖의 곤란한 일이 일어났다. 사울 왕이 백성들에게 쓸데없는 명령을 내리며 맹세를 강요했기 때문이다.

"이날에 이스라엘 백성들이 피곤하였으니 이는 사울이 백성에게 맹세시켜 경계하여 이르기를 저녁 곧 내가 내 원수에게 보복하는 때까지 아무 음식물이든지 먹는 사람은 저주를 받을지어다 하였음이라."(삼상 14:24)

여기에서 저주는 곧 죽음을 의미했다. 싸우는 병사들은 우선 잘

먹어야 한다. 그런데 금식하며 싸우라니 얼마나 어리석은 일인가. 수풀 속에 자연산 꿀들이 지천이지만 아무도 손을 대는 사람이 없었다. 그런데 아버지의 명령을 듣지 못한 요나단이 지팡이 끝으로 꿀을 찍어 먹었다. 그 순간 눈이 밝아졌다. 지쳐 있던 원기가 회복되었다. 곁에 있던 백성 중의 하나가 사울 왕의 명령을 요나단에게 들려주었다. 요나단은 이해할 수가 없었다. 백성들로 먹고 싸우게 했더라면 더 큰 승리를 얻었을 터인데 하는 아쉬움이 있었다. 요나단을 보고 굶주렸던 백성들이 앞을 다투어 짐승을 잡아 피채로 먹었다. 보통 이스라엘 사람들은 짐승을 잡으면 거꾸로 매달아 피를 다 쏟아낸 후에 먹는다. 피에는 생명이 있으므로 먹지 말라고 하나님께서 엄히 명하셨기 때문이다. 짐승을 피채로 먹은 행위가 하나님 앞에서 허물이 되었다.

사울은 도망가는 블레셋을 보면서 전쟁을 계속해야 할지 멈추어야 할지 하나님께 묻기로 했다. 그런데 하나님께서 아무런 대답이 없으셨다. 누구의 죄 때문인지 가려보다가 사울과 요나단이 제비에 뽑혔다. 요나단이 수풀에서 야생꿀을 먹었다는 사실을 발견한 사울은 "네가 반드시 죽으리라. 그렇지 않으면 하나님이 내게 벌을 내리시고 또 내리시기를 원하노라"고 선언했다. 눈 하나 깜짝하지 않고 자기의 큰아들을 죽이겠다고 나서는 사울을 백성들은 이해할 수가 없었다. 쓸데없는 종교적 열심 때문이었을까, 아니면 요나단이 세운 혁혁한 전공(戰功)이 불편했기 때문일까. 알 수 없는 일이다. 마침내 백성들이 들고 일어났다.

> "백성이 사울에게 말하되, '이스라엘에 이 큰 구원을 이룬 요나단이 죽겠나이까? 결단코 그렇지 아니하니이다. 여호와의 살아 계심

을 두고 맹세하옵나니 그의 머리털 하나도 땅에 떨어지지 아니할 것은 그가 오늘 하나님과 동역하였음이니이다.' 하여 백성이 요나단을 구원하여 죽지 않게 하니라."(삼상 14:45)

그 다음에 사울이 이룬 업적들이 기록되어 있다.

"사울이 이스라엘 왕위에 오른 후에 사방에 있는 모든 대적 곧 모압과 암몬 자손과 에돔과 소바의 왕들과 블레셋 사람들을 쳤는데 향하는 곳마다 이겼고 용감하게 아말렉 사람들을 치고 이스라엘을 그 약탈하는 자들의 손에서 건졌더라."(삼상 14:47-48)

당시 모압과 암몬은 이스라엘의 동편에, 에돔은 남방에, 소바는 북방에, 그리고 블레셋은 서편에 각각 위치하고 있었다. 하나님께서 능력을 주시니 사울은 사방의 적들과 싸워 이겼다. 다음 장에는 사울이 아마렉을 쳤던 이야기가 기록되어 있다.

4

하나님께서 사울을 버리시다

삼상 15장

하루는 사무엘이 사울에게 하나님의 말씀을 전했다. 엄중(嚴重)한 말씀이었다.

> "여호와께서 나를 보내어 왕에게 기름을 부어 그의 백성 이스라엘 위에 왕으로 삼으셨은즉 이제 왕은 여호와의 말씀을 들으소서. 만군의 여호와께서 이같이 말씀하시기를, '아말렉이 이스라엘에게 행한 일 곧 애굽에서 나올 때에 길에서 대적한 일로 내가 그들을 벌하노니 지금 가서 아말렉을 쳐서 그들의 모든 소유를 남기지 말고 진멸하되 남녀와 소아와 젖 먹는 아이와 우양과 낙타와 나귀를 죽이라.' 하셨나이다."(삼상 15:1-3)

왕을 세우신 분은 하나님이시니 하나님의 말씀에 순종하라는 뜻이다. 아말렉을 치는 이 일이 언제 일어났는지 우리는 잘 모른다.

적어도 사울이 왕이 된 지 20년은 지났을 것이다. 아말렉은 에서의 손자에게서 나온 자손들이다(창 36:12). 이스라엘의 남부 지역에 흩어져 살던 이 부족은 비열하며 호전적이었다. 겨우 애굽에서 벗어난 이스라엘이 아직 전열도 갖추지 못한 채 광야를 지나고 있을 때 그들은 이스라엘의 후방을 공격했다. 다행히 모세가 하나님께 기도하고 여호수아가 나가서 격퇴했지만, 이 사건으로 인하여 아말렉은 하나님을 대적하는 민족으로 낙인이 찍혔다. 다음은 모세가 훗날 이스라엘 백성들에게 유언처럼 남긴 말이다.

> "너희는 애굽에서 나오는 길에 아말렉이 네게 행한 일을 기억하라. 곧 그들이 너를 길에서 만나 네가 피곤할 때에 네 뒤에 떨어진 약한 자들을 쳤고 하나님을 두려워하지 아니하였느니라. 그러므로 네 하나님 여호와께서 네게 기업으로 주어 차지하게 하시는 땅에서 네 하나님 여호와께서 사방에 있는 모든 적군으로부터 네게 안식을 주실 때에 너는 천하에서 아말렉에 대한 기억을 지워버리라. 너는 잊지 말지니라."(신 25:17-19)

그 후에도 아말렉 족속들은 계속해서 이스라엘 백성들을 괴롭혔다. 광야생활이 끝날 무렵 이스라엘이 네게브 사막에서 가나안 땅으로 들어가려 할 때에도 길을 막아서며 방해했다(민 14:45). 사사시대에도 아말렉은 끊임없이 이스라엘을 괴롭혔다. 이제 이스라엘이 아말렉을 쳐야 할 때가 되었다. 이스라엘이 강대국이 되었기 때문이 아니다. 아말렉의 죄가 한계에 이르렀기 때문이다. 그래도 우리는 사무엘의 말에 섬뜩하며 놀라게 된다. 남녀노소와 모든 짐승들을 다 죽이라고 했기 때문이다.

잠시 신명기 20장으로 되돌아가보자. 여기에는 훗날 이스라엘이 가나안에 정착한 후에 멀리 있는 나라들과 충돌이 일어날 때 지켜야 할 지침(guideline)이 기록되어 있다. 다윗 왕 시절 이스라엘은 가장 강력한 군사력을 유지하고 있었다. 그러나 다윗은 열강(列强)들처럼 단순히 영토를 넓히기 위해 다른 나라를 침범하지 않았다. 대부분의 전쟁은 방어적인 성격을 띠고 있었다. 예를 들면, 암몬 자손들이 먼저 전쟁을 일으키자 요압을 보내서 대승을 거둔 경우이다(삼하 10장). 모세는 다른 성읍이나 나라와 전쟁을 시작하기 전에 먼저 화평을 선언하라고 했다. 만일 그 성읍이 화답하면 조공을 내고 이스라엘을 섬기게 했다. 그러나 화평하기를 거부하면, 성을 점령하고 남자는 다 죽이되 여자들과 유아들과 가축들은 살려서 탈취물로 삼으라고 했다. 그런데 이스라엘과 인접한 민족들과 전쟁할 때에는 그 가이드라인이 달랐다.

"오직 네 하나님 여호와께서 네게 기업으로 주시는 이 민족들의 성읍에서는 호흡 있는 자를 하나도 살리지 말지니 곧 헷 족속과 아모리 족속과 가나안 족속과 브리스 족속과 히위 족속과 여부스 족속을 네가 진멸하되 네 하나님 여호와께서 네게 명령하신 대로 하라. 이는 그들이 그 신들에게 행하는 모든 가증한 일을 너희에게 가르쳐 본받게 하여 너희가 너희의 하나님 여호와께 범죄하게 할까 함이니라."(신 20:16-18)

하나님께서 가나안 일곱 족속들을 멸하라고 하신 이유가 명백했다. 우상숭배로 인한 그들의 가증함 때문이다. 만일 이스라엘 백성들이 그들과 섞여 살다가 우상숭배에 물든다면(실제로 그런 일들이 자주 있었지만), 이스라엘도 그들처럼 망하게 될 것이다. 그러므로 아말렉과의 전쟁은 치명적인 재난으로부터 이스라엘을 보호하기 위한 영적 보루(堡壘)였다. 마침내 하나님께서 아말렉의 죄를 심판하시기로 작정하셨다.

사울은 아말렉과 싸우기 위해 백성들을 소집했다. 보병이 이십만이요 유다 사람이 만 명이었다. 먼저 아말렉 성에 섞여 사는 겐 사람들에게 떠나라고 경고를 보냈다. 겐 사람들은 모세의 장인 이드로의 동족이다. 그들은 이스라엘이 광야를 지날 때에 큰 도움을 주었다(민 10:29-32). 겐 사람들이 떠나자 사울은 아말렉 왕 아각을 사로잡고 모든 백성을 진멸했다. 그러나 짐승들 중에서 하찮은 것들만 진멸하고 좋은 것들은 남겼다. 절반의 순종은 순종이 아니다. 하나님의 말씀이 사무엘에게 임했다.

> "내가 사울을 왕으로 세운 것을 후회하노니 그가 돌이켜서 나를 따르지 아니하며 내 명령을 행하지 아니하였음이니라 하신지라. 사무엘이 근심하여 온 밤을 여호와께 부르짖으니라."(삼상 15:11)

사무엘이 사울을 만나기 위해 길을 나섰다. 길에서 만난 한 사람이 '사울 왕이 갈멜산에 자기를 위해 기념비를 세웠다'고 일러주었다. 진에 가까이 오니 수많은 짐승들의 울음소리가 들려왔다. 웬 짐승들이냐고 물으니 사울이 천연스럽게 대답했다.

"그것은 무리가 아말렉 사람에게서 끌어온 것인데, 백성이 당신의 하나님 여호와께 제사하려 하여 양들과 소들 중에서 가장 좋은 것을 남김이요, 그 외의 것은 우리가 진멸하였나이다."

그때서야 사무엘은 어젯밤 하나님께서 하신 말씀을 깨닫게 되었다. 다음은 사무엘과 사울의 대화 내용이다.

"사무엘이 이르되 왕이 스스로 작게 여길 그때에 이스라엘 지파의 머리가 되지 아니하셨나이까. 여호와께서 왕에게 기름을 부어 이스라엘 왕을 삼으시고, 또 여호와께서 왕을 길로 보내시며 이르시기를 가서 죄인 아말렉 사람을 진멸하되 다 없어지기까지 치라 하셨거늘, 어찌하여 왕이 여호와의 목소리를 청종하지 아니하고 탈취하기에만 급하여 여호와께서 악하게 여기시는 일을 행하였나이까."

"나는 실로 여호와의 목소리를 청종하여 여호와께서 보내신 길로 가서 아말렉 왕 아각을 끌어왔고 (언제 끌어오라고 하셨나, 죽이라고 하셨지.) 아말렉 사람들을 진멸하였으나, 다만 백성이 그 마땅히 멸할 것 중에서 가장 좋은 것으로 길갈에서 당신의 하나님 여호와께 제사하려고 양과 소를 끌어왔나이다."

"여호와께서 번제와 다른 제사를 그의 목소리를 청종하는 것을 좋아하심같이 좋아하시겠나이까, 순종이 제사보다 낫고 듣는 것이 숫양의 기름보다 나으니, 이는 거역하는 것은 점치는 죄와 같고 완고한 것은 사신 우상에게 절하는 죄와 같음이라. 왕이 여호와의 말씀을 버렸으므로 여호와께서도 왕을 버려 왕이 되지 못하게 하셨나이다…여호와께서 오늘 이스라엘 나라를 왕에게서 떼어 왕보다 나은 왕의 이웃에게 주셨나이다."

사울이 돌아서려는 사무엘의 옷자락을 붙잡고 간청했다.

"내가 범죄하였을지라도 이제 청하옵나니 내 백성의 장로들 앞과 이스라엘 앞에서 나를 높이사 나와 함께 돌아가서 내가 당신의 하나님 여호와께 경배하게 하소서."

진실하지 못한 사람은 체면을 중시한다. 체면을 앞세우는 사람은 회개하기가 어렵다. 사울은 교만의 경지를 넘어 위선의 지경으로 들어섰다. 물론 입으로는 자신이 하나님 앞에 범죄했다고 말했다. 그러나 진정으로 자신이 범죄한 줄 알았다면 체면불구하고 회개해야 했다. 백성들이 다 듣도록 큰 소리로 자기의 죄를 자복하며 울부짖어야 했다. 백성이 어떻게 생각하느냐가 아닌 하나님께서 어떻게 여기시느냐가 더 중요하기 때문이다. 사울이 마지막 기회를 놓치자 하나님께서 '사울을 왕으로 세운 것을 후회한다'고 말씀하셨다. 사울은 끝까지 하나님을 실망시켰다. 엄밀한 의미에서 사울 왕의 이야기는 여기에서 끝난다. 나머지는 하찮은 부록들에 불과하다.

5

하나님께서 다윗을 택하시다

삼상 16-17장

아말렉 왕 아각을 죽인 후에 사무엘은 깊은 슬픔에 잠겼다. 만일 사무엘이 사울을 사랑하지 않았더라면 그토록 슬퍼하지도 않았을 것이다. 하나님께서는 사무엘의 슬픔을 잘 알고 계셨다.

> "여호와께서 사무엘에게 이르시되, '내가 이미 사울을 버려 이스라엘 왕이 되지 못하게 하였거늘 네가 그를 위하여 언제까지 슬퍼하겠느냐. 너는 뿔에 기름을 채워 가지고 가라. 내가 너를 베들레헴 사람 이새에게로 보내리니 이는 내가 그의 아들 중에서 한 왕을 보았느니라.' 하시는지라."(삼상 16:1)

베들레헴은 라마의 서남쪽 16km, 예루살렘의 남쪽 10km 지점에 있는 작은 성읍이다. 그곳에 가서 이새의 아들들 가운데 하나를 왕으로 세우라고 하셨다. 세상적인 관점에서 보면 그것은 역모(逆謀)

다. 이 일이 드러나면 사무엘은 물론이거니와 이새의 집안도 위험에 처할 수 있다. 막상 기름을 뿔에 채워가지고 내려가려니 두려웠다. 그래서 하소연했지만 하나님께서는 '나를 위하여 기름을 부으라'고 하셨다.

"사무엘이 이르되, '내가 어찌 갈 수 있으리이까. 사울이 들으면 나를 죽이리이다.' 하니 여호와께서 이르시되, '너는 암송아지를 끌고 가서 말하기를 내가 여호와께 제사를 드리러 왔다 하고 이새를 제사에 청하라. 내가 네게 행할 일을 가르치리니 내가 네게 알게 하는 자에게 나를 위하여 기름을 부을지니라.'"(삼상 16:2-3)

이스라엘의 왕은 하나님의 종이다. 세상 왕들은 자기의 영광을 위해 권력을 사용하지만, 하나님께서 세우신 왕은 하나님의 영광을 위해 섬겨야 한다. 이새의 집은 베들레헴에서 존경받는 가문이었다. 이새의 아버지 오벳은 보아스가 모압 여인 과부 룻에게서 낳은 아들이다.

사무엘은 즉시 베들레헴으로 향했다. 그가 갑자기 출현하자 성읍의 장로들이 두려워했다. 혹시 자기네 성에 무슨 잘못이 있는가 싶어 "평강을 위하여 오시나이까" 하고 조심스럽게 물었다. 사무엘은 그들을 안심시킨 후에 이새와 그의 아들들을 제사에 초청했다. 큰아들 엘리압이 나타나자 사무엘은 '여호와의 기름 부으실 자가 과연 주님 앞에 있도다' 하고 생각했다. 어느 모로 보나 사울에 뒤지지 않는 외모였다. 그때 하나님께서 말씀하셨다.

"그의 용모와 키를 보지 말라. 내가 이미 그를 버렸노라. 내가 보는

것은 사람과 같지 아니하니 사람은 외모를 보거니와 나 여호와는 중심을 보느니라."(삼상 16:7)

하나님께서 이새의 아들들을 보고 계셨다. 둘째도, 셋째도, 그렇게 일곱째까지 지나갔지만 하나님의 응답이 없었다. 분명히 하나님께서 왕으로 삼을 자를 이새의 아들들 가운데서 택하라고 하셨는데 말이다. 사무엘은 조용히 이새에게 "네 아들들이 여기에 다 있느냐"라고 물었다. 아직 막내가 들에서 양을 치고 있다고 했다. (어떤 학자들은 다윗이 아직 20세가 되지 않았으므로 제사에 참석할 수 없었을 것이라고 생각한다.) 사무엘의 말은 단호했다.

"사람을 보내어 그를 데려오라. 그가 여기 오기까지는 우리가 식사 자리에 앉지 아니하겠노라."

얼마 후에 막내 다윗이 들어왔다. 살빛이 붉고 눈이 빼어나며 얼굴이 아름다웠다. 그때 하나님의 음성이 들려왔다. "이가 그니 일어나 기름을 부으라." 사무엘은 지체하지 않고 뿔에 담긴 기름을 다윗의 머리에 부었다. 이 장면을 아버지와 형제들이 놀람 가운데서 바라보고 있었다. 그날 이후로 다윗은 여호와의 영에 크게 감동되었다. 성령님께서 함께하시는 사람이 되었다는 말이다. 제사가 끝나자 사무엘은 조용히 라마로 돌아갔다.

다윗의 형제들은 사무엘의 기름 부음을 어떻게 이해하고 있었을까. 뜻밖의 행사이긴 했지만 설마 사무엘이 다윗을 왕으로 삼았다고는 생각하지 않았을 것이다. 그 후에 형제들이 다윗을 대하는 태도로 미루어 보면 그렇다. 이새의 가족이나 베들레헴 사람들이나 모두 대수롭지 않게 생각하며 지나갔을 것이다. 얼마나 다행스러운 일인가. 만일 사울 왕이 이 일을 알았더라면 모두 큰 곤란에 처했을 것이다. 다윗은 이후에도 두 번 더 기름 부음을 받았다. 헤브론에서 유다 지파의 왕이 되었을 때(삼하 2:3-4)와 7년 후에 전체 이스라엘의 왕이 되었을 때였다(삼하 5:3).

하나님의 영이 다윗에게 임하심과 동시에 사울로부터 떠나셨다. 대신 하나님께서 부리시는 악령이 사울을 번뇌하게 했다. '번뇌'는 갑자기 두려움에 사로잡히는 정신질환이다. 사울의 고통받는 모습을 보다 못한 신하들이 말했다.

> "사울의 신하들이 그에게 이르되, '보소서. 하나님께서 부리시는 악령이 왕을 번뇌하게 하온즉 원하건대 우리 주께서는 당신 앞에서 모시는 신하들에게 명령하여 수금을 잘 타는 사람을 구하게 하소서. 하나님께서 부리시는 악령이 왕에게 이를 때에 그가 손으로 타면 왕이 나으시리이다.' 하는지라."(삼상 16:15-16)

수금(lyre) 잘 타는 자를 찾아오라는 왕의 명령에 한 신하가 다윗을 천거했다.

> "소년 중 한 사람이 대답하여 이르되 내가 베들레헴 사람 이새의 아들을 본즉 수금을 탈 줄 알고 용기와 무용과 구변이 있는 준수한 자라. 여호와께서 그와 함께 계시더이다 하더라."(삼상 16:18)

그 소년은 용감한 전사(戰士)이며 말도 잘하고 외모도 출중하다고 했다. (아마도 이전부터 다윗이 양을 치다가 사자와 곰을 잡았다는 소문이 퍼졌을지 모른다.) 그렇게 해서 다윗이 궁중 악사가 되었다. 사울이 고통을 당할 때마다 다윗이 수금을 연주하면 악령이 떠나고 상쾌하게 되었다. 한 걸음 더 나아가 사울은 다윗을 자기 무기 드는 자로 삼았다. 그만큼 다윗을 사랑하고 의지했다.

사무엘상 17장에는 다윗과 골리앗의 이야기가 기록되어 있다. 블레셋과 이스라엘 사이에 있는 엘라 골짜기에서 있었던 전쟁이다. (지금도 구글 지도에서 Valley of Elah를 검색하면 예루살렘 서남쪽 25km쯤으로 나온다.) 이새의 세 아들도 전쟁에 참여하고 있었다. 그들의 안전이 궁금했던 이새는 음식물을 준비해서 다윗 편에 보냈다. 다윗이 도착해보니 블레셋 진 앞에서 골리앗이 전의(戰意)를 불태우고 있었다. 골리앗은 9척(2.7m) 장신(長身)에 입은 갑옷의 중량이 57kg이요 창끝의 무게는 7kg이었다. 그의 앞에는 무기와 방패를 든 자가 그림자처럼 따르고 있었다. 골리앗의 소리가 골짜기에 쩌렁쩌렁 울려 퍼졌다.

> "너희가 어찌하여 나와서 전열을 벌였느냐. 나는 블레셋 사람이 아니며 너희는 사울의 신복이 아니냐. 너희는 한 사람을 택하여 내게로 내려 보내라. 그가 나와 싸워서 나를 죽이면 우리가 너희의 종이 되겠고 만일 내가 이겨 그를 죽이면 너희가 우리의 종이 되어 우리를 섬길 것이니라…내가 오늘 이스라엘의 군대를 모욕하였으니 사람을 보내어 나와 더불어 싸우게 하라."(삼상 17:8-10)

사울 왕과 백성들은 두려워서 몸을 숨기고 있었다. 그렇게 어영부영 40일이 지나가고 있었다. 숨어 있는 백성들의 하는 말이 다윗의 귀에 들려왔다.

"너희가 이 올라온 사람을 보았느냐? 참으로 이스라엘을 모욕하러 왔도다. 그를 죽이는 사람은 왕이 많은 재물로 부하게 하고, 그의 딸을 그에게 주고, 그 아버지의 집을 이스라엘 중에서 세금을 면제하게 하시리라."

다윗이 큰 소리로 말했다.

"이 할례 받지 않은 블레셋 사람이 누구이기에 살아 계시는 하나님의 군대를 모욕하겠느냐?"

다윗이 하는 말을 큰 형 엘리압이 듣고 불같이 화를 냈다.

"네가 어찌하여 이리로 내려왔느냐. 들에 있는 양들을 누구에게 맡겼느냐. 나는 네 교만과 네 마음의 완악함을 아노니 네가 전쟁을 구경하러 왔도다."

큰 형이 막내에게 하는 말 치고는 가시가 돋쳐 있다. 전에 사무엘이 다윗에게 기름 부었던 일이 앙금으로 남아 있었을까? 다윗은 "내가 무엇을 하였나이까. 어찌 이유가 없으리이까" 하며 자기의 뜻을 굽히지 않았다. '내가 무슨 잘못을 했다고 그러세요? 나는 말도 못합니까?'(Now what have I done? Can't I even speak?)라는 뜻이다. 그리고 주변 사람들에게 "이 블레셋 사람을 죽여 이스라엘의 치욕을 제거하는 사람에게는 어떤 대우를 하겠느냐?"고 한 번 더 물었다. 대답은 여전했다. 다윗의 말이 사울의 귀에까지 들어갔다. 사울 앞에 불려간 다윗은 한술 더 떠서 이렇게 말했다.

"그로 말미암아 사람이 낙담하지 말 것이라. 주의 종이 가서 저 블레셋 사람과 싸우리이다."

용기는 가상하지만 어림없는 말이었다. 사울이 부드럽게 타일렀다.

"네가 가서 저 블레셋 사람과 싸울 수 없으리니 너는 소년이요 그는 어려서부터 용사임이니라."

그때 다윗의 입에서 믿을 수 없는 말이 쏟아져 나왔다.

"주의 종이 아버지의 양을 지킬 때에 사자나 곰이 와서 양 떼에서 새끼를 물어 가면 내가 따라가서 그것을 치고 그 입에서 새끼를 건져내었고, 그것이 일어나 나를 해하고자 하면 내가 그 수염을 잡고 그것을 쳐 죽였나이다. 주의 종이 사자와 곰도 쳤은즉 살아 계시는 하나님의 군대를 모욕한 이 할례 받지 않은 블레셋 사람이리이까. 그가 그 짐승의 하나와 같이 되리이다."

그리고 믿음으로 승리를 선포했다.

"여호와께서 나를 사자의 발톱과 곰의 발톱에서 건져내셨은즉 나를 이 블레셋 사람의 손에서도 건져내시리이다."

다윗의 믿음이 사울을 감동시켰다.

"가라. 여호와께서 너와 함께 계시기를 원하노라."

그리고 자기 군복을 다윗에게 입히고 칼을 차게 했다. 그러나 거동하기에 불편했다. 다윗은 갑옷 대신 막대기 하나와 물맷돌로 사용할 매끄러운 돌 다섯 개를 챙겨 넣은 후 골리앗을 향해 달려 나갔다.

잠시 다윗이 했던 말들을 되새겨 보자. 그냥 지나치기에는 이해할 수 없는 말들이 아닌가. 다윗은 아무도 없는 들판에서 양 떼를 치고 있었다. 갑자기 양들이 놀라 이리저리 뛰기 시작했다. 양들은 위기가 다가와도 소리칠 줄 모른다. 둘러보니 사자가 양 새끼를 물어가고 있었다. 보통 사람이라면 못 본 척했을 것이다. 자기 양 떼도 아니고 아버지의 양 떼다. 양 새끼 한 마리에 목숨 걸 이유가 없다.

그러나 다윗은 용수철처럼 뛰어올라 사자를 쫓아갔다. 사자는 다윗 따위는 아랑곳하지도 않고 먹이를 물고 어슬렁거리며 걸어가고 있었다. 다윗은 들고 있던 막대기로 사정없이 사자의 잔등을 내리쳤다. 놀란 사자가 양 새끼를 내려놓더니 다윗을 보고 날카로운 송곳니를 드러냈다. 일촉즉발의 상황이었다. 아무도 도와줄 사람이 없었다. 다윗은 사자에게 다가가더니 "어딜 감히" 하며 수염(털)을 잡고 주먹으로 치기 시작했다. 사자가 죽을 때까지 계속해서 가격했다. 곰의 경우도 마찬가지였다.

사자와 곰이 너무 기가 막힌 나머지 심장마비라도 일으켰을까? 도대체 이 장면들을 어떻게 설명할 수 있을까? 누가 다윗의 말을 믿을 수 있을까. 그러나 베들레헴 사람들 중에 다윗의 말을 의심하는 사람은 아무도 없었을 것이다. 자기들 두 눈으로 다윗이 들쳐 메고 오는 사자와 곰의 사체(死體)를 똑똑히 보았으니까 말이다.

이야기의 핵심은 다윗의 괴력(怪力)이 아니다. 여호와 하나님의 능력이다. "여호와께서 나를 사자의 발톱과 곰의 발톱에서 건져내셨은즉 나를 이 블레셋 사람의 손에서도 건져내시리이다"라는 고백처럼, 다윗은 살아 계신 하나님(엘로힘 하임, אֱלֹהִים חַיִּים)께서 동행하심을 믿었다. 여호와께서 자기를 사자와 곰의 발톱에서 건져내셨다. 자기 힘으로 맹수들을 이겨낸 것이 아니다. '여기, 지금 살아 계신 하나님'은 곧 구원하시는 하나님이시다. 믿는 자에게 초자연적인 능력을 주신다. 그리고 그런 일은 지금도 가능하다.

다윗의 눈에 골리앗은 사자나 곰과 일반이었다. 머지않아 그는 사자와 곰처럼 죽게 될 것이다. 왜냐하면 그가 하나님을 대적했기 때문이다. 다윗은 이 논리적인 사실을 조금도 의심하지 않았다. 가슴으로 성경을 읽다 보면 이런 장면이 눈에 선하게 보인다.

믿음은 쇼가 아니다. 믿음은 하나님을 신뢰하는 관계이다. 우리는 스스로 물어야 한다. '내가 혼자 있을 때, 홀로 위기를 맞을 때, 과연 살아 계신 하나님을 전폭적으로 신뢰할 수 있을까?' 다윗은 살아 계신 하나님을 신뢰했다. 훗날 사울을 비롯한 원수들이 계곡의 진흙탕물처럼 밀려올 때에도, 그는 오직 살아 계신 하나님만 의지했다. 다윗은 이렇게 노래했다.

"여호와는 살아 계시니 나의 반석을 찬송하며 내 구원의 하나님을 높일지로다."(시 18:46)

군중 앞에서는 믿음이 있는 척하지만 혼자 있을 때에는 두려워하는 사람이 있다. 그러나 혼자 있을 때 살아 계신 하나님을 신뢰하는 사람은 군중 앞에서도 담대하다. 다윗이 그런 사람이었다. 40일 만에 이스라엘 진영에서 한 사람이 나오는데 보니까 용모가 아름다운 소년이었다. 손에는 칼 대신 목자의 막대기가 들려 있었다. 기가 막혔던지 골리앗이 일갈(一喝)했다.

"네가 나를 개로 여기고 막대기를 가지고 내게 나아왔느냐…내게로 오라. 내가 네 살을 공중의 새들과 들짐승들에게 주리라."

다윗도 물러서지 않았다.

"너는 칼과 창과 단창으로 내게 나아오거니와 나는 만군의 여호와의 이름 곧 네가 모욕하는 이스라엘 군대의 하나님의 이름으로 네게 나아가노라. 오늘 여호와께서 너를 내 손에 넘기시리니 내가 너를 쳐서 네 목을 베고 블레셋 군대의 시체를 오늘 공중의 새와 땅의 들짐승에게 주어 온 땅으로 이스라엘에 하나님이 계신 줄 알게 하겠고, 또 여호와의 구원하심이 칼과 창에 있지 아니함을 이 무리에게 알게 하리라. 전쟁은 여호와께 속한 것인즉 그가 너희를 우리 손에 넘기시리라."(삼상 17:45-47)

다윗은 물매 끝에 돌 하나를 넣은 후 골리앗을 향해 쏜살같이 달려갔다. 그리고 골리앗의 이마를 향해 물매를 휘둘렀다. 돌이 이마에 박히자 골리앗은 통나무처럼 앞으로 고꾸라졌다. 순식간에 달려간 다윗이 골리앗의 칼을 빼어 그의 머리를 베었다. 동시에 블레셋 군대는 도망가기 시작했고, 이스라엘 백성들은 함성을 지르며 뒤쫓았다. 블레셋 군사들은 에그론 성문에 이르기까지 길에 엎드러졌고, 이스라엘은 블레셋 진영을 노략하며 전리품을 챙겼다. 다윗은 골리앗의 머리를 예루살렘으로 가져가고 갑옷은 자기의 장막에 두었다. 그렇게 해서 40일 동안 소강상태였던 전쟁이 이스라엘의 대승리로 막을 내리게 되었다.

잠시 다윗과 골리앗의 대결장면으로 돌아가 보자. 여기에서 우리는 몇 가지 진리를 배울 수 있다.

첫째로, 다윗은 골리앗 앞에서 피하지 않았다. 피할수록 문제는 더 커 보이고 도망할수록 우리는 더 작아 보인다. 문제를 해결하려면 담대하게 대면(對面)해야 한다.

오래전에 있었던 일이다. 냉동 창고 안에서 직원이 일하고 있는데 동료가 모르고 밖에서 문을 닫아버렸다. 안에서는 문을 열 수 없는 구조였다. 몇 시간 후에 우연히 창고 문을 열어보니 직원이 죽어 있었다. 그 창고는 고장이 나서 냉동이 되지 않은 평범한 창고였다. 안에 갇힌 직원은 '이제 곧 얼어 죽을 것'이라고 미리 두려워하다가 죽고 말았던 것이다. 문제를 피하면 그런 일이 일어난다. 다윗은 골리앗을 피하지 않았다.

둘째로, 다윗은 문제를 올바로 분석했다. 골리앗은 하나님을 대적하는 사람이다. 하나님께서 그와 싸우실 것이다. 비록 온몸을 놋으로 감싸고 방패와 무기를 들었지만 그는 절대로 하나님을 이길 수 없다.

셋째로, 다윗은 오직 하나님의 이름만 의지했다. 다른 방법을 의

지하지 않았다. 물맷돌마저도 하나의 수단에 불과했다. 진정으로 골리앗을 넘어뜨린 능력은 '만군의 주 여호와 하나님의 이름'에서 나왔다. 들판에서 사자와 곰을 이기게 하셨던 것처럼, 이번에도 하나님께서 그를 도와주실 것이다. 다윗은 승리하리라는 믿음으로 충만했다. '물맷돌'이라는 익숙한 방법에 믿음이 더해지면 100%의 효과가 나타난다.

> "그렇다면 우리가 이 일에 대하여 무슨 말을 할 수 있겠습니까? 만일 하나님이 우리 편이시라면 누가 감히 우리를 대항할 수 있겠습니까?"(롬 8:31, 현대인의 성경)

넷째로, 다윗은 싸움의 목표를 분명하게 했다. 그가 골리앗과 싸운 이유는 사울의 사위가 되기 위해서가 아니었다. 그의 아버지 집이 면세혜택을 받기 위해서도 아니었다. 목표는 단순하고 분명했다. 블레셋 사람들에게 하나님의 살아 계심을 보여주는 것과 여호와의 구원은 칼과 창에 있지 않음을 이스라엘로 알게 하는 것이었다. 다윗의 목표는 오직 하나님의 영광을 만천하에 드러내는 것이었다.

흔히 나라의 지도자가 되려면 권력에 대한 욕구가 있어야 한다고 말한다. 이 욕구가 백성을 섬기는 무거운 짐을 기꺼이 짊어지는 의지라면 맞는 말이다. 그러나 권력의 욕구는 대부분 지도자를 그릇된 길로 인도한다. 그들은 백성 위에 군림하고, 정적을 제거하며, 옳은 말에 귀를 닫고, 결국에는 극심한 두려움과 외로움을 탐욕과 정욕으로 채우려 든다. 오늘날에는 절대권력이 부패하지 않도록 여러 가지 제도적 보강장치가 있지만, 그래도 인간의 음험(陰險)한 욕구를 제어하기가 쉽지 않다. 그 결과 왕들이 암살을 당하고 왕조가 자주 바뀌는 현상이 일어난다. 요즘으로 말하면 정권의 부침(浮沈)이다.

다윗은 처음부터 권력에 대한 욕구가 없었다. 골리앗을 죽인 후에도 그는 들판에 두고 온 양들에게 마음이 있었다. 훗날 사울이 불순한 동기로 다윗을 사위 삼으려고 했을 때 다윗은 겸손하게 거절했다. 권력의 핵심으로 들어갈 수 있는 절호의 기회를 스스로 외면한 것이다. 다윗의 마음에는 권력을 추구하는 욕구 대신 하나님의 영광을 사모하는 열정으로 넘쳤다.

골리앗을 향해 달려가는 다윗의 용맹함은 여호와 하나님과 맺은 밀접한 관계에서 나왔다. 앞뒤 계산할 여지가 없었다. 흔한 말로 정신없이 뛰어나갔다. 이처럼 '하나님을 사랑하는 열정'은 인간의 권력에 대한 욕구와 비교할 수가 없다. 하늘과 땅만큼 다르다. 에너지가 표출되는 방식이나 성취하는 업적에도 현격한 차이가 있다. 다윗은 끝까지 변함없이 하나님을 사랑했다. 그래서 지금까지도 이스라엘의 가장 훌륭한 지도자로 존경받고 있다.

이 세상에는 두 종류의 사람들이 있다. 이야기를 만드는 사람들과 이야기를 듣는 사람들이다. 이야기를 만드는 사람들은 소수이고 듣는 사람들은 대중이다. 이야기를 만드는 사람들은 창조적이고 개척자적인 정신을 지닌 사람들이다. 듣는 사람들은 모험을 하기보다는 안정적으로 살아가기를 원하는 사람들이다.

성경에는 감동적인 이야기를 만든 사람들이 있다. 거대한 배를 지어 자기 가족과 많은 동물들을 구원했던 노아, 큰 민족의 조상이 되리라는 하나님의 약속을 믿고 고향을 떠났던 아브라함, 지팡이 하나를 들고 애굽 왕 바로의 궁궐에 들어가서 이스라엘 백성들을 놓아 보내라고 요구했던 모세, 그의 뒤를 이어 가나안 땅을 점령하고 열 두 지파들에게 분배했던 여호수아, 각각 독특한 방법으로 용맹스럽게 이스라엘을 구원했던 사사들, 모두가 하나같이 감동적인 이야기를 만들어낸 사람들이다. 물론 그중에 다윗을 빼놓을 수 없다.

> "너는 칼과 창과 단창으로 내게 나아오거니와 나는 만군의 여호와의 이름 곧 네가 모욕하는 이스라엘 군대의 하나님의 이름으로 네게 나아가노라."(삼상 17:45)

다윗과 골리앗의 이야기를 마치기 전에 '만군의 여호와'라는 호칭(呼稱)에 대하여 살펴보자. '만군의 여호와'라는 이름은 어떤 의미를 가지고 있을까. '만군'은 '많은 숫자의 사람들, 군대, 하늘의 천군천사들'을 의미한다. 하나님은 그가 원하시면 하늘의 군대나 땅의 군대, 그가 지으신 모든 피조물을 사용하실 수 있는 절대 권력을 가지신 분이다. 그러므로 '만군의 여호와'는 그 능력에 있어서 아무도 대적할 수 없는 능력을 지니신 하나님이라는 뜻이다.

성경에 하나님께 붙여진 여러 이름들이 있다. '엘 엘리온'은 '지극히 높으신 하나님'이시다. '엘 로이'는 '나를 보고 계시는 하나님'이시다. '엘 샤다이'는 '전능하신 하나님'이시다. '아도나이'는 '나의 주님'이시다. '여호와 이레'는 '예비하시는 하나님'이시다. '여호와 라파'는 '치료하시는 여호와'이시다. '여호와 닛시'는 '우리의 승리의 깃발이 되시는 여호와'이시다. '엘로힘 카도쉼'은 '거룩하신 하나님'이시다. '여호와 살롬'은 '우리의 평화 되신 여호와'이시다. 하나님의 이름을 이렇게 여러 가지로 부르는 이유는 하나님의 이름을 부르는 상황이 각각 다르기 때문이다.

그러면 '만군의 여호와'는 언제 불러야 할까. 하나님께서 그 자신을 '만군의 여호와'로 우리에게 나타내실 때는 언제일까. 이 이름은 다른 아무것도 의지할 수 없는 사람만 부를 수 있다. 조금이라도 다른 것을 의지할 여지가 남아 있는 사람은 그렇게 부를 수가 없다. '만군의 여호와'라는 이름은 다른 방편이 충분히 준비되어 있는 상황에서, 그래도 혹시 몰라 들어놓는 그런 '보험용 이름'이 아니다. 만군의 여호와를 부르는 사람은, 비록 그에게 몇 명의 군대가 남아 있고, 몇 가지 사용할 수 있는 방법이 남아 있으며, 며칠 더 버틸 수 있는 물질이 남아 있을 때라도, 그것들을 아무것도 아닌 것처럼 여기면서, 오직 여호와 하나님만이 나를 구원하실 수 있다는 확신과 결연한 자세를 지닌 사람이다.

다윗이 골리앗을 향해 달려가면서 "나는 만군의 여호와의 이름 곧 네가 모욕하는 이스라엘 군대의 하나님의 이름으로 네게 가노라" 하고 고함칠 때, 다윗에게는 만군의 여호와 하나님 외에 달리 의지할 대상이 없었다. 오직 하나님 한 분뿐이었다. 그가 떠난 길은 돌아설 수 없는 길이다. 골리앗을 죽이지 못하면 자기가 죽을 것이다. 그러나 만군의 여호와의 이름을 부르며 골리앗을 향해 달려가는 다윗에게는 일말의 의심도 없었다. 잠시 후면 골리앗은 썩은 통나무처럼 쓰러질 것이고, 그의 머리는 자기 손에 들려 있을 것이다. 그것이 만군의 여호와를 의지하는 다윗의 믿음이었다. 훗날 사무엘상·하를 기록했던 역사가는 다윗의 생애를 이렇게 한 문장으로 요약했다.

> "만군의 하나님 여호와께서 함께 계시니 다윗이 점점 강성하여 가니라."(삼하 5:10)

지금의 상황이 절망스럽고 답답한가? 그렇다면 '만군의 여호와'를 찾자. 만군의 여호와께서는 지금 우리를 만나기 위해 기다리고 계신다. 만군의 여호와의 권세와 능력은 변함이 없다. 그의 긍휼하심은 다함이 없으며, 그의 선하심과 인자하심도 여전하다. 우리 모두 만군의 여호와의 이름을 부르자. 만군의 여호와와 함께 우리 생애에 멋있는 이야기를 하나쯤 만들어보자.

6

다윗을 훈련시키시는 하나님

삼상 18-27, 30장

군대 사령관 아브넬이 다윗을 사울 왕에게 안내했다. 다윗의 손에는 아직도 선지피가 흐르는 골리앗의 머리가 들려 있었다. 사울은 이전에 자기를 위해 수금을 타던 다윗을 그새 잊었을까. 하긴 일개 소년 악사에게 관심을 두고 기억할 왕이 몇이나 되겠는가. 누구냐고 묻는 사울 왕에게 다윗이 대답했다.

"나는 주의 종 베들레헴 사람 이새의 아들이니이다."

그 이상 내어놓을 만한 명함도 없었다. 그런데 사울의 맏아들 요나단이 다윗을 알아보았다. 요나단은 누구인가. 하나님의 이름과 영광 때문에 무기 든 소년과 함께 블레셋 적진을 향해 절벽을 올라가지 않았던가? 다윗의 말을 듣던 요나단의 마음이 다윗의 마음과 통했다. 그때 요나단이 들었던 '다윗의 말'은 무엇이었을까? 성경에는 기록되어 있지 않지만 우리는 다윗이 했을 법한 말을 가슴으로 들을 수 있다. "왜 골리앗과 싸우려고 나갔느냐?"는 사울의 말에 다윗은 "그가 우리 하나님의 이름을 모욕했기 때문입니다" 하고 대답했을 것이다. 이 말이 요나단을 감동시켰을 것이다.

요나단과 다윗의 공통점은 하나님 사랑에 있었다. 그들은 하나님의 이름을 능욕하고 무시하는 자들을 용납할 수 없었다. 그래서 생명을 내어놓고 싸웠다. 그들에게는 하나님께서 함께하신다는 믿음이 있었다. 그 믿음으로 절벽을 올라갔고, 그 믿음으로 골리앗을 향해 달려갔다. 믿음으로 달려가면 하나님의 능력이 뒤따른다.

그날 요나단은 다윗을 따로 만나 언약을 맺었다. 그리고 자기가 입었던 겉옷을 다윗에게 입히고 군복과 칼과 활과 띠도 선물로 주었다. 그 시간부터 요나단은 다윗을 자기 생명처럼 사랑했다(삼상 18:1). 성경을 읽다 보면 아쉬울 때가 있다. 다윗과 요나단의 아름다운 우정이 오래오래 유지되었더라면 얼마나 좋았을까 하는 아쉬움이다. 그 얘기는 나중에 하기로 하자.

그렇게 해서 다윗은 사울 군대의 중간 지휘자가 되었다. 적어도 영관급 이상의 지도자가 되었을 것이다. 다윗은 사울이 보내는 곳마다 가서 용맹스럽게 싸우고 승리했다. 볼수록 사울의 마음에 들었다. 마침내 다윗을 군대의 장(군)으로 삼았다. 백성들도 신하들도 모두 합당히 여겼다. 다윗의 앞길이 훤히 열린 듯했다. 그러나 좋은 일에는 나쁜 일도 끼어드는 법이다. 다윗이 골리앗을 죽인 후에 퍼져나간 짧은 민요(民謠) 한 구절이 사울과 다윗의 사이를 갈라놓았다.

"무리가 돌아올 때 곧 다윗이 블레셋 사람을 죽이고 돌아올 때에 여인들이 이스라엘 모든 성읍에서 나와서 노래하며 춤추며 소고와 경쇠를 가지고 왕 사울을 환영하는데 여인들이 뛰놀며 노래하여 이르되, '사울이 죽인 자는 천천이요 다윗은 만만이로다.' 한지라. 사울이 그 말에 불쾌하여 심히 노하여 이르되, '다윗에게는 만만을 돌리고 내게는 천천만 돌리니 그가 더 얻을 것이 나라 말고 무엇이냐.' 하고 그날 후로 사울이 다윗을 주목하였더라."(삼상 18:6-9)

왜 사울이 불쾌하게 여겼을까. 누구나 다른 사람과 비교당하면 감정이 요동친다. 우위에 있으면 자만으로, 하위에 있으면 시기와 질투로 출렁거린다. 더구나 한 나라의 왕이 일개 목동에게 윗자리를 내주었다. 왜 불쾌하지 않겠는가. 하나님과 백성들에게서 버림받았다는 강박관념은 왕위를 다윗에게 내줄지도 모른다는 피해망상증으로 확대되어 갔다.

생각이 여기에 이르자 악령이 사울을 사로잡았다. 갑자기 미친 사람처럼 정신없이 떠들어대기 시작했다. 그때마다 다윗은 급히 수금을 연주하며 사울을 위로했다. 한 번은 사울이 손에 들고 있던 창을 다윗에게 던졌다. 다윗이 피하자 다시 던졌다. 그런 일이 있고 난 뒤로 사울은 다윗을 두려워하기 시작했다. 하나님께서 다윗과 함께하심을 보았기 때문이다. 권력의 의지와 욕구가 그를 사로잡자 서서히 이성을 잃어가고 있었다. 의심스러운 정적(政敵)은 누구도 살려둘 수 없었다.

불편한 사람은 멀리 두는 게 상책이다. 사울은 다윗을 천부장(천 명의 부하를 둔 장수)으로 삼고 자기 곁을 떠나게 했다. 그리하여 다윗은 왕궁이 아닌 백성들 사이에 출입하기 시작했다. 사울은 다윗이 지혜롭게 행함을 보고 두려워하였으나 온 백성들은 다윗을 더욱 사랑했다. 다윗은 하나님께서 준비하신 왕의 길을 자신도 모른 채 걸어가고 있었다.

불가근불가원(不可近不可遠)이라는 말이 있다. 다윗을 멀리 두자니 백성과 가까워지고 가까이 두자니 마음이 불편했다. 그래서 큰딸 메랍을 다윗에게 주고 사위로 삼으려고 했다. 다윗은 자기네 가문의 낮음을 이유로 사울의 제안을 정중히 거절했다. 그런데 둘째딸 미갈이 다윗을 사랑한다는 말이 들려왔다. 사울은 다윗에게 미갈을 주는 대가(일종의 폐백)로 블레셋 남자의 양피(陽皮, foreskin) 2백 개를 요구했다. 그러기 위해서는 남자 2백 명을 죽여야 했다. 사울은 그 과정에서 다윗이 블레셋의 손에 죽기를 바랐다. 그러나 다윗은 사울이 요구한 혼인선물을 흔쾌히 가져다주고 미갈을 아내로 맞이했다.

비록 다윗을 가족으로 맞이했지만 사울의 불편함은 여전했다. 그래서 전쟁이 일어날 때마다 다윗이 전사하기를 바라며 최전선으로 내보냈다. 그러나 돌아오는 것은 승전 소식뿐이었다. 갈수록 다윗의 이름이 백성들 사이에서 더 존귀하게 되어갔다. 마침내 사울은 공개적으로 '다윗을 죽이라'고 명령했다. 왕이 죽이기로 작정하면 누가 피하겠는가. 다행히도 요나단이 다윗을 보호하고 나섰다.

> "요나단이 그의 아버지 사울에게 다윗을 칭찬하여 이르되 원하건대 왕은 신하 다윗에게 범죄하지 마옵소서. 그는 왕께 득죄하지 아니하였고 그가 왕께 행한 일은 심히 선함이니이다. 그가 자기 생명을 아끼지 아니하고 블레셋 사람을 죽였고 여호와께서는 온 이스라엘을 위하여 큰 구원을 이루셨으므로 왕이 이를 보고 기뻐하셨거늘 어찌 까닭 없이 다윗을 죽여 무죄한 피를 흘려 범죄하려 하시나이까?"(삼상 19:4-5)

요나단의 충언(忠言)에 감동했을까. 사울은 여호와의 살아 계심을 두고 맹세하며 '다윗이 죽임을 당하지 아니하리라'고 약속했다. 위기가 지난 듯했다. 다윗은 다시 사울 왕을 섬기며 블레셋 사람들을 물리쳤다. 그리고 사울이 고통을 당할 때마다 여전히 그 앞에서 수금을 연주했다. 하루는 연주하고 있는 다윗을 향해 갑자기 사울이 단창을 던졌다. 벽에 깊이 박힌 단창이 파르르 떠는 것을 보며 다윗은 집으로 도망갔다. 사울이 군사를 보내어 다윗의 집 앞을 지키게 했다. 사태의 긴박성을 파악한 미갈이 다윗을 뒷 창문으로 달아내리며 말했다.

"당신이 이 밤에 당신의 생명을 구하지 아니하면 내일에는 죽임을 당하리라."

그 밤에 다윗은 라마로 사무엘을 찾아갔다. 그동안 있었던 일들을 자세히 들은 사무엘은 다윗을 데리고 '나욧'이라는 선지자들의 집단 거주지로 피해 들어갔다. 그러나 나욧도 안전한 곳은 아니었다. 사울이 보낸 병사들이 거기까지 찾아왔기 때문이다. 다행히 하나님의 영이 암살자들을 사로잡아 선지자들 틈에서 예언을 하게 하셨다. 예언을 하는 동안에는 아무도 그 자리를 떠날 수가 없었다.

사울이 둘째와 셋째 암살자들을 보냈지만 그들도 오자마자 예언하기 시작했다. 답답한 사울이 직접 라마 나욧을 찾아왔다. 그러나 사울은 나욧에 도착하기도 전부터 예언을 시작하더니 한 술 더 떠서 밤낮 벗은 몸으로 누워서 예언을 했다. 그때부터 "사울도 선지자 중에 있느냐"는 속담이 생겨났다.

하나님의 영이 사울과 암살자들을 붙잡고 있는 동안 다윗은 요나단을 찾아가서 하소연했다.

"다윗이 라마 나욧에서 도망하여 요나단에게 이르되 내가 무엇을 하였으며 내 죄악이 무엇이며 네 아버지 앞에서 내 죄가 무엇이기에 그가 내 생명을 찾느냐?"(삼상 20:1)

요나단은 다윗의 말을 믿을 수가 없었다. 얼마 전에 아버지가 다윗을 죽이지 않겠다고 공개적으로 맹세했기 때문이다. 다윗의 말에 절박감이 묻어 나왔다.

"진실로 여호와의 살아 계심과 네 생명을 두고 맹세하노니 나와 죽음의 사이는 한 걸음뿐이니라."

다윗은 사울 왕의 진심을 알아볼 수 있는 묘책을 하나 제시했다.

"다윗이 요나단에게 이르되 내일은 초하루인즉 내가 마땅히 왕을 모시고 앉아 식사를 하여야 할 것이나 나를 보내어 셋째 날 저녁까지 들에 숨게 하고, 네 아버지께서 만일 나에 대하여 자세히 묻거든 그때에 너는 말하기를 다윗이 자기 성읍 베들레헴으로 급히 가기를 내게 허락하라 간청하였사오니 이는 온 가족을 위하여 거기서 매년제를 드릴 때가 됨이니이다 하라. 그의 말이 좋다 하면 네 종이 평안하려니와 그가 만일 노하면 나를 해하려고 결심한 줄을 알지니 그런즉 바라건대 네 종에게 인자하게 행하라…그러나 내게 죄악이 있으면 네가 친히 나를 죽이라. 나를 네 아버지에게로 데려갈 이유가 무엇이냐 하니라."(삼상 20:5-8)

요나단은 그렇게 하기로 다짐하고 다윗과 언약을 맺었다.

"여호와께서 내 아버지와 함께하신 것같이 너와 함께하시기를 원하노니, 너는 내가 사는 날 동안에 여호와의 인자하심을 내게 베풀어서 나를 죽지 않게 할 뿐 아니라, 여호와께서 너 다윗의 대적들을 지면에서 다 끊어 버리신 때에도 너는 네 인자함을 내 집에서 영원히 끊어 버리지 말라."

둘째 날 아침 식탁에서 다윗의 말은 증명되었고, 요나단의 의심은 산산이 부서졌다. 요나단의 말을 듣던 사울이 모든 신하들 앞에서 분노를 폭발했다.

> "사울이 요나단에게 화를 내며 그에게 이르되, '패역무도한 계집의 소생아 네가 이새의 아들을 택한 것이 네 수치와 네 어미의 벌거벗은 수치 됨을 내가 어찌 알지 못하랴. 이새의 아들이 땅에 사는 동안은 너와 네 나라가 든든히 서지 못하리라. 그런즉 이제 사람을 보내어 그를 내게로 끌어오라. 그는 죽어야 할 자이니라.' 한지라." (삼상 20:30-31)

사울이 요나단을 향해 단창을 던지려고 했다. 자리를 피한 요나단은 낙담한 채 들판으로 나갔다. 그리고 며칠 전에 약속했던 것처럼 활을 쏜 후에 병기 든 소년에게 소리쳤다. "화살이 네 앞쪽에 있지 않느냐!" 이 말은 왕이 다윗을 해하려고 작정했으니 도망가라는 신호였다. 소년이 돌아가자 다윗은 숲에서 나와 요나단에게 세 번 절했다. 요나단의 신의(信義)와 우애(友愛)에 대한 감사의 표시였다. 그들은 입을 맞추며 울었다. 다윗이 더 심하게 울었다. 요나단이 다윗을 위로했다.

"평안히 가라. 우리 두 사람이 여호와의 이름으로 맹세하여 이르기를 여호와께서 영원히 나와 너 사이에 계시고 내 자손과 네 자손 사이에 계시리라 하였느니라."

본격적인 다윗의 도피생활이 시작되었다. 첫 피난처는 예루살렘에서 4km 북쪽에 있는 '놉'(Nob, 작은 산)이었다. 놉에는 제사장 아히멜렉과 여호와의 성막이 있었다. 아히멜렉은 엘리 대제사장의 증손자다(삼상 22:9).

왕의 사위이자 장군인 다윗이 홀로 나타나자 아히멜렉이 놀라며 형편을 물었다. 다윗은 왕의 비밀한 명령을 수행하느라 혼자 왔는데 곧 병사들을 만날 것이라고 둘러대며 떡 다섯 덩이를 구했다. 그러나 제사장의 생활도 궁핍하기는 마찬가지였다. 보통 떡은 없지만 성소의 진설병 상에서 나온 떡이 있다고 했다. 이스라엘 열두 지파를 상징하는 열두 덩이 떡이다. 얼마 전에 따뜻한 것으로 바꾸면서 물려낸 떡이었다. 그러나 거룩한 떡이기 때문에 제사장 외에는 아무도 먹을 수가 없었다. 아히멜렉은 엄격한 율법에 약간의 융통성을 더했다.

"그 소년들이 여자를 가까이만 하지 아니하였으면 주리라."

다윗은 그들이 사흘 동안 여자를 가까이하지 않았다고 맹세했다. 다윗의 말은 사실이었을 것이다. 사흘 전부터 수풀 속에서 요나단을 기다리고 있었으니까 말이다. 내친 김에 다윗은 칼이나 창도 있는지 물었다. 너무 급해서 무기를 놓고 왔다고 변명했지만 어딘가 어설펐다. 아히멜렉은 마침 다윗이 죽였던 골리앗의 칼을 성막에서 내다주었다. 이제는 다윗도 그 칼을 휘두를 만큼 장성했다.

그런데 왜 다윗이 제사장 아히멜렉을 찾아왔을까. 떡이나 칼은 다른 곳에 가서도 구할 수 있었다. 사울 왕을 피하는 상황이라면 '놉'보다는 오히려 인적이 드문 곳을 찾아야 했다. '놉'에는 제사장들이 집단 거주하고 있기 때문에 사람들의 왕래도 많았다. 실제로 왕의 짐승을 관리하는 목자장 에돔 사람 도엑이 그 자리에서 다윗의 하는 행동을 엿보고 있었다. 그럼에도 불구하고 다윗은 하나님의 성소로 제사장을 찾아왔다. 하나님을 먼저 찾아온 셈이다. 손바닥만한 나라에서 왕이 추적하면 어디로 피하겠는가. 피할 곳이 없다면 하나님 외에 누구에게 피하겠는가. 다윗의 시 한 구절이 떠오른다.

> "하나님이여 나의 부르짖음을 들으시며 내 기도에 유의하소서. 내 마음이 약해질 때에 땅끝에서부터 주께 부르짖으오리니 나보다 높은 바위에 나를 인도하소서. 주는 나의 피난처시요 원수를 피하는 견고한 망대이심이니이다. 내가 영원히 주의 장막에 머물며 내가 주의 날개 아래로 피하리이다."(시 61:1-4)

원수의 원수는 벗이라는 말이 있다. '놉'에서 나온 다윗은 블레셋의 가드 왕 아기스에게로 도망갔다. 그러나 하나님께서 그 길을 허락하지 않으셨다. 아기스의 신하들이 왕에게 불평했다.

> "이는 그 땅의 왕 다윗이 아니니이까. 무리가 춤추며 이 사람의 일을 노래하여 이르되 사울이 죽인 자는 천천이요 다윗은 만만이로다 하지 아니하였나이까."(삼상 21:11)

놀라운 일이다. 그들이 다윗을 '이스라엘의 왕'이라고 불렀다. 다윗에게 최초로 붙여진 칭호다. 그러나 다윗은 두려움이 앞섰다. 제 발로 원수의 소굴을 찾아왔으니 이 일을 어찌하면 좋을까. 기지를 발휘하여 미친 척했다. 문짝을 손톱으로 긁적거리며 수염에 침을 흘렸다. 성경은 간단히 묘사하고 있지만 어찌 그뿐이겠는가. 눈동자는 풀어지고 괴성을 지르며 짐승 흉내를 내지 않았을까? 보기에도 가관이었을 것이다. 아기스 왕이 호통을 쳤다.

"너희도 보거니와 이 사람이 미치광이로다. 어찌하여 그를 내게로 데려왔느냐? 내게 미치광이가 부족하여서 너희가 이자를 데려다가 내 앞에서 미친 짓을 하게 하느냐? 이자가 어찌 내 집에 들어오겠느냐."

그렇게 해서 다윗은 블레셋 왕궁에서 쫓겨났다. 위기는 모면했지만 자존심도 사라졌다. 다윗은 그날의 수치를 기억하며 훗날 이런 노래를 불렀다. (시편 34편의 제목은 '다윗이 아비멜렉 앞에서 미친 체하다가 쫓겨나서 지은 시'이다. 아비멜렉은 '왕의 아버지'라는 뜻으로 애굽의 바로처럼 블레셋 왕들의 통칭(通稱)이고, 가드 왕의 개인 이름은 아기스였다.)

"내가 여호와를 항상 송축함이여
내 입술로 항상 주를 찬양하리이다.
내 영혼이 여호와를 자랑하리니
곤고한 자들이 이를 듣고 기뻐하리로다.
나와 함께 여호와를 광대하시다 하며
함께 그의 이름을 높이세.
내가 여호와께 간구하매 내게 응답하시고
내 모든 두려움에서 나를 건지셨도다.
그들이 주를 앙망하고 광채를 내었으니
그들의 얼굴은 부끄럽지 아니하리로다.
이 곤고한 자가 부르짖으매 여호와께서 들으시고
그의 모든 환난에서 구원하셨도다.
여호와의 천사가 주를 경외하는 자를 둘러 진 치고
그들을 건지시는도다.

너희는 여호와의 선하심을 맛보아 알지어다.
그에게 피하는 자는 복이 있도다."(시 34:1-8)

살다 보면 수치스런 일을 당할 때가 있다. 자존심이 바닥을 치고 체면은 한없이 구겨진다. 이런 경우 사람들은 손쉬운 방법으로 '극단적인 선택'을 한다. 그러나 극단적인 선택은 도피처가 아니다. 여전히 비아냥거림으로 남아 있기 때문이다. 최선의 선택은 하나님께 피하는 것이다. 그러면 반드시 회복시켜 주신다. 하나님의 광채가 그를 빛나게 해 주신다. 하나님께서 품에 안으시면 아무도 만질 수 없다. 하나님께서 사람들의 구설(口舌)에서 지켜주신다. 시간이 지나면 그의 성공담을 듣기 위해 사람들이 모여들 것이다. 그리하여 이전보다 더 큰 존경과 사랑을 받게 될 것이다. 여호와께 피하는 자는 반드시 그렇게 회복된다.

그런데 질문이 있다. 다윗이 정치적 망명을 시작한 때가 몇 살쯤 되었을까? 한 가지는 분명하다. 그는 30세가 되던 해, 곧 사울과 그의 세 아들들이 전사한 해에 유다 지파의 왕이 되었고, 그로부터 7년 후에 통일 이스라엘의 왕이 되었다. 우리는 그가 골리앗을 죽였을 때의 나이를 알 수 없다. 짐작컨대 10대 후반이었을 것이다. 그리고 사울 왕을 떠나 방랑을 시작할 때는 20세 전후가 되었을 것이다. 그렇다면 그가 사울에게 쫓겨 도망 다니는 기간은 대략 10여년에 이른다. 잠시 사울과 요나단과 다윗의 연대기를 한 번 계산해보기로 하자.

성경에서 역사서를 읽다 보면 연대순을 정확하게 알 수 없어 아쉬울 때가 있다. 예를 들면, 다윗이 요나단을 '형'이라고 불렀는데 그들의 나이 차(差)는 얼마나 될까, 사울은 언제 아말렉과 전쟁을 했을까, 이런 질문들이다. 몇 가지 요소를 근거로 추산(推算, estimation) 해보자. 이 추산은 순전히 합리적인 추측에 의한 계산에 불과하다. 고전의 기록이나 고고학적인 발굴에서 얻은 결과가 아니다. 사울과 다윗의 연대를 추산하기 위해 사용하는 근거는 네 가지다. 첫째로, 사울이 죽었을 때 다윗의 나이가 30세였다는 기록이다. 둘째로, 사울이 40년 동안 나라를 다스렸다는 기록이다. (행 13:21, 사울이 40세에 왕이 되었다는 기록은 전술(前述)한 것처럼 성경 원문에는 없다.) 그리고 사울과 블레셋 사이의 전쟁은 그가 왕이 된 지 2년째에 있었다는 기록이다(삼상 13장). 마지막으로, 블레셋과 전쟁할 무렵 그의 큰아들 요나단이 천 명의 부대를 통솔할 정도로 성장했다는 사실이다.

먼저 사울이 왕이 된 나이를 35세로 잡아보자. 왕이 된 지 2년 만에 큰아들 요나단이 천 명의 군사를 거느리는 지도자가 되려면 그 정도는 되어야 한다. 그렇다면 40년 후에 사울이 전사한 나이는 75세가 된다. 40년 동안 이스라엘을 다스렸던 사울 왕이 죽을 때 다윗은 30세였다. 그렇게 역산하면 사울 왕 즉위 2년(37세)에 있었던 블레셋과의 전쟁은(삼상 14장, 요나단이 절벽을 타고 올라갔던 전쟁) 다윗이 태어나기 8년 전에 있었다.

그 후 사무엘이 다윗에게 기름 부은 장면이 나온다(삼상 15장). 사울이 아말렉을 완전히 멸하라는 하나님의 명령에 불순종한 직후다. 만일 다윗이 15세경에 기름 부음을 받았다고 가정하면 아말렉과의 전쟁은 대략 사울이 왕이 된 지 25년 후인 60세였으리라는 추산이 가능하다(2년+8년+15년). 그 후에 사울은 악령에게 시달리기 시작했고, 다윗은 사울을 위해 수금을 연주하는 궁중악사(宮中樂士)가 되었다.

그 다음에 곧 다윗과 골리앗의 싸움 이야기가 나온다(삼상 17장). 그때 다윗의 나이가 17세쯤이었다고 가정하면 사울의 나이는 62세, 그리고 요나단의 나이는 45세 정도가 된다(사울이 17세에 요나단을 낳았다는 가정 하에). 요나단이 다윗보다 28세가 많았다는 이야기다. 아버지와 아들 정도의 나이 차이다. 그런데 요나단이 다윗과 마음이 통했다니 얼마나 경이로운가.

다윗은 잠시 동안(약 3년 동안) 사울의 군대장관으로 섬기고 그의 딸 미갈과 결혼도 했다. 그러나 행복한 시간도 잠깐이었고, 다시 사울이 다윗을 죽이려 들었다. 다윗의 도피생활은 그가 30세에 왕이 될 때까지 10여 년 동안 계속되었다. 이 시기에 있었던 주요 사건으로는 도엑으로 인한 제사장들 학살사건, 그일라 주민을 구함, 십황무지에서의 도피생활, 엔게디 동굴 사건, 아비가일의 지혜로운 중재, 블레셋 아기스 왕에게 망명하여 시글락을 얻은 일, 아말렉을 치고 가족들을 구원한 일들이 있다. 그리고 마지막으로 사울과 그의 세 아들들의 전사소식이 들려왔다. 그때 다윗의 나이가 30세, 요나단의 나이가 58세, 그리고 사울 왕의 나이가 75세였다. 거듭 말하지만 이들의 나이는 사울이 왕으로 재직한 40년과 다윗이 왕이 된 30세를 제외하면 추산에 불과하다. 그러나 합리적인 추산이다. 이런 시간의 틀(time frame)에 세 사람의 생애를 넣어서 읽어보면 성경의 이야기들이 생생하게 들려온다.

사무엘상 21-31장까지의 사건들은 모두 다윗이 도망 다니던 10년 사이에 일어난 일들이다. 어떤 때는 사건과 사건 사이의 공간이 며칠이나 몇 달일 수도 있고, 때로는 한 해나 두 해일 수도 있다. 그 일들은 대부분 '사망의 골짜기'에서 일어났다. 하루하루가 광야의 위험과 목마름으로 점철되었다. 광야에서 추격당하는 삶, 지붕도 없고 울타리도 없는 절대 위험에 노출된 참담한 삶이었다. 이 기간 동안 다윗이 겪은 일들을 차분한 마음으로 읽어보자. 그렇게 해서 다윗이 도피했던 10여 년의 고통스러운 세월을 함께 경험해보자. 그것이 가슴으로 성경을 읽는 비결이다.

가드에서 쫓겨난 다윗은 아둘람에 있는 굴로 피신했다. 아둘람은 유다 지파와 블레셋 경계에 있는 성이다(다윗의 조상 유다는 옛날 아둘람에서 아내를 얻었다, 창 38:1-2). 가장 먼저 형제들과 아버지의 온 집이 다윗을 찾아왔다. 그들도 사울 왕으로부터 은연중에 괴롭힘을 당했을 것이다. 시간이 지나자 다윗을 따르는 자들이 점점 늘어 4백여 명에 이르렀다(삼상 22:1). 가족들까지 포함하면 실제 숫자는 그보다 훨씬 더 많았을 것이다. 모두 환난당한 자와 빚진 자와 마음이 원통한 자들이었다. 상처받은 사람은 쉽게 다른 사람에게 상처를 준다. 하루도 평온한 날이 없었을 것이다. 그 많은 사람들과 한 동굴 속에서 살기에는 한계가 있었다. 그래서 다윗은 요단강 동편으로 모압 왕을 찾아갔다.

> "하나님이 나를 위하여 어떻게 하실지를 내가 알기까지 나의 부모가 나와서 당신들과 함께 있게 하기를 청하나이다."(삼상 22:3)

숨 막히는 도피생활 중에서도 다윗은 하나님의 인도하심을 구했다. 다행히 모압 왕이 다윗에게 은신처를 제공해 주었다. 다윗은 당분간 모압 땅에 머무는 것이 하나님의 뜻이라고 생각했다. 그를 따르는 자들도 동의했다. 그런데 선지자 갓이 다윗에게 하나님의 말씀을 전했다(갓은 훗날 다윗이 인구조사를 강행했을 때 그의 범죄를 지적했던 바로 그 선지자다, 삼하 24:13).

"너는 이 요새에 있지 말고 떠나 유다 땅으로 들어가라."(삼상 22:5)

보통 사람이라면 펄쩍 뛸 일이었다. 천신만고 끝에 얻은 요새(要塞)를 떠나 사울 왕이 다스리는 지역으로 다시 들어가라는 말씀이었으니까. 왜 하나님께서 다윗의 안전한 요새를 흔드셨을까. 하나님께서는 그의 종이 우상을 숭배하는 모압 왕에게 영향 받도록 놓아두시지 않았다. 모압 땅은 하나님의 날개 그늘보다 더 안전한 곳이 아니었다. 다윗은 하나님의 깊은 뜻을 깨달았을까? 어쨌거나 그는 두 말 없이 모압 땅을 떠났다. 그리고 유다 헤브론 남쪽에 있는 헤렛 수풀로 들어갔다. 순종은 하나님의 뜻을 이해할 수 없을 때 하는 행동이다.

다윗이 유다 지파의 지역에 나타났다는 소문이 들려왔다. 사울은 다윗을 치기 위해 왕궁을 나섰다. 기브아의 높은 지대에 있는 에셀 나무 아래에서 사울은 신하들을 둘러보며 이렇게 탄식했다.

"너희 베냐민 사람들아 들으라. 이새의 아들이 너희에게 각기 밭과 포도원을 주며 너희를 천부장, 백부장을 삼겠느냐? 너희가 다 공모하여 나를 대적하며 내 아들이 이새의 아들과 맹약하였으되 내게 고발하는 자가 하나도 없고, 나를 위하여 슬퍼하거나 내 아들이 내 신하를 선동하여 오늘이라도 매복하였다가 나를 치려 하는 것을 내게 알리는 자가 하나도 없도다."(삼상 22:7-8)

왕의 의심은 가족들로부터 시작한다. 자기 아들 요나단이 언제 모반을 일으킬지 모른다고 의심했다. 의심은 사람을 불안하게 만든다. 쫓기는 다윗보다 쫓는 사울이 더 불안했다. 반면에 하나님을 의지하는 다윗은 평안했다. 악을 행하는 자는 쫓는 사람이 없어도 두렵고 불안하다. 사울 왕의 이야기를 읽다 보면 안타까운 마음뿐이다. 왜 그랬을까. 만일 그가 진심으로 회개했더라면 하나님의 자비하심을 누렸을 것이다. 용서하시기를 즐겨하시는 하나님이시기 때문이다. 그러나 사울은 눈 오는 날 비탈길에서 미끄러지듯이 악에 악을 더했다.

사울의 불평을 듣고 있던 에돔 사람 도엑이 앞으로 나서며 말했다. (에돔 사람들은 언제나 이스라엘을 괴롭히는 원수들이다.)

> "이새의 아들(다윗)이 놉에 와서 아히둡의 아들 아히멜렉에게 이른 것을 내가 보았는데 아히멜렉이 그를 위하여 여호와께 묻고 그에게 음식도 주고 블레셋 사람 골리앗의 칼도 주더이다."(삼상 22:9-10)

그의 말 한 마디가 끔찍한 대학살을 불러일으켰다. 분노로 이성을 잃은 사울 왕이 아히멜렉을 비롯한 '놉' 성읍의 제사장들 85명과 그 성읍의 남녀와 아이들과 젖 먹는 자들과 가축들을 다 죽였기 때문이다. 그들을 죽이라는 왕의 명령을 신하들이 거절하자 도엑이 자진하여 그 악한 일을 행하였다. (도엑의 말년은 어찌되었을까. 아쉽게도 성경에는 그런 기록이 없다.) 다행히 아히멜렉의 아들들 가운데 아비아달이 에봇을 가지고 도망하여 다윗에게 이르렀다(삼상 23:6, 에봇은 제사장이 우림과 둠밈으로 하나님을 뜻을 묻거나 제사를 드릴 때 입는 옷이다). 다윗이 제사장 아비멜렉을 방문했던 날 거기서 도엑을 보고 마음에 걸렸는데 결국 이런 일이 일어나고 말았다. 왜 하필 그 시간에 도엑이 거기에 있었을까. 아마도 유대교로 개종한 도엑이 종교적 이유로 그곳을 찾았을 것이다. 사람 사는 곳에는 언제나 악이 존재한다. 다윗이 아비아달을 위로하며 말했다.

> "네 아버지 집의 모든 사람 죽은 것이 나의 탓이로다. 두려워하지 말고 내게 있으라. 내 생명을 찾는 자가 네 생명도 찾는 자니 네가 나와 함께 있으면 안전하리라."(삼상 22:22-23)

이렇게 해서 하나님의 뜻을 물을 수 있는 제사장이 다윗과 동행하게 되었다. 서서히 다윗의 주변에 강력한 세력이 형성되어가고 있었다. 그때 어떤 사람들이 다윗을 찾아와서 '블레셋 사람들이 그일라를 쳐서 그 타작마당을 탈취했다'고 하소연했다. 그일라는 헤브론 북서쪽 13km, 아둘람 남쪽 5km 지점에 있는 블레셋과의 경계지역이다. 보통 이런 일이 일어나면 백성들은 왕이나 신하들을 찾아가야 한다. 그러나 백성들은 사울보다 다윗을 의지했다. 다윗이 아비아달을 불러다가 하나님의 뜻을 물었다. 그러자 하나님께서 "가서 블레셋 사람들을 치고 그일라를 구원하라"고 말씀하셨다. 그러나 다윗의 참모들이 강하게 반대하고 나섰다.

> "보소서. 우리가 유다에 있기도 두렵거든 하물며 그일라에 가서 블레셋 사람들의 군대를 치는 일이리이까?"(삼상 23:3)

다윗의 지도력이 위기를 맞았다. 사람의 말을 들을 것인가, 아니면 하나님의 말씀을 들을 것인가. 다윗은 다시 한번 하나님께 물었다. 하나님의 대답은 여전했다.

"여호와께서 대답하여 이르시되, 일어나 그일라로 내려가라. 내가 블레셋 사람들을 네 손에 넘기리라."

그날 다윗은 일행을 데리고 그일라로 내려가 블레셋을 치고 그들의 가축을 끌어왔다. 다윗이 그일라 성 안으로 들어갔다는 소문이 사울 왕의 귀에 들려왔다. 사울은 독 안에 든 쥐라고 생각하며 군사들과 함께 그일라 성으로 내려갔다. 또다시 위기상황이 찾아왔다. 다윗은 제사장 아비아달에게 에봇을 가져오게 하고 다시 하나님께 물었다. 하나님께 묻는 습관을 가진 성도는 실수하는 법이 없다.

"다윗이 이르되 그일라 사람들이 나와 내 사람들을 사울의 손에 넘기겠나이까 하니 여호와께서 이르시되 그들이 너를 넘기리라 하신지라."(삼상 23:12)

그일라 성읍 사람들은 사울의 공격이 시작되면 이전의 은혜를 잊어버리고 다윗을 넘겨줄 것이다. 사울 왕의 군대가 성을 에워싸고 압박하는데 누가 견딜 수 있겠는가. 사람은 믿음의 대상이 아니다. 사람은 믿을 만큼 강하지 못하다. 다윗을 따르는 6백 명은 그날로 그일라를 떠났다(어느새 숫자가 4백에서 6백으로 불어났다.). 사울은 그 소식을 듣고 다윗 쫓기를 멈추었다. 그 다음 말씀이 어딘가 허허(虛虛)스럽다.

"다윗이 광야의 요새에도 있었고 또 십 광야 산골에도 머물렀으므

로 사울이 매일 찾되 하나님이 그를 그의 손에 넘기지 아니하시니라."(삼상 23:14)

'매일'이라니, 그 매일이 도대체 얼마나 오랫동안 반복되었을까? 다윗이 숨지 않은 곳이 없고 사울이 찾지 않은 곳이 없었다. 하루하루가 긴장과 두려움의 연속이었다. 그러나 감사하게도 하나님께서 다윗을 사울의 손에 넘기지 아니하셨다. 하나님을 믿는 믿음 때문에 다윗은 저녁마다 편히 잠들 수 있었다.

"내가 평안히 눕고 자기도 하리니 나를 안전히 살게 하시는 이는 오직 여호와이시니이다."(시 4:8)

불안과 염려 때문에 잠을 이룰 수 없을 때 이 구절을 백 번만 소리 내어 낭송해보라. 마음에 평안이 임할 것이다. 상황이 변하고 문제가 해결된다는 말이 아니다. 역경을 이길 수 있는 담대한 믿음을 얻게 된다는 말이다. 매일같이 다윗에게 위기가 닥쳐왔다. 성경은 그중에 큰 사건들 몇 가지만 기록하고 있다.

그일라에서 구사일생으로 도피한 지 얼마나 되었을까. 사울이 다윗을 잡으려고 다시 기브아를 떠났다는 소식을 듣고 다윗 일행은 십(Ziph) 광야의 수풀로 숨어들었다. 십 광야는 그일라 남동쪽 약 25km 지점으로 추정되는 곳이다. 그 광야에 수풀이 우거진 하길라 산이 있었다. 어떻게 알았는지 요나단이 다윗을 먼저 찾아왔다. 그리고 '하나님만 힘 있게 의지하라'고 격려하며 위로했다.

“곧 요나단이 그에게 이르기를, ‘두려워하지 말라. 내 아버지 사울의 손이 네게 미치지 못할 것이요 너는 이스라엘 왕이 되고 나는 네 다음이 될 것을 내 아버지 사울도 안다.’ 하니라.”(삼상 23:17)

요나단과 사울은 다윗이 왕이 될 것을 알고 있었다. 그런데 요나단은 다윗을 격려했고, 사울은 죽이려고 했다. 순리대로 하면 요나단이 먼저 다윗을 죽이려고 나서야 했다. 그러나 요나단은 ‘너는 왕이 되고 나는 네 다음이 될 것’이라고 양보했다. 왜 그랬을까? 요나단은 다윗이 골리앗을 쓰러뜨리던 날을 기억했을 것이다. 그때 골리앗이 두려워 숨어 있는 사람 중에는 사울과 요나단도 포함되어 있었다. 그런데 어린 다윗은 물맷돌을 들고 하나님의 이름을 위하여 뛰어 나갔다. 그런 다윗이 왕이 되지 않는다면 누가 왕이 되겠는가. 요나단은 하나님 중심으로 생각했고, 사울은 사람 중심으로 생각했다. 요나단과 다윗은 하나님 앞에서 다시 한번 굳게 언약을 맺고 헤어졌다.

정작 문제는 십 광야 주변에 사는 유다 지파 사람들이었다. 그들 중에 몇 사람이 사울 왕에게 ‘다윗이 십 광야의 하길라 산 수풀에 숨어 있다’고 밀고했다. 왕이 내려오기만 하면 자기들이 다윗을 잡아 넘기겠다고 약속했다. 마침내 사울과 그의 근위대가 다윗을 잡기 위해 십 광야로 내려왔다. 이 사실을 안 다윗은 바위를 타고 ‘마온’ 황무지로 내려갔다. 시편 54편은 다윗이 그때 지은 시(詩)다.

“하나님이여 주의 이름으로 나를 구원하시고
주의 힘으로 나를 변호하소서.
하나님이여 내 기도를 들으시며 내 입의 말에 귀를 기울이소서.

낯선 자들이 일어나 나를 치고
포악한 자들이 나의 생명을 수색하며
하나님을 자기 앞에 두지 아니하였음이니이다.
하나님은 나를 돕는 이시며
주께서는 내 생명을 붙들어 주시는 이시니이다."(시 54:1-4)

산 하나를 두고 목숨 건 숨바꼭질이 시작되었다. 사울이 이쪽으로 쫓아가면 다윗은 저쪽으로 도망갔다. 거리가 점점 좁혀졌다. 아마도 십 사람들이 사울에게 다윗이 도망가는 방향을 시시각각 알려주고 있었을지 모른다. 일촉즉발의 위기였다. 그 순간 하나님의 손이 나타났다. 블레셋 사람들이 이스라엘 땅을 쳐들어왔다는 소식을 듣고 사울이 떠나갔기 때문이다. 한숨 돌린 다윗은 조금 더 올라가서 사해 동편에 있는 엔게디('새끼 염소의 샘')의 요새에 머물렀다. 요새라고 해도 숨을 곳이 좀 더 많은 험한 지형에 불과했다. 지금도 그곳에는 다윗의 폭포가 있는데, 이스라엘 백성들이 절기가 되면 다윗을 기념하기 위해 가족 단위로 찾곤 한다.

그러나 엔게디도 안전한 곳은 아니었다. 누군가가 다윗이 숨어 있는 곳을 사울에게 알려주었기 때문이다. 남몰래 다윗을 돕는 사람들도 있었지만 까닭 없이 미워하는 사람들도 있었다. 사울은 3천 명의 군대를 거느리고 다윗을 잡기 위해 다시 내려왔다. 엔게디 지역에는 석회암 동굴이 많이 있었다. 도중에 생리적 현상을 해결하기 위해 사울이 홀로 동굴 속으로 들어갔다. 마침 그 동굴 속 깊은 곳에 다윗 일행이 숨어 있었다. 곁에 있는 사람이 낮은 목소리로 다윗에게 말했다.

> "보소서. 여호와께서 당신에게 이르시기를 내가 원수를 네 손에 넘기리니 네 생각에 좋은 대로 그에게 행하라 하시더니 이것이 그날이니이다."(삼상 24:4)

이런 상황에서 머뭇거리면 지도력(leadership)을 상실할지도 모른다. 다윗은 칼을 빼들고 사울 곁으로 조용히 다가갔다. 그리고 사울의 겉옷 끝을 소리 없이 베었다. 그마저도 마음에 찔렸다. 왜 찔렸을까. 하나님의 영이 다윗을 붙들어 주셨기 때문이다. 하나님께서는 사울을 죽이라고 하시지 않았다. "네 생각에 좋은(선한) 대로 행하라"고 하셨다. 사울을 죽이는 일이 과연 하나님 보시기에 선한 일일까. 아무리 생각해도 하나님께서 기뻐하시는 일이 아니었다. 다윗이 돌아와서 일행들에게 속삭였다.

"내가 손을 들어 여호와의 기름 부음을 받은 내 주를 치는 것은 여호와께서 금하시는 것이니 그는 여호와의 기름 부음을 받은 자가 됨이니라."

하나님의 권위 아래 복종하는 사람은 주변의 압력을 능히 이겨낼 수 있다. 다윗이 하나님의 주권에 복종하자 그를 따르는 자들도 다윗에게 복종했다. 아무도 더 이상 불평하지 않았다. 사울은 안전하게 굴에서 나와 자기 길을 걸어갔다. 얼마 후 다윗이 사울을 불렀다. 놀라 뒤돌아보는 사울을 향해 다윗이 엎드려 절한 후에 이렇게 외쳤다.

> "보소서. 다윗이 왕을 해하려 한다고 하는 사람들의 말을 왕은 어찌하여 들으시나이까. 오늘 여호와께서 굴에서 왕을 내 손에 넘기신 것을 왕이 아셨을 것이니이다. 어떤 사람이 나를 권하여 왕을 죽

이라 하였으나 내가 왕을 아껴 말하기를 나는 내 손을 들어 내 주를 해하지 아니하리니 그는 여호와의 기름 부음을 받은 자이기 때문이라 하였나이다. 내 아버지여 보소서. 내 손에 있는 왕의 옷자락을 보소서. 내가 왕을 죽이지 아니하고 겉옷 자락만 베었은즉 내 손에 악이나 죄과가 없는 줄을 오늘 아실지니이다. 왕은 내 생명을 찾아 해하려 하시나 나는 왕에게 범죄한 일이 없나이다. 여호와께서는 나와 왕 사이를 판단하사 여호와께서 나를 위하여 왕에게 보복하시려니와 내 손으로는 왕을 해하지 않겠나이다. 옛 속담에 말하기를 악은 악인에게서 난다 하였으니 내 손이 왕을 해하지 아니하리이다. 이스라엘 왕이 누구를 따라 나왔으며 누구의 뒤를 쫓나이까. 죽은 개나 벼룩을 쫓음이니이다. 그런즉 여호와께서 재판장이 되어 나와 왕 사이에 심판하사 나의 사정을 살펴 억울함을 풀어 주시고 나를 왕의 손에서 건지시기를 원하나이다."(삼상 24:9-15)

사울은 다윗을 죽이려고 했지만 다윗은 그를 살려 보냈다. 하나님께서 다 보고 계시니, 훗날 하나님께서 재판하실 것이다. 사울은 한 나라의 왕이고, 자기는 '죽은 개나 벼룩' 같은 존재가 아닌가. 그러니 제발 좀 망상에서 깨어나시라는 말이다. 만일 다윗이 동굴에서 사울을 죽였다면 어떻게 되었을까. 평생 동안 죄책감에 시달렸을 것이고, 자신도 같은 해를 당할까 싶어 전전긍긍했을 것이다. 하나님께서 다윗으로 하여금 올바른 판단을 내리도록 도와주셨다. 갈림길에서 바른 결정을 내리기가 어렵거든 하나님께 물어보라. 반드시 우리를 선한 길로 인도해주실 것이다.

다윗의 말에 사울이 소리 높여 울며 대답했다.

"내 아들 다윗아, 이것이 네 목소리냐…나는 너를 학대하되 너는 나를 선대하니 너는 나보다 의롭도다. 네가 나 선대한 것을 오늘 나타냈나니 여호와께서 나를 네 손에 넘기셨으나 네가 나를 죽이지 아니하였도다. 사람이 그의 원수를 만나면 그를 평안히 가게 하겠느냐. 네가 오늘 내게 행한 일로 말미암아 여호와께서 네게 선으로 갚으시기를 원하노라. 보라, 나는 네가 반드시 왕이 될 것을 알고 이스라엘 나라가 네 손에 견고히 설 것을 아노니 그런즉 너는 내 후손을 끊지 아니하며 내 아버지의 집에서 내 이름을 멸하지 아니할 것을 이제 여호와의 이름으로 내게 맹세하라."

사울이 다윗을 '내 아들'이라고 불렀다. '너는 반드시 왕이 될 것이다'라고 선언했다. 그러면서 자기의 후손들의 안전을 구했다. 다윗은 사울의 말대로 순종하겠다고 맹세했다. 그 후 사울은 자기 집으로 돌아가고 다윗은 엔게디 요새로 올라갔다. 얘기가 여기에서 끝났더라면 얼마나 좋겠는가. 그런데 사울은 얼마 후에 다시 다윗을 추격했다. 그렇다면 그가 흘렸던 눈물은 거짓이었을까.

그 무렵 사무엘 선지자가 죽었다는 소식이 들려왔다. 이스라엘의 온 무리가 슬퍼하며 장사를 지냈다. 다윗도 장례식에 참석하고 싶었을 것이다. 그러나 변덕스러운 사울 왕 때문에 마음을 놓을 수 없었다. 이제 사무엘 선지자까지 죽었으니 사울은 더 포악해질 것이다. 그래서 방향을 바꿔 이스라엘의 최남단에 있는 바란 광야로 내려갔다. 바란 광야는 전에 모세가 열두 정탐꾼들을 가나안 땅에 보냈던 곳이다.

바란 광야와 브엘세바가 만나는 곳에 마온이라는 마을이 있었다. 그 마을에 나발이라는 부자가 살고 있었는데, 성격이 완고하고 행실이 악했다. 반면에 그의 아내 아비가일은 총명하고 용모가 아름다웠다. 나발은 마온에서 1.6km쯤 북쪽에 있는 갈멜에서 목축업을 하고 있었다. 양이 삼천이요 염소가 천이었다. 대단한 부자였다. 목자들이 양털을 깎는 날에는 추수하는 날처럼 음식물을 많이 준비하였다. 다윗은 열 명의 소년들을 나발에게 보내며 은혜를 구했다. 그동안 바란 광야에서 알게 모르게 그의 가축을 도둑으로부터 지켜주었다는 말도 넌지시 들려주었다. 열 명의 소년들이 음식을 받아오면 얼마나 되겠는가. 그래도 광야의 고단한 삶에 조금은 위로가 될 것이다. 다윗은 자신을 한껏 낮추며 간청했다. "우리가 좋은 날에 왔은즉 네 손에 있는 대로 네 종들과 네 아들 다윗에게 주기를 원하노라." 이런 청을 하는 사람은 자존심이 상하는 법이다. 그런데 빈손으로 돌아온 소년들이 설상가상으로 나발의 가시 돋친 말을 전해주었다.

"다윗은 누구며 이새의 아들은 누구냐? 요즈음에 각기 주인에게서 억지로 떠나는 종이 많도다. 내가 어찌 내 떡과 물과 내 양털 깎는 자를 위하여 잡은 고기를 가져다가 어디서 왔는지도 알지 못하는 자들에게 주겠느냐."(삼상 25:10-11)

세상이 다 아는 다윗을 나발만 몰랐을까? 술에 취하지 않았다면 그렇게 당찬 말을 할 수 없을 것이다. '주인에게서 억지로 떠난 종'은 사울에게 쫓기고 있는 다윗을 의미했다. '어디서 왔는지도 모르는 자들'이라니, 나발의 말이 다윗의 마음에 분노의 불길을 일으켰다. "너희는 각기 칼을 차라!" 다윗은 사백 명을 데리고 길을 떠났다. 잠시 후면 나발의 집에 피바람이 불어닥칠 것이다.

그때 하인 하나가 아비가일을 급히 찾아와 털 깎는 자리에서 일어난 일을 들려주었다. 그는 자기들이 들판에 있을 때에 '다윗의 사람들이 그들을 선대하고 밤낮 든든한 담이 되어주었다'며 이렇게 조언했다.

"그런즉 이제 당신은 어떻게 할지를 알아 생각하실지니 이는 다윗이 우리 주인과 주인의 온 집을 해하기로 결정하였음이니이다. 주인은 불량한 사람이라, 더불어 말할 수 없나이다."(삼상 25:17)

그 말을 들은 아비가일이 집에 있는 떡 이백 덩이와 포도주 두 가죽 부대, 잡아서 요리한 양 다섯 마리와 볶은 곡식 다섯 스아(70리터)와 건포도 백 송이에 무화과 뭉치 이백 개를 급히 나귀에 싣고 자기보다 앞서 보내었다. 뒤따라가던 아비가일은 다윗을 만나자 나귀에서 내려 얼굴을 땅에 대고 말했다. 그녀의 말이 좀 길지만 음미해볼 만한 가치가 있으니 현대인의 성경으로 읽어보자.

"제발 내 말 좀 들어 주십시오. 모든 것은 내 잘못입니다. 나발은 성질이 못된 사람입니다. 그러니 그가 한 말에 신경을 쓰지 마십시오. 그는 이름 그대로 미련한 자입니다. 나는 당신이 보낸 종들을 보지 못했습니다. 당신이 직접 당신의 손으로 사람을 죽여 보복하는 것을 여호와께서는 금하셨습니다. 그러므로 내가 당신과 살아 계신 여호와의 이름으로 분명히 말하지만 당신의 모든 원수들과 당신을 해하려고 하는 자들은 나발처럼 벌을 받을 것입니다. 여기 당신에게 가져온 선물이 있습니다. 이것을 당신의 종들에게 주십시오. 그리고 내가 감히 이곳까지 찾아온 것을 용서하십시오. 여호와께서는 당신과 당신의 후손들을 위해서 영구한 왕국을 세우실 것입니다. 이것은 당신이 여호와를 위해 싸우고 있을 뿐만 아니라 지금까지 당신의 생활에서 악을 찾아볼 수 없기 때문입니다. 당신이 비록 당신의 생명을 노리는 자들에게 쫓기는 몸이긴 하지만 당신의 하나님 여호와께서는 당신을 생명의 주머니 속에 안전하게 지키실 것입니다. 그러나 당신의 원수들 생명은 여호와께서 물맷돌을 던지듯이 던져 버릴 것입니다. 그러므로 여호와께서 당신에게 약속하신 모든 선한 일을 행하시고 당신이 이스라엘의 왕이 될 때 당신은 이유 없이 사람을 죽였다든지 복수했다는 일로 후회하거나 양심에 가책을 받는 일이 없을 것입니다. 그리고 여호와께서 당신을 위해 이런 큰일을 행하실 때 제발 저를 기억해 주십시오." (삼상 25:24-31)

아비가일은 지혜로웠다. 나발의 말이 불에 끼얹은 기름이라면 아비가일의 말은 불을 끄는 물과 같았다. 다툼을 그치게 하는 일곱 가지의 지혜가 그녀의 말속에 담겨 있다.

첫째로, 아비가일은 책임과 비난을 자신에게로 돌렸다. 자기가 다윗이 보낸 소년들을 보지 못해서 이런 일이 일어났다고 자책했다. 둘째로, 자기 남편 나발의 어리석음을 인정했다. 한 걸음 더 나아가서 다윗의 원수들이 나발처럼 벌을 받게 될 것이라고 했다. 아비가일은 다윗이 하나님께서 택하신 '주의 종'이라는 전제 아래 그를 대적한 남편이 받을 벌을 이미 예측하고 있었을지 모른다. 셋째로, 먼저 선물로 다윗의 분노를 누그러뜨렸다. 선물을 잘 사용하면 좋은 효과를 거둘 수 있다. 넷째로, 다윗에게 축복의 말을 했다. 하나님께서 다윗과 그의 후손들을 위하여 영구(永久)한 왕국을 세우실 것이라고 자신 있게 말했다. 그냥 한 말이 아니었다. 지금까지 다윗의 삶 속에서 악한 일을 찾아볼 수 없기 때문이라고 했다. 다섯째로,

다윗을 안심시켜 주었다. 쫓기는 사람은 항상 신경이 날카로운 법이다. 아비가일은 하나님께서 다윗의 생명을 안전하게 지켜주실 것이라고 위로했다. 여섯째로, 다윗을 도와주었다. 훗날 왕이 된 후에 '다윗이 사소한 일로 백성을 학살했다'는 비난을 듣지 않도록 도와주었다. 일곱째로, 하나님께서 축복하실 때에 자기를 기억해달라고 간청했다. 왜 그런 말을 했을까. 자신은 다윗의 편이라는 암시를 보냄으로써 다윗의 분노를 가라앉혔다.

아비가일의 지혜로운 말에 다윗은 칼을 거두었다. 그리고 아비가일을 보내주신 하나님을 찬양했다. 우리가 감정에 사로잡혀 잘못된 길을 갈 때에 아비가일과 같은 믿음의 이웃들을 만날 수 있다면 얼마나 큰 축복일까. 분노를 누그러뜨리고 돌아서는 다윗 역시 지혜로웠다. 뒤늦게 술에서 깨어난 나발은 자신이 저지른 실수 때문에 두려워하다가 열흘 후에 몸이 굳어 세상을 떠났다. 그 후에 아비가일은 다윗의 청혼을 받아 그의 아내가 되었다.

또한 다윗은 아히노암을 아내로 맞이했다. 다윗의 본처였던 미갈은 오래 전에 사울이 발디라는 사람에게 강제로 재가(再嫁)시켰다. 흥미롭게도 다윗이 아히노암에게서 낳은 큰 아들 암논은 이복동생 다말을 범하고 그녀의 오라버니 압살롬을 파멸의 길로 인도했다. 그러나 지혜로운 아비가일에게서 낳은 둘째 아들 길르압(역대상 3장 1절에서는 다니엘로 표기됨)은 권력다툼으로부터 비켜서 있었다.

다윗은 바란 광야에 오래 머물 수가 없었다. 다행히 사울도 추격하기를 멈춘 것처럼 보였다. 그래서 십 광야 자락에 있는 하길라 산으로 다시 올라갔다. 그러나 사울과의 긴장관계가 잠시 완화되었지만 끝난 것은 아니었다. 사무엘상 26장에 마지막 충돌이 한 번 더 기록되어 있다. 이번에도 십(Ziph) 사람들이 사울에게 밀고한 결과였다.

다윗이 인용했던 옛 속담, "악은 악인에게서 난다"는 말은 진리였다(삼상 24:13). 사울이 다시 악심을 품고 3천 명을 차출하여 다윗을 추격해왔다. 사울의 군대가 본격적인 추격전을 앞두고 산 아래 광야에서 야영을 했다. 밤중에 다윗이 살펴보니 사울이 진영 가운데 누워있고 백성들이 그를 둘러 잠들어 있었다. 다윗이 곁에 있는 스루야와 아비새에게 물었다. "누가 나와 더불어 진영에 내려가서 사울에 이르겠느냐?" 아비새가 앞으로 나섰다. 둘은 진영 중앙에 누워있는 사울에게 조심스럽게 다가갔다. 사울 곁에는 군대장관 아브넬이 잠들어 있었다. 아비새가 속삭였다.

> "하나님이 오늘 당신의 원수를 당신의 손에 넘기셨나이다. 그러므로 청하오니 내가 창으로 그를 찔러서 단번에 땅에 꽂게 하소서. 내가 그를 두 번 찌를 것이 없으리이다."(삼상 26:8)

어두운 밤이었지만 아비새의 눈에 살기(殺氣)가 번득였다. 아비새의 목소리보다 그의 손동작이 더 컸다. 그러나 다윗은 요지부동이었다. 같은 톤의 낮은 목소리였지만 아비새보다 훨씬 더 깊고 무게가 있었다.

> "죽이지 말라. 누구든지 손을 들어 여호와의 기름 부음 받은 자를 치면 죄가 없겠느냐…여호와께서 살아 계심을 두고 맹세하노니 여호와께서 그를 치시리니 혹은 죽을 날이 이르거나 또는 전장에 나가서 망하리라. 내가 손을 들어 여호와의 기름 부음 받은 자를 치는 것을 여호와께서 금하시나니 너는 그의 머리 곁에 있는 창과 물병만 가지고 가자."(삼상 26:9-11)

왜 이런 절호의 기회를 놓치는지 아비새는 이해할 수가 없었다. 그러나 다윗은 하나님께서 기름 부으신 자, 곧 '자기를 위하여 택하신 자'를 해하면 큰 죄라고 생각했다. 그는 하나님께 속한 자이기 때문이다. 설사 사울이 자연사하거나 전장에서 죽더라도 그것은 하나님께서 하실 일이다. 다윗은 어떤 일이 있어도 하나님의 주권을 침해하지 않겠다는 원칙을 지켰다. 믿음의 사람들은 언제나 하나님의 주권 앞에서 멈출 줄 알아야 한다. 선을 넘으면 패망의 길이다.

다윗과 아비새가 사울의 물병과 창을 가지고 조용히 진중을 빠져나왔다. 그때 하나님께서 사울과 그의 사람들을 깊이 잠들게 하셨다는 사실을 다윗은 알고 있었을까. 건너편 산꼭대기에 오른 다윗이 사울의 군대장관 아브넬을 큰 소리로 불러 깨웠다.

> "다윗이 아브넬에게 이르되, '네가 용사가 아니냐. 이스라엘 가운데에 너 같은 자가 누구냐. 그러한데 네가 어찌하여 네 주 왕을 보호하지 아니하느냐. 백성 가운데 한 사람이 네 주 왕을 죽이려고 들어갔었느니라. 네가 행한 이 일이 옳지 못하도다. 여호와께서 살아 계심을 두고 맹세하노니 여호와의 기름 부음 받은 너희 주를 보호하지 아니하였으니 너희는 마땅히 죽을 자이니라. 이제 왕의 창과 왕의 머리 곁에 있던 물병이 어디 있나 보라.' 하니"(삼상 26:15-16).

누가 누구의 안위를 걱정하고 있는지 알 수가 없다. 뒤늦게 잠에서 깬 사울이 "내 아들 다윗아 이것이 네 음성이냐?" 하고 물었다. 왜 그는 항상 다윗을 아들이라 부르면서도 죽이려고 했을까? 그의 속에 두 마음이 있었다. 다윗을 아들로 여기는 마음과 원수로 여기는 마음이었다. 사위도 아들이다. 그러나 악령이 그를 지배할 때면 아들이 원수로 보였을 것이다. 다윗은 백성들과 함께 하나님께 제사 드리지 못하는 현실이 가장 억울하고 가슴 아프다고 하소연했다. 그의 원수들이 자기를 여호와의 기업(하나님을 섬기는 은혜)에서 쫓아내었다고 고소했다. 왜 메추라기를 사냥하고 벼룩을 수색하듯이 이스라엘의 왕이 여기까지 오셨느냐고 책망했다. 그제야 사울에게 제정신이 돌아왔다.

"내가 범죄하였도다. 내 아들 다윗아 돌아오라. 네가 오늘 내 생명을 귀하게 여겼은즉 내가 다시는 너를 해하려 하지 아니하리라. 내가 어리석은 일을 하였으니 대단히 잘못되었도다."

다윗이 물병과 창을 돌려보내며 하나님께 하소연했다.

"오늘 왕의 생명을 내가 중히 여긴 것같이 내 생명을 여호와께서 중히 여기셔서 모든 환난에서 나를 구하여 내시기를 바라나이다."

사울도 축복으로 화답했다.

"내 아들 다윗아, 네게 복이 있을지로다. 네가 큰 일을 행하겠고 반드시 승리를 얻으리라."

그 말을 마치고 사울과 다윗은 각기 제 길로 돌아갔다. 그런데 아쉬움이 남는다. 왜 다윗은 사울과 함께 돌아가지 않았을까. 만일 사울이 다윗과 진심으로 화목했다면, 그래서 다윗이 사울과 함께 이스르엘로 돌아가 변방을 굳게 지켰더라면, 1년 반 후에 사울과 그의 세 아들들이 블레셋 군대들에게 전사를 당하는 비극을 면할 수 있었을 터인데…. 가슴으로 성경을 읽다 보면 그런 생각에 잠길 때가 있다.

그러나 사울의 변덕스러움은 예측할 수 없었다. 다윗도 사울의 축복을 받고 진영으로 돌아왔지만 불안한 마음은 여전했다. 언젠가는 사울의 손에 죽을지 모른다는 생각을 떨쳐버릴 수가 없었다.

그래서 블레셋 영토로 들어가기로 작정했다. 그러면 사울도 다윗 찾기를 단념할 것이다. 다윗은 그를 따르는 6백 명과 그들의 가족과 함께 십 광야에서 37km 북쪽에 있는 가드의 아기스 왕을 찾아갔다. 이 소문을 듣고 사울도 더 이상 다윗을 수색하지 않았다.

다윗의 아기스 왕 방문은 이번이 두 번째다. 8년 전에는 자신의 신분이 탄로 나자 미친척하며 도망쳤다. 거의 혼자 몸이었기 때문에 가능한 일이었다. 그런데 이번에는 전사(戰士)만 6백 명, 가족까지 합하면 수천 명이다. 다행히 다윗과 사울의 뒤틀린 관계를 알고 있던 아기스 왕이 다윗의 망명을 흔쾌히 받아들였다. 사울과 전쟁할 때에 다윗이 한몫을 하리라고 생각했다. 아기스는 다윗의 요구대로 시글락을 식읍(食邑)으로 내주었다(학자들은 시글락을 사람들이 살지 않는 버림받은 성으로 본다). 시글락은 가드의 최남단 변경에 있는 성읍으로서, 다윗은 사울이 죽을 때까지 1년 4개월을 그곳에서 지냈다. 10여 년 망명생활의 마지막 부분이다.

다윗의 가장 무거운 짐은 무리들의 생계였다. 광야를 전전하며 그 많은 식구들이 굶지 않고 지내온 세월이 기적이었다. 유다 지파의 변경에서 지내는 동안에는 그곳 사람들이 비밀리에 도와주었다. 그러나 지금은 블레셋의 영내(領內)다. 하는 수 없이 그술 사람과 기르스 사람과 아말렉 사람들을 공격하고 가축들과 의복들을 빼앗아왔다. 그리고 비밀이 탄로 나지 않도록 그곳 사람들을 모두 죽였다. 다윗의 마음도 편치 않았을 것이다. 돌아오는 길에는 아기스 왕을 찾아갔다. 탈취물을 나누고 의심도 제거하기 위해서였다.

아기스 왕이 물었다. "너희가 오늘은 누구를 침노하였느냐?" 그때마다 다윗은 애매하게 둘러댔다. "유다 네겝과 여라무엘 사람의 네겝(Negev)과 겐 사람의 네겝이니이다." 이스라엘의 남쪽 네게브 사막에 있는 마을들을 침노하고 탈취해왔다는 말이다. 다윗의 말을 듣고 아기스 왕은 '다윗이 자기 백성 이스라엘에게 심히 미움을 받게 되었으니 그는 영원히 내 부하가 되리라'고 생각했다. 다윗에게는 하루하루가 긴장과 두려움의 연속이었다. 하나님의 말씀대로 이스라엘의 영내(領內)에 머물러 있었더라면 그런 고통은 없었을 텐데 사서 고생을 하고 있었다. 블레셋 땅은 안전한 곳이 아니었다.

어느 날 아기스를 포함한 블레셋의 다섯 왕들이 이스라엘을 치기 위해 연합군을 일으켰다. 아기스는 다윗을 불러 엄히 명했다. "너는 밝히 알라. 너와 네 사람들이 나와 함께 나가서 군대에 참가할 것이니라." 마침내 걱정했던 일이 일어났다. 다윗은 "그러면 당신의 종이 행할 바를 아시리이다"라는 호기(豪氣)로운 말로 위기를 벗어났다. 두고 보면 알 것이라는 대답이다. 만족스럽다는 듯이 아기스가 말했다. "그러면 내가 너를 영원히 내 머리 지키는 자로 삼으리라." 하나님께서 이스라엘의 왕으로 세우신 다윗을 아기스가 자기 경호 대장으로 삼겠다는 것이다. 다윗의 마음도 혼란스러웠을 것이다.

다윗의 마음을 아는지 모르는지 상황은 점점 꼬여갔다. 블레셋 사람들은 수넴에 진을 치고 사울과 온 이스라엘은 길보아에 진을 쳤다. 그 사이 거리는 불과 6km였다. 울며 겨자 먹기로 다윗도 6백 명의 병사들을 거느리고 아기스 왕을 따라 수넴에 이르렀다. 일촉즉발의 상황이었다.

7

사울 왕의 최후

삼상 28-29, 31장

장면을 바꾸어 사울 왕을 찾아가 보자. 그 밤에 사울은 공황상태에 빠졌다(삼상 28장). 상황이 풍전등화 같은데 어디에서도 도움을 얻을 길이 없었다. 하나님을 찾아도 응답이 없고(우림과 둠밈은 오래 전에 아비아달이 다윗에게로 가져갔다.), 선지자들에게 물어도 묵묵부답이었다(사무엘 선지자는 얼마 전에 세상을 떠났다.). 혹시 하나님께서 꿈에라도 말씀하실까 싶어 기다렸지만 아무런 말씀이 없었다. 다급해진 사울은 신접한 여인을 찾아가기로 했다. 죽은 자의 혼을 불러낸다고 알려진 여인이다. 그런 여인을 통해서라도 대답을 듣고 싶었다. 무슨 대답을 듣고 싶었을까? 다행히 엔돌에서 신접한 여인을 찾아냈다. 엔돌은 다볼산에서 남쪽으로 6km, 수넴에서 북동쪽으로 6km 지점에 있었다. 이 말은 사울 왕이 위험을 무릅쓰고 적진을 우회하여 접신녀(接神女)를 찾아갔다는 말이다.

사울이 접신녀를 찾아간 이야기는 성경에서 가장 해석하기 어려운 내용 중 하나이다. 사울이 변장을 하고 경호원 한 사람만 대동한 채 그 여인을 찾아갔다. 그리고 "나를 위하여 신접한 술법으로 내가 네게 말하는 사람을 불러올리라"고 부탁했다. 여인은 경계심을 보이며 말했다. "사울이 신접한 자와 박수를 이 땅에서 멸절시켰음을 알 터인데, 어찌하여 내 생명에 올무를 놓아 나를 죽이려 하느냐?" 하자 사울이 여호와의 이름으로 맹세하며 그런 일은 절대로 일어나지 않을 것이라고 안심시켰다. (사울이 여호와의 이름을 엉뚱한 곳에 사용하고 있다.)

마지못해 여인이 물었다. "내가 누구를 네게로 불러올리랴?" 사울이 청했다. "사무엘을 불러올리라." 그 순간 여인이 사울을 보며 소리쳤다. "당신이 어찌하여 나를 속이셨나이까. 당신이 사울이시니이다." 사울은 다시 한번 여인을 안심시킨 후에 "네가 무엇을 보느냐?"고 물었다. 여인이 대답했다. "내가 영이 땅에서 올라오는 것을 보나이다. 한 노인이 올라오는데 그가 겉옷을 입었나이다." 그가 사무엘인 줄 알고 사울이 땅에 얼굴을 대고 절했다. 다음은 사울과 (사무엘을 대언하는) 신접한 여인의 대화 내용이다.

"네가 어찌하여 나를 불러 올려서 나를 성가시게 하느냐?"

"나는 심히 다급하니이다. 블레셋 사람들은 나를 향하여 군대를 일으켰고, 하나님은 나를 떠나서 다시는 선지자로도, 꿈으로도 내게 대답하지 아니하시기로 내가 행할 일을 알아보려고 당신을 불러 올렸나이다."

"여호와께서 너를 떠나 네 대적이 되셨거늘 네가 어찌하여 내게 묻느냐? 여호와께서 나를 통하여 말씀하신 대로 네게 행하사 나라를 네 손에서 떼어 네 이웃 다윗에게 주셨느니라. 네가 여호와의 목소리를 순종하지 아니하고 그의 진노를 아말렉에게 쏟지 아니하였으므로 여호와께서 오늘 이 일을 네게 행하셨고, 여호와께서 이스라엘을 너와 함께 블레셋 사람들의 손에 넘기시리니 내일 너와 네 아들들이 나와 함께 있으리라. 여호와께서 또 이스라엘 군대를 블레셋 사람들의 손에 넘기시리라."

신접한 여인의 입을 통하여 들려온 말은 구구절절이 맞는 말이었다. 사무엘은 살아 있을 때에도 사울에게 "여호와께서 오늘 이스라엘 나라를 왕에게서 떼어 왕보다 나은 왕의 이웃에게 주었나이다" (삼상 15:28) 하고 말한 적이 있었다. 우리는 이 장면들을 어떻게 해석해야 할까. 정말로 접신녀가 땅 아래로부터 사무엘의 영을 불러낸 것일까? 몇 가지 질문들로 시작해보자.

첫째로, 하나님께서 신접한 자들에 대하여 하신 말씀은 무엇이었던가? 무조건 그들을 죽이라고 하셨다. 이스라엘의 거룩함에 방해가 되기 때문이다. 거룩함은 하나님과의 온전한 관계다.

> "접신한 자와 박수무당을 음란하게 따르는 자에게는 내가 진노하여 그를 그의 백성 중에서 끊으리니 너희는 스스로 깨끗하게 하여 거룩할지어다. 나는 너희의 하나님 여호와이니라."(레 20:6-7)

> "남자나 여자가 접신하거나 박수무당이 되거든 반드시 죽일지니 곧 돌로 그를 치라. 그들의 피가 자기들에게로 돌아가리라."(레 20:27)

둘째로, 하나님께서 접신자들이나 박수무당, 혹은 귀신 들린 자들을 그의 나라를 위하여 사용하신 적이 성경에 있었던가? 없다. 예수님은 귀신 들린 거라사인이 그를 알아보고 '하나님의 아들 예수'라고 부를 때 즉시 그 귀신을 쫓아내셨다(눅 8:28-29). 예수님은 하나님의 나라를 세우시는 일에 귀신의 힘을 빌리지 않으셨다. 바울도 귀신 들린 여종이 따라다니며 "이 사람들은 지극히 높은 하나님의 종으로서 구원의 길을 너희에게 전하는 자라"고 소리칠 때에 예수님의 이름으로 그 귀신을 쫓아냈다(행 16:17-18). 복음을 전하는 일에 사탄의 도움이 필요 없었기 때문이다.

셋째로, 사울이 접신녀를 찾아 나선 일은 누구의 생각이었던가? 사울이 답답한 나머지 스스로 착안한 생각이었다. 하나님의 뜻이 아니었다. 그렇다면 그 과정도 하나님과 상관없는 일이다.

넷째로, '땅에서 사무엘이 올라왔다'는 묘사는 성경적인가? 아니다. 하나님의 종 엘리야는 불수레를 타고 올라갔다. 예수님도 승천하셨다. 거지 나사로도 천사들에게 받들려 아브라함의 품에 들어갔다(눅 16:22). 그럼 접신녀가 보았다는 사무엘은 누구인가? 가짜다. 사탄이 자기의 능력을 사용하여 거짓을 진실처럼 위장했을 뿐이다. 그래도 접신녀가 전한 사무엘의 말이 틀린 말은 아니지 않는가? 맞다. 그런데 귀신 들린 여종도 바른 말을 했다.

마지막 질문이다. 결과는 어땠을까? 접신녀의 말을 듣고도 사울은 회개하지 않았다. 블레셋과 대치하고 있는 상황이 바뀌지도 않았다. 아무 일도 일어나지 않았다. 그래서 루터와 칼빈은 접신녀가 보았던 사무엘의 형상을 사탄의 부림을 받은 귀신으로 보았다.

그리스도인들은 절대로 무당이나 점쟁이를 찾지 말아야 한다. 그들의 말에 관심을 보여서도 안 된다. 요즘엔 '문화'라는 명목으로 미디어에서 점쟁이나 무당이나 신접한 사람들을 자주 대면하게 된다. 그 결과 성경에서 엄히 금한 일들을 대수롭지 않게 생각하는 경향이 있다. 우리는 영을 분별해야 한다. 하나님의 나라와 공중권세 잡은 영의 세계를 분명히 구별해야 한다. 하나님의 백성들은 어느 때보다 '보는 것과 듣는 것'에 주의해야 한다. 혼탁한 문화 속에서 성도의 경건함과 거룩함을 지켜야 한다.

우상과 신접한 자와 점쟁이와 박수무당을 찾아가는 행위는 인간이 할 수 있는 가장 저급(低級)한 행동이다. 하나님께서 사람을 지으실 때에 그의 형상과 모양으로 지으셨다. 그러므로 인간은 하나님을 찾아야 한다. 하나님 외의 다른 대상을 찾으면 몰락의 미끄러운 길로 내려갈 뿐이다. 그것은 인간의 가장 비참한 모습이다. 왜냐하면 자기보다 못한 피조물을 숭배하고 백해무익한 귀신에게 도움을 청하기 때문이다.

사울도 처음에는 하나님을 찾았다. 그러나 하나님께로부터 응답이 없자 접신녀를 찾아갔다. 죽은 사무엘을 불러서라도 길을 묻고 싶었다. 사울의 잘못은 무엇인가? 사울은 단순히 앞날의 길흉(吉凶)을 알아보기 위해서 하나님을 찾았다. 성경에서 하나님을 찾는다는 말은 언제나 회개를 의미했다. 그런데 사울에게는 회개가 없었다. 회개하지 않으면 하나님을 만날 수가 없다. 나중에 다시 나오겠지만 히스기야의 아들 므낫세 왕은 이스라엘 역사에서 가장 오랫동안, 그리고 가장 멀리 하나님을 떠난 사람이었다. 그러나 그의 말년에 하나님께 죄를 회개하고 돌아왔을 때에 하나님께서 그에게 자비를 베푸셨다.

"여호와께서 므낫세와 그의 백성에게 이르셨으나 그들이 듣지 아니하므로 여호와께서 앗수르 왕의 군대 지휘관들이 와서 치게 하시매 그들이 므낫세를 사로잡고 쇠사슬로 결박하여 바벨론으로 끌고 간지라. 그가 환난을 당하여 그의 하나님 여호와께 간구하고 그의 조상들의 하나님 앞에 크게 겸손하여 기도하였으므로 하나님이 그의 기도를 받으시며 그의 간구를 들으시사 그가 예루살렘에 돌아와서 다시 왕위에 앉게 하시매 므낫세가 그제서야 여호와께서 하나님이신 줄을 알았더라."(대하 33:10-13)

사울의 모습은 보기에도 처량했다. 식욕도 사라졌다. 그는 접신녀가 강권하는 음식을 먹고 겨우 힘을 얻어 진영으로 돌아왔다. 긴 밤을 지새우며 애쓴 보람이 아무것도 없었다. 남은 것은 절망뿐이었다. 가장 큰 절망은 하나님께서 인간을 떠나신 상태이다.

잠시 다윗의 이야기로 돌아가 보자. 블레셋 사람들은 수넴과 가까운 아벡에 진을 치고 이스라엘 사람들은 이스르엘에 진을 쳤다. 머지않아 그 평야에 피비린내가 진동할 것이다. 잘못하면 다윗이 동족들과 싸워야 할지도 모른다. 그런 일은 일어나지 않아야 했다. 곤란에 처한 다윗은 그 며칠 동안 하나님의 도우심을 간절히 구했을 것이다. 하나님 외에 누가 이처럼 난감한 문제를 해결해줄 수 있겠는가. 날이 밝으면 다윗은 아기스를 따라 전쟁터로 나가야 한다. 그런데 그날 저녁 블레셋 방백들이 아기스 왕을 찾아왔다. 그리고 "이 히브리 사람들이 무엇을 하려느냐"면서 시비를 걸기 시작했다. 왜 그런 일이 일어났을까? 간절히 기도했던 다윗은 그 이유를 알고 있었다. 아기스가 다윗을 변호했다.

"이는 이스라엘 왕 사울의 신하 다윗이 아니냐. 그가 나와 함께 있은 지 여러 날 여러 해로되 그가 망명하여 온 날부터 오늘까지 내가 그의 허물을 보지 못하였노라."(삼상 29:3)

그 말에 블레셋 방백들이 더 강하게 항의했다. 어떻게 다윗을 믿을 수 있느냐고 따졌다. 사울이 죽인 자는 천천이요 다윗이 죽인 자는 만만이라는 노랫소리도 들어보지 못했느냐면서 아기스를 궁지로 몰아세웠다. 하는 수 없이 아기스는 다윗을 불러 위로하며 말했다.

"여호와께서 살아 계심을 두고 맹세하노니, 네가 정직하여 내게 온 날부터 오늘까지 네게 악이 있음을 보지 못하였으니, 나와 함께 진중에 출입하는 것이 내 생각에는 좋으나 수령들이 너를 좋아하지 아니하니, 그러므로 이제 너는 평안히 돌아가서 블레셋 사람들의 수령들에게 거슬러 보이게 하지 말라."

상황이 반전되었다. 다윗은 가슴을 쓸어내렸다. 그러나 겉으로는 억울하다며 펄펄 뛰었다. 그렇게 해서라도 아기스의 신뢰를 굳게 해 둘 필요가 있었다.

"내가 무엇을 하였나이까. 내가 당신 앞에 오늘까지 있는 동안에 당신이 종에게서 무엇을 보셨기에 내가 가서 내 주 왕의 원수와 싸우지 못하게 하시나이까."

아기스는 다윗을 달래서 동이 트기 전에 시글락으로 돌아가게 했다. 얼마나 감사한 일인가. 다윗은 마음속으로 사망의 음침한 골짜기에서 구해주신 하나님께 감사드렸을 것이다. 그러나 기쁨도 잠시, 시글락에는 기막힌 상황이 그를 기다리고 있었다. 다윗과 그의 전사들이 집을 떠난 후에 아말렉 사람들이 시글락을 불사르고 아녀자들을 다 잡아갔기 때문이다. 다윗의 두 아내도 함께 잡혀갔다. 여우 피하려다 호랑이를 만난다는 말처럼, 겨우 동족상잔(同族相殘)의 위기를 벗어났더니 자기 집안이 아말렉에게 탈탈 털렸다. 기가 막혔다. 다윗을 비롯한 6백 명이 목을 놓아 울었다. 몇몇 사람들은 다윗을 치려고 돌을 손에 들기도 했다. 이런 때는 누구를 의지해야 할까.

> "다윗이 크게 다급하였으나 그의 하나님 여호와를 힘입고 용기를 얻었더라."(삼상 30:6)

기도하는 사람은 칠흑 같은 상황에서도 용기를 잃지 않는다. 다윗은 아비아달을 불러 에봇(열두 보석을 물린 제사장의 겉옷)을 가져오게 했다. 그리고 하나님께 "내가 이 군대를 추격하면 따라잡겠나이까?" 하고 물었다. 하나님께서 대답하셨다. "그를 쫓아가라. 네가 반드시 따라잡고 도로 찾으리라." 일이 다급할수록 하나님께 물어야 한다. 하나님께 묻고 응답을 기다리는 시간이 가장 빠르고 효과적이다.

다윗과 6백 명이 아말렉을 뒤쫓아갔다. 너무 지쳐서 뒤로 처진 2백 명은 브솔 시냇가에 머물게 하고 4백 명이 추격을 계속했다. 도중에 병들어 버려진 아말렉 사람의 종 하나를 만났다. 그리고 그의 도움으로 아말렉 전사들이 머물고 있는 곳을 찾아냈다. 온 땅에 편만한 아말렉 사람들이 약탈한 것들로 먹고 마시며 춤을 추고 있었다. 새벽에 시작된 전쟁은 해질 무렵에야 끝이 났다. 아말렉은 대패하고 겨우 4백 명의 소년만 낙타를 타고 도망갔다. 다윗은 빼앗겼던 물건들과 사람들을 찾아왔다. 아무것도 잃은 것이 없었다. 오히려 아말렉 사람들의 소떼와 양 떼를 전리품으로 빼앗았다. 먹고 살기 힘든 시절에 전화위복이 되었다.

그러나 문제는 사소한 곳에서 터졌다. 다윗과 함께 추격전에 참여했던 4백 명의 이기심이 발동했다. 그들은 뒤처졌던 2백 명에게 되찾은 물건이나 전리품을 주지 말고 가족만 데리고 떠나게 하자고 주장했다. 갑자기 분위기가 싸늘해졌다. 생사를 같이했던 6백 명 중에서 2백 명이 쫓겨날 판이었다. 그러자 다윗이 결단을 내렸다.

> "나의 형제들아 여호와께서 우리를 보호하시고 우리를 치러 온 그 군대를 우리 손에 넘기셨은즉 그가 우리에게 주신 것을 너희가 이같이 못하리라. 이 일에 누가 너희에게 듣겠느냐. 전장에 내려갔던 자의 분깃이나 소유물 곁에 머물렀던 자의 분깃이 동일할지니 같이 분배할 것이니라."(삼상 30:23-24)

"이 일에 누가 너희에게 듣겠느냐?"는 말은 '누가 너희 말을 옳다고 생각하겠느냐'는 뜻이다. 다윗의 말은 그때로부터 모든 전리품을 나누는 기준이 되었다. 다윗은 '여호와의 원수에게서 탈취한 것을 너희에게 선사하노라'는 전갈과 함께 전리품 중의 일부를 그의 친구 유다의 장로들에게 보냈다. 선물을 보낸 곳은 벧엘과 헤브론과 브엘세바를 비롯하여 모두 열세 성읍이었다. 그들은 다윗이 사울에게 쫓겨 다닐 때에 도와주었던 지도자들이다. 일이 잘 될 때는 이전의 은혜를 기억해야 한다.

그런데 다윗의 이야기는 이렇게 해피 엔딩으로 끝났는데 사울은 어떻게 되었을까.

다윗이 떠난 그날부터 전쟁이 시작되었다. 블레셋 앞에서 이스라엘은 마치 태풍 앞의 풀잎처럼 쓰러졌다. 사울의 세 아들 요나단과 아비나답과 말기수아가 죽었다. 도망가던 사울은 화살을 맞고 중상을 입었다. 적군이 바짝 뒤쫓아오고 있었다. 사울이 무기를 들고 있는 소년에게 명령했다.

> "네 칼을 빼어 그것으로 나를 찌르라. 할례 받지 않은 자들이 와서 나를 찌르고 모욕할까 두려워하노라."(삼상 31:4)

이것이 성경에 기록된 사울 왕의 마지막 말이다. 무기를 든 자가 감히 실행하지 못하자 사울은 스스로 칼 위에 엎드러져 목숨을 끊었다. 뒤이어 무기 든 자도 같은 방식으로 사울을 따라갔다. 사울과 그의 세 아들들이 죽자 백성들은 성읍을 버리고 산으로 도망갔다. 블레셋의 일방적인 승리였다.

이튿날 블레셋 사람들이 죽은 자들을 약탈하려고 다시 왔다가 사울과 세 아들의 시체를 길보아산에서 발견했다. 그들은 갑옷을 벗겨 전리품으로 삼고 시체는 벧산 성벽에 못을 박아 걸어두었다. 그 소식을 듣고 길르앗 야베스 사람들이 밤새 달려왔다. 그들은 벽에 걸려있는 시체들을 야베스로 옮겨 화장(火葬)하고 그 뼈를 에셀 나무 아래 장사한 후에 7일 동안 금식하며 애곡했다.

왜 길르앗 야베스 사람들이 나서서 사울과 세 아들들의 시신을 수습했을까. 사무엘상 11장을 보면, 사울이 그들을 암몬 왕 나하스에게서 구원해준 사건이 기록되어 있다. 그들은 사울이 베푼 은혜를 기억했을 것이다.

여기까지가 이스라엘 초대 왕 사울의 이야기이다. 그의 시작은 창대하였으나 끝이 미약했다. 왜 그랬을까. 자신이 스스로 노력하여 왕이 된 것도 아니고 하나님께서 손수 세워주셨는데, 왜 그는 패망의 길로 들어섰을까. 왜 그는 하나님의 명을 거역하고 아말렉 족속들의 가축에 한 눈이 팔렸을까. 왜 그는 회개하고 다시 시작할 수 있는 많은 기회들을 스스로 저버렸을까. 그가 하나님 앞에 바르게 섰더라면 믿음의 사람 요나단이 2대 왕이 될 수도 있었을 터인데, 왜 그는 다윗을 죽이려고 쫓아다니다가 망했을까. 왜 선을 취하지 않고 악을 선택했을까. 왜 그랬을까. 사울을 생각하면 마음속에 아쉬움만 남는다.

8

다윗이 왕이 되다

삼하 1-5장

사흘 후에 한 청년이 다윗을 찾아왔다. 머리는 흙을 뒤집어쓰고 옷은 찢겨 있었다. 그가 가져온 소식은 끔찍했다. 중상을 당한 채 쫓겨 가던 사울이 "내 목숨이 아직 내게 완전히 있으므로 내가 고통 중에 있나니 청하건대 너는 내 곁에 서서 나를 죽이라"고 해서 더 이상 살 가망이 없는 줄 알고 자기 손으로 죽였다고 했다. 그 말을 증명이라도 하듯 그의 손에는 사울 왕의 왕관과 팔찌가 들려있었다. 충격을 받은 다윗과 그의 일행은 저녁때까지 슬피 울며 금식했다. 그 청년은 아말렉 사람이었다. 아마도 사울의 용병이거나 이스라엘 가운데 섞여 살던 사람이었을 것이다. 다윗은 "네가 어찌하여 손을 들어 여호와의 기름 부음 받은 자 죽이기를 두려워하지 아니하였느냐"고 꾸짖으며 그를 쳐 죽였다.

그런데 사무엘상 마지막 장에 기록된 이야기와 아말렉 청년의 말이 서로 상충된다. 이 부분을 어떻게 이해해야 할까. 아말렉 청년이 거짓말을 하고 다윗에게 상급을 받을 목적으로 왕관과 팔찌를 벗겨왔을까? 그럴 수도 있다. 혹은 자기 칼에 엎드러진 사울의 목숨이 아직 붙어 있어서 그가 사울의 마지막 가는 길을 도와주었을지도 모른다. 성경은 이 아말렉 청년이 거짓말을 했다고 기록하지 않았다. 그렇다면 사무엘하 1장은 사무엘상 31장에 대한 보충설명일 것이다. 다윗도 아말렉 청년이 했던 말을 의심하지 않았다. 다만 그 청년이 다윗을 크게 오해하고 있었다. 사울의 전사 소식을 들려주면 다윗이 기뻐하리라고 생각했다. 은근히 큰 상금도 기대했을 것이다. 왕관과 팔찌를 가져왔으니까.

그날 다윗은 사울과 요나단을 위해 '활 노래'를 지어 유다 지파 사람들로 부르게 했다. (이 노랫말을 적어놓았다는 '야살의 책'은 우리에게 전해지지 않았다.) 현대인의 성경으로 읽어보자.

"오, 이스라엘이여, 너의 영광이 산 위에서 사라졌구나! 힘센 용사들이 엎드러지고 말았네. 이 일을 블레셋 사람들에게 말하지 말아라. 그들이 들으면 즐거워할 것이다. 가드와 아스글론 성에 알리지 말아라. 이방 민족이 우쭐댈까 하노라.
오, 길보아 산들아, 네 위에 이슬이나 비가 내리지 않을 것이며 네 땅은 언제나 황무지가 될 것이다. 거기에 용사들의 방패가 버려졌으니 사울의 방패에 기름칠을 할 수 없게 되었구나. 요나단의 활은 반드시 적의 피와 기름을 적셨고, 사울의 칼은 헛되이 돌아오는 법이 없었다. 사랑스럽고 아름답던 사울과 요나단, 그들은 생전에도 함께 있더니 죽을 때에도 서로 떠나지 않았구나. 그들은 독수리보다 빠르고 사자보다 강하였다.
오, 이스라엘의 딸들아, 사울을 위해 슬피 울어라. 그가 너희에게 화려한 옷을 입히고 너희 옷을 금 장식품으로 꾸몄다. 용사들이 전쟁터에 쓰러졌구나. 요나단이 높은 산에서 죽임을 당했구나. 내 형제 요나단이여, 내가 그대를 위해 슬퍼하노라. 그대는 나에게 얼마나 사랑스러웠던고! 나에 대한 그대의 사랑이 여인의 사랑보다 깊지 않았던가! 용사들이 쓰러졌으니 그들의 무기가 쓸모없게 되었구나."(삼하 1:19-27)

오해하지 말자. 다윗은 백성들의 환심을 사기 위해 이 노래를 부르지 않았다. 진심으로 사울과 요나단을 사랑하며 아픈 마음으로 불렀다. 블레셋의 칼날에 스러져간 이스라엘 백성들을 생각하며 분노와 슬픔으로 불렀다. 혹시라도 승리감에 도취한 블레셋이 하나님의 이름을 무시할까 봐 분을 내며 불렀다. 우리는 이 노랫말에서 그런 다윗의 마음을 읽을 수 있다.

다윗이 정신을 가다듬고 하나님께 물었다.

"내가 유다 한 성읍으로 올라가리이까?"

"올라가라."

"어디로 가리이까?"

"헤브론으로 갈지니라."

헤브론은 유다 지파의 중심 성읍이다. 그동안 다윗을 따르던 사람들이 헤브론 주변의 각 성에 자리를 잡고 정착했다. 헤브론으로 올라가니 유다 지파 사람들이 다윗에게 기름을 붓고 그들의 왕으로 삼았다. 그러나 유다 지파는 이스라엘 전체의 12분의 1에 불과했다. 마침 길르앗 야베스의 주민들이 사울과 그 아들들을 장사지내주었다는 소식이 들려왔다. 다윗은 길르앗 사람들에게 전령을 보내어 크게 칭찬하며, 훗날 그들이 행한 선한 일을 잊지 않겠다고 전했다. 그런데 다윗의 마지막 말이 의미심장했다.

> "이제 너희는 손을 강하게 하고 담대히 할지어다. 너희 주 사울이 죽었고 또 유다 족속이 내게 기름을 부어 그들의 왕으로 삼았음이니라."(삼하 2:7)

그러나 열한 지파들은 반응이 없었다. 오히려 사울 왕의 군대 장관이었던 아브넬이 사울의 아들 이스보셋을 마하나님에서 이스라엘의 왕으로 삼았다. 마하나임은 '하나님의 군대'라는 뜻으로 야곱이 외삼촌 집에서 돌아오다가 천사들을 만났던 곳이다. 이스보셋은 40세에 왕이 되어 마하나임에서 2년 동안 이스라엘을 다스렸다. 그러나 실권은 군대장관 아브넬이 쥐고 있었다.

다윗의 군대장관은 요압이었다. 그의 두 동생 아비새와 아사헬은 용맹스런 전사들이었다. 다윗과 이들은 어떤 관계였을까. 역대상 2장 13-17절을 참고하여 다윗의 부모와 형제관계를 살펴보자. 다윗의 부모는 이새와 나하스다. 그들에게서 막내 다윗을 포함하여 일곱 명의 아들들과 두 딸(스루야와 아비가일)이 태어났다. 다윗의 큰 누이 스루야는 요압과 아비새와 아사헬을 낳았고, 작은 누나 아비갈은 아마사를 낳았다. 훗날 압살롬은 아버지 다윗을 몰아낸 후에 아마사를 군지휘관으로 삼았다(삼하 17:25). 요압과 아마사는 서로 외사촌이며 다윗의 조카였다. 그만큼 서로 가까운 사람들이었다.

어느 날 기브온에서 아브넬과 요압이 조우(遭遇)했다. 그날의 싸움은 일종의 놀이처럼 시작되었다. 각 진영에서 열두 명씩 나와서 서로 상대편의 머리를 잡고 칼로 옆구리를 찌르는 방식이었다. 24명이 동시에 쓰러졌다. 그 상황에서 누가 살아남을 수 있겠는가. 좀 거친 표현을 사용하자면 '그것은 세상에서 가장 멍청하고 잔인한 짓'이었다. 결국 큰 전쟁이 벌어졌다. 이 전쟁에서 요압의 동생 아사헬이 아브넬에게 죽임을 당했다. 이 사건이 요압의 가슴에 깊은 상처로 남았다.

그 후 이스라엘과 유다 사이에 소규모의 전쟁과 소강상태가 반복되었다. 마음이 조급한 사람은 다윗이었다. 속히 나라를 통일시킨 후에 블레셋을 치고 요나단의 원수를 갚고 싶었을 것이다. 다행히 시간이 지날수록 다윗의 집은 강성하게 되고 사울의 집은 약해져 갔다.

어느 날 아브넬이 사울 왕의 첩과 동침했다는 소문이 이스보셋 왕의 귀에 들려왔다. 이스보셋은 (아마도 공개적으로) 아브넬을 책망했다. 자존심이 상한 아브넬은 이스보셋을 모욕하고 협박했다. 마지막으로 내던진 그의 말이 비수처럼 꽂혀왔다.

> "여호와께서 다윗에게 맹세하신 대로 내가 이루게 하지 아니하면 하나님이 아브넬에게 벌 위에 벌을 내리심이 마땅하니라. 그 맹세는 곧 이 나라를 사울의 집에서 다윗에게 옮겨서 그의 왕위를 단에서 브엘세바까지 이스라엘과 유다에 세우리라 하신 것이니라."(삼하 3:9-10)

드디어 아브넬이 움직이기 시작했다. 비밀리에 다윗을 찾아온 전령(傳令)이 아브넬의 말을 전했다.

"이 땅이 누구의 것이니이까…당신은 나와 더불어 언약을 맺사이다. 내 손이 당신을 도와 온 이스라엘이 당신에게 돌아가게 하리이다."

다윗은 아브넬의 진심을 알고 싶었다. 그래서 사울 왕이 다른 사람에게 재가(再嫁)시켰던 자기의 본처 미갈을 함께 데려오라고 했다. 그 정도는 문제도 아니었다. 아브넬은 강제로 미갈을 남편으로부터 빼앗았다. 그리고 이스라엘 장로들을 소집했다. 장로들은 이전부터 아브넬에게 다윗을 이스라엘의 왕으로 세우자고 채근하던 터라 쉽게 마음이 통했다. 사울 왕이 속했던 베냐민 지파의 장로들도 이의가 없었다. 아브넬은 의기양양해서 미갈을 데리고 헤브론으로 다윗을 찾아왔다. 평화를 추구하는 길이었으므로 수행원도 겨우 20명만 데리고 왔다. 다윗이 배설한 잔치 자리에서 아브넬은 호언장담했다.

"내가 일어나 가서 온 이스라엘 무리를 내 주 왕의 앞에 모아 더불어 언약을 맺게 하고 마음에 원하시는 대로 모든 것을 다스리시게 하리이다."

다윗은 아브넬을 평안히 돌려보냈다. 마침 그때 적군을 치고 돌아오던 요압이 일의 전후를 듣게 되었다. 눈에서 불이 났다. 아브넬이 누구인가. 7년 동안 싸워온 적군의 군대장관 아닌가. 어찌 그를 무사히 돌려보냈단 말인가. 그는 틀림없이 이곳의 형편을 염탐하러 왔을 것이다. 강력하게 항의했지만 다윗 왕은 별 반응을 보이지 않았다. 요압은 자기 동생 아사헬을 죽였던 아브넬을 평안히 보낼 수 없었다. 비밀리에 전령을 보내 아브넬을 돌아오게 했다. 그리고 중요한 일을 말하려는 듯 그를 성문 안으로 데리고 들어가 배를 찔러 죽였다.

뒤늦게 이 일을 알게 된 다윗은 크게 당황했다. 모처럼 온 이스라엘이 피 흘림 없이 그에게 돌아오게 되었는데, 이제 이 사건으로 인해 열한 지파들이 더 멀리 떠날 것이다. 이 일을 어떻게 수습해야 할지 막막했다. 우선 다윗은 아브넬의 피 흘림은 자기와 상관이 없다고 공개적으로 말하며 요압을 저주했다.

"넬의 아들 아브넬의 피에 대하여 나와 내 나라는 여호와 앞에 영원히 무죄하니 그 죄가 요압의 머리와 그의 아버지의 온 집으로 돌아갈지어다. 또 요압의 집에서 백탁병자나 나병 환자나 지팡이를 의지하는 자나 칼에 죽는 자나 양식이 떨어진 자가 끊어지지 아니할지로다."(삼하 3:28-29)

소위 '읍참마속'(泣斬馬謖)의 심정으로 하는 말이었다. 다윗은 모든 백성들에게 '옷을 찢고 굵은 베를 띠고 아브넬 앞에서 애도하라'고 명했다. 그리고 아브넬의 상여를 따라가며 슬픈 노래를 지어 불렀다. 다윗을 따라 모든 백성들이 함께 울었다. 해가 질 때까지 식음을 전폐하며 슬퍼하는 다윗을 보며 백성들의 마음이 다윗에게로 돌아왔다. 요압의 사사로운 원한 때문에 하마터면 큰 위기를 맞을 뻔했다. 이렇게 위기는 넘겼지만 다윗과 요압 사이에 돌이킬 수 없는 간극(間隙)이 생겼다. 다윗은 탄식하며 이렇게 말했다.

"왕이 그의 신복에게 이르되 오늘 이스라엘의 지도자요 큰 인물이 죽은 것을 알지 못하느냐. 내가 기름 부음을 받은 왕이 되었으나 오늘 약하여서 스루야의 아들인 이 사람들을 제어하기가 너무 어려우니 여호와는 악행한 자에게 그 악한 대로 갚으실지로다 하니라."(삼하 3:38-39)

좋지 않은 사건은 언제나 꼬리를 물고 일어난다. 어느 날 갑자기 두 사람이 이스라엘 왕 이스보셋의 머리를 들고 헤브론으로 다윗을 찾아왔다. 아브넬을 장사 지낸 지 며칠 후에 일어난 일이다.

사건의 전말은 이랬다. 아버지의 첩 문제로 심하게 다투었지만 아브넬은 명색이 이스라엘의 군대장관이었다. 그가 적국의 수도 헤브론에서 암살을 당했다는 소식을 듣자 이스보셋 왕의 손에 맥이 풀렸다. 당황하기는 백성들도 마찬가지였다. 이런 혼란 가운데 악한 생각을 하는 두 형제가 있었다. 베냐민 지파에 속한 림몬의 두 아들 바아나와 레갑이었다(이 레갑은 모세의 장인이 속한 겐 족속의 레갑이 아니다. 역대상 2:55 참조.). 이스라엘 군대의 지휘관이었던 두 사람은 낮잠을 자고 있는 이스보셋을 살해했다. 그리고 그의 머리를 가지고 마하나임에서 헤브론까지 2백 리가 넘는 먼 길을 밤을 새워 찾아왔다. 한편으로는 상급을 기대했을 것이고, 다른 한편으로는 추격자들이 두려웠을 것이다. 그들은 이스보셋의 머리를 다윗 앞에 내놓으며 말했다.

> "왕의 생명을 해하려 하던 원수 사울의 아들 이스보셋의 머리가 여기 있나이다. 여호와께서 오늘 우리 주 되신 왕의 원수를 사울과 그의 자손에게 갚으셨나이다."(삼하 4:8)

기가 막혔다. 다윗이 언제 그들에게 자기의 원수를 갚으라고 했던가. 삼척동자도 그들의 악한 동기를 간파할 수 있었다. 다윗의 호통 소리가 모든 사람들에게 들렸다.

"내 생명을 여러 환난 가운데서 건지신 여호와께서 살아 계심을 두고 맹세하노니 전에 사람이 내게 알리기를 '보라 사울이 죽었다' 하며 그가 좋은 소식을 전하는 줄로 생각하였어도, 내가 그를 잡아 시글락에서 죽여서 그것을 그 소식을 전한 갚음으로 삼았거든, 하물며 악인이 의인을 그의 집 침상 위에서 죽인 것이겠느냐? 그런즉 내가 악인의 피흘린 죄를 너희에게 갚아서 너희를 이 땅에서 없이 하지 아니하겠느냐?"

그날 두 사람의 수족(手足)이 헤브론 못 가에 달렸고 이스보셋의 머리는 아브넬의 묘에 합장되었다. 오해가 풀리자 이스라엘 모든 지파들이 그들의 장로들과 함께 헤브론으로 다윗을 찾아왔다.

> "보소서. 우리는 왕의 한 골육(뼈와 살)이니이다. 전에 곧 사울이 우리의 왕이 되었을 때에도 이스라엘을 거느려 출입하게 하신 분은 왕이시었고 여호와께서도 왕에게 말씀하시기를 네가 내 백성 이스라엘의 목자가 되며 네가 이스라엘의 주권자가 되리라 하셨나이다."(삼하 5:1-2)

열두 지파의 장로들이 모여 다윗에게 기름을 붓고 이스라엘의 왕으로 삼았다. 세 번째 기름부음이다. 그리하여 다윗은 헤브론에서 7년 반, 예루살렘에서 33년, 합계 40여 년 동안 이스라엘을 다스리게 되었다. 조급하지 않고 기다렸더니 하나님께서 약속을 이루어주셨다. 그날 장로들뿐만 아니라 열두 지파와 레위 족속의 두령들과 군인들 339,820명이 한 마음으로 다윗에게 돌아왔다(대상 12:23-40).

세력을 얻은 다윗은 왕도를 헤브론에서 예루살렘으로 옮겼다. 헤브론은 유다 지파의 중심지였지만 너무 남쪽에 있었기 때문이다. 뿐만 아니라 예루살렘은 적을 방어하기에 더 좋았다. 오래 전에 모세가 이스라엘 백성들에게 이렇게 부탁한 적이 있었다.

> "너는 삼가서 네게 보이는 아무 곳에서나 번제를 드리지 말고 오직 너희의 한 지파 중에 여호와께서 택하실 그곳에서 번제를 드리고 또 내가 네게 명령하는 모든 것을 거기서 행할지니라."(신 12:13-14)

모세는 정확하게 '예루살렘'을 지명하지 않았다. 그래서 사사 시대에는 세겜에서 제사를 드렸다. 훗날 솔로몬은 성전을 건축한 후에 그의 아버지 다윗에게 들었던 이야기를 이렇게 전했다.

"(여호와께서 그의 입으로 내 아버지 다윗에게 말씀하시기를) 내가 내 백성을 애굽 땅에서 인도하여 낸 날부터 내 이름을 둘 만한 집을 건축하기 위하여 이스라엘 모든 지파 가운데서 아무 성읍도 택하지 아니하였으며 내 백성 이스라엘의 주권자가 될 사람을 아무도 택하지 아니하였더니 예루살렘을 택하여 내 이름을 거기 두고 또 다윗을 택하여 내 백성 이스라엘을 다스리게 하였노라 하신지라."(대하 6:4-6)

예루살렘은 하나님께서 택하시고 지명하신 바로 그곳이었다. 당시 예루살렘에는 여부스 사람들이 살고 있었다. 그들은 견고한 성 예루살렘을 자랑스럽게 생각했다. 그래서 다윗의 사람들이 예루살렘을 치러 올라갔을 때에 '우리 성은 견고해서 맹인과 다리 저는 사람들'도 너희를 물리칠 수 있다고 큰소리를 쳤다. 이 말에 마음이 상한 다윗은 지하수로를 통하여 예루살렘에 들어갔다. 그리고 맹인들과 다리 저는 사람들을 먼저 치게 했다.

그런데 다윗의 행위가 옳았을까? 그가 했던 일이 언제나 다 옳은 것은 아니다. 특히 어떤 일을 감정적으로 처리할 때마다 그는 실수를 저질렀다. 전에 나발을 치러 올라갈 때는 아비가일이 그 길을 막았다. 그런데 이번에는 아무도 막는 사람이 없었다. 오히려 "맹인과 다리 저는 사람은 (여호와의) 집에 들어오지 못하리라"는 속담까지 생겨났다. 물론 그것은 하나님의 뜻은 아니었다. (훗날 다윗은 다리를 저는 요나단의 아들 므비보셋을 날마다 그의 식탁에 초대했다.)

다윗은 예루살렘(시온) 산성을 뺏은 후에 그 안에 성벽을 쌓고 '다윗 성'이라고 불렀다. 만군의 하나님 여호와께서 함께 계시니 다윗은 점점 강성하게 되었다. 가나안 땅에 강력한 왕국이 태어난 것이다. 국제정세는 조석변개(朝夕變改) 한다. 이스라엘 백성 중에 탁월한 지도자가 나왔다는 말을 듣고 두로 왕 히람이 가장 먼저 반응을 보였다. 그는 사절과 함께 최고의 건축 재료인 백향목과 목수와 석수(石手)를 보내어 다윗을 위해 궁궐을 지어주었다. 이제 다윗은 '여호와께서 자기를 세우사 이스라엘 왕으로 삼으신 것과 그의 백성 이스라엘을 위하여 그 나라를 높이신 것'을 확신하게 되었다.

히람이 다윗에게 건축 재료와 장인들을 보낸 시점은 블레셋과의 전쟁이 끝난 후였을 것이다. 요세푸스가 기록한 고대사를 보면, 히람은 34년간 통치하다가 53세에 죽었다. 그리고 열왕기상 9장 10절에 의하면 히람은 최소한 솔로몬의 통치 20년까지 생존했다. 그렇다면 히람이 다윗에게 선물을 보낸 시점은 다윗이 통치했던 40년의 중반을 넘어야 한다. 사무엘하의 저자는 히람의 이야기를 연대기적으로 기록하지 않았다. 오히려 다윗을 이스라엘의 왕으로 자타가 인정했다는 사실을 강조할 목적으로 앞부분에 삽입했다.

일반적으로 왕들은 많은 아들들을 원한다. 다윗도 마찬가지였다. 첩들을 제외한 부인들이 8명이었고, 아들이 19명이었다. 사무엘하 3장 2-5절, 역대상 3장 1-9절, 14장 3-7절에 근거한 내용이다. 그중에 네 명의 아들이 밧세바에게서 태어났는데 솔로몬은 그녀의 마지막 아들이었다.

다윗과 블레셋 사이의 일전(一戰)은 피할 수 없었다. 블레셋이 사울을 죽였기 때문이다. 블레셋 사람들은 다윗이 이스라엘의 왕이 되었다는 말을 듣고 그를 찾으러(죽이러) 르바임 골짜기로 올라왔다. 르바임 골짜기는 예루살렘 서남쪽 5km쯤에 있다. '찾으러 왔다'는 말속에 다윗을 비굴하게 만들려는 블레셋의 전략이 숨어 있었다. 이전에 다윗이 블레셋의 아기스 왕에게 빌붙어 살지 않았느냐는 뉘앙스다. 다윗을 찾으러 온 블레셋 사람들이 르바임 골짜기에 가득했다. 성경학자들은 이때가 아직 예루살렘 성을 정복하기 이전, 다윗이 왕위에 오른 직후였다고 생각한다.

다윗은 일단 요새로 자리를 옮겼다. 그리고 하나님께 물었다. "내가 블레셋 사람에게로 올라가리이까? 여호와께서 그들을 내 손에 넘기시겠나이까?" 하나님께서 대답하셨다. "올라가라. 내가 반드시 블레셋 사람을 네 손에 넘기리라." 그날 다윗은 큰 승리를 거두었다. 그리고 그곳 지명을 '바알브라심'(주가 흩으시다)이라고 불렀다.

일격을 당한 블레셋이 얼마 후 군대를 재정비하고 다시 쳐들어왔다. 하나님께서 이번에는 다른 대답을 주셨다. "올라가지 말고 뽕나무 수풀 맞은편에서 그들을 기습하되 뽕나무 꼭대기에서 걸음 걷는 소리가 들리거든 곧 공격하라. 그때에 여호와가 너보다 앞서 나아가서 블레셋 군대를 치리라." 그날은 하나님의 군대가 앞서 가시며 블레셋을 치셨다. 블레셋의 패잔병들은 게바를 거쳐 게셀까지 도망쳤다. 르바임 골짜기에서 24km나 떨어진 곳이다. 그날 다윗은 완전한 승리를 거두었다.

그런데 한 가지 질문이 떠오른다. 다윗은 유다 지파의 왕으로 7년 반을 다스렸다. 북쪽의 열한 지파의 경우에는, 사울 왕의 아들 이스보셋이 왕으로 2년을 다스리다 암살당했다. 그렇다면 남은 5년 반 동안에 어떤 일이 있었을까? 그동안 다윗은 백성들의 마음이 돌아오기를 기다렸다. 억지로, 정략적으로, 무력을 사용하여 백성들을 설득시키지 않았다. 하나님께서 일하시는 동안 믿음과 인내심을 가지고 기다렸다. 그 5년 반 동안 하나님께서 아브넬과 요압 사이에 있었던 전쟁의 상처를 치료하셨다.

또 다른 질문이 있다. 왜 다윗은 7년 동안 블레셋과 전쟁을 하지 않고 있다가 통일왕국의 왕이 된 후에 시작했을까?

사실 그 전쟁도 블레셋이 먼저 시작했다. 이렇게 생각해볼 수 있다. 처음 7년 반 동안 다윗은 유다 지파의 왕이었다. 다윗에게는 블레셋과 전면전을 치를만한 군사력이 없었다. 블레셋도 다윗을 하찮게 여겼다. 그동안 좋은 관계를 맺어왔기 때문에 두 편 모두 구태여 전쟁을 일으킬 이유가 없었다. 아기스 왕은 유다 지파의 왕이 된 다윗에게 축하선물을 보냈을지도 모른다. 그를 여전히 신하로 여겼을 것이다. 그런데 다윗이 통일 이스라엘의 왕이 되고 큰 세력을 얻기 시작하자 이야기가 달라졌다. 예루살렘에 살던 여부스 족을 쫓아냈다는 소식도 들려왔다. 너무 늦기 전에 한번 쯤은 다윗의 기를 꺾어놓을 필요가 있었다. 그래서 블레셋이 다윗을 치러 올라왔던 것이다.

9

다윗 왕국의 확장

삼하 6-10장; 대상 13-19장

왕국이 안정되어갈 무렵 다윗은 여호와의 언약궤를 생각했다. 엘리 대제사장 때에 블레셋에 빼앗겼던 언약궤는 아직도 기랏여아림(바알레유다의 다른 이름, 대상 13:6) 아비나답의 집에 있었다. 기랏여아림(Kiriath-Jearim)은 예루살렘에서 서쪽으로 14km 떨어진 지역으로 오늘날 텔아비브(Tel Aviv)에서 예루살렘으로 올라가는 1번 국도의 바로 북쪽에 있다. 아비나답은 그의 아들 엘리에셀을 구별하여 하나님을 섬기게 했다. 그때로부터 언약궤는 유다 산중에 70년 이상 머물러 있었다.

그런데 놀라운 사실은 아무도, 사울 왕은 물론이거니와 사무엘마저도 언약궤를 옮겨올 생각을 하지 않았다는 사실이다. 왜 그랬을까. 대답은 하나뿐이다. 성막과 언약궤를 중심으로 한 이스라엘의 신앙이 약해졌기 때문이다. 그런데 뜻밖에도 70여 년 후에 다윗이 언약궤를 사모했다. 성령님께서 다윗의 마음을 감동시키셨던 것이다.

다윗은 애굽의 시홀 시내에서부터 하맛 어귀까지(즉, 브엘세바에서 단까지) 이스라엘을 불러 모았다. 열두 지파를 대표하는 군사들이 3만여 명이나 되었다. 다윗은 그들과 함께 기럇여아림으로 내려갔다. 길이가 90, 너비가 68, 그리고 높이가 68센티미터에 불과한 조그만 언약궤를 옮겨오는데 왜 그렇게 많은 군사들이 필요했을까? 세 가지 이유를 생각해볼 수 있다. 첫째는, 언약궤를 통하여 이스라엘 백성들의 신앙을 고양(高揚)시키려는 의도다. 둘째는, 바알레유다가 블레셋과 인접한 곳이기 때문에 안전을 고려하여 그 정도의 군대가 필요했을 것이다. 셋째는, 우리의 추측에 그치기를 바라지만, 다윗이 자신의 위엄을 온 세상에 나타내고 싶었을지도 모른다. 3만 명을 10열 종대(縱隊)로 세우고 (그렇게 넓은 길이 있었는지도 의심스럽지만) 앞뒤 사람의 간격을 1m로 잡아도 그 길이가 무려 3km에 이른다. 누가 보아도 왕의 위엄이 넘치는 행차였다. 언약궤 위에 좌정하신 하나님보다 다윗이 더 돋보일 수도 있었다.

그래서였을까. 예상치 못한 사고가 터졌다. 언약궤를 실은 새 수레를 아비나답의 아들 웃사와 아효가 끌고 있었다(아마도 아비나답의 손자였을 것이다.). 다윗과 백성들은 각종 악기를 연주하며 앞서갔다. 언약궤의 뒤에는 군대가 따랐다. 수레가 나곤의 타작마당에 이르렀을 때 갑자기 소들이 뛰기 시작했다. 언약궤가 흔들리며 수레에서 떨어질 것 같았다. 뒤따르던 웃사가 급히 손을 내밀어 궤를 붙잡았다. 성경의 "성물은 만지지 말라. 그들이 죽으리라"(민 4:15)는 말씀을 그들은 모르고 있었다. 그 순간 하나님의 진노가 임하였고 웃사는 궤 곁에서 즉사했다. 역대상 기자는 하나님께서 웃사를 찢으셨다고 묘사하고 있다(대상 13:11). 이 광경을 보고 다윗이 그곳 지명을 '베레스 웃사(웃사를 침)'라고 불렀다. 그리고 마음에 하나님을 두려워하며

'내가 어떻게 하나님의 궤를 내 곳으로 오게 하리오' 하고 망설였다. 눈치 빠른 신하들이 나서서 가까이 있는 가드(Gittite, 블레셋의 Gath가 아닌) 사람 오벧에돔의 집으로 언약궤를 옮겨갔다. 이번에는 언약궤가 그 집에 얼마나 오래 머물러 있을지 아무도 모른다.

그런데 왜 소들이 뛰었을까? 우리는 하나님의 사자가 발람의 나귀 앞을 가로막고 섰을 때 어떤 일이 일어났는지 잘 알고 있다(민수기 22장). 아마도 그날 나곤의 타작마당에서도 그런 일이 있었을 것이다. 다윗은 고민하기 시작했다. 돌이켜보아도 무엇이 잘못되었는지 알 수 없었다. 그러자 하나님께서 다윗을 도와주셨다. 석 달 후에 놀라운 소문이 들려왔다. 오벧에돔의 집을 하나님께서 축복해 주셨다는 소문이었다. 농사짓고 가축치는 농경시대였는데, 도대체 석 달 동안 무슨 일이 얼마나 잘되었기에 다윗의 귀에까지 그 소문이 들려왔을까? 따지고 보면 석 달 동안에 하나님께서 축복하실 수 있는 일이 어디 한두 가지겠는가. 오벧에돔이 복을 받았다는 소문에 다윗의 고민은 더 깊어졌다.

'하나님의 언약궤를 옮기려다 사람이 죽었다. 그런데 왜 오벧에돔은 축복을 받았을까. 나는 무엇을 잘못했을까.'

복 있는 사람은 일이 잘못되었을 때에 올바른 질문을 한다. 다윗의 질문에 누군가 이렇게 대답했다.

"왕이시여, 모세가 우리에게 전해준 글에 보면 언약궤를 옮기는 특별한 규례가 있습니다. 왕도 그 규례를 따라야 합니다."

모세의 규례에 의하면 언약궤는 완전히 싸서(민 4:15) 궤 양쪽 상단에 있는 고리에 채를 꿰고 고핫 자손(레위인)들이 옮겨야 했다. 또 옮긴 후에는 채를 빼지 말고 그대로 두어야 했다(출 25:14). 다윗은 그 규례대로 다시 언약궤를 옮겨오기 위해 오벧에돔의 집으로 내려갔다. 이번에는 3만 명의 군사 대신 862명의 아론 자손들과 레위인들만 데리고 갔다. 복장도 다윗을 포함하여 모든 사람들이 겸손을 상징하는 베옷을 입었다. 이전에는 새 수레로 언약궤를 옮기다 사고가 났다. 그것은 주변 국가들이 신상(神像)을 옮길 때 사용하는 방식이었다. 이번에는 제사장들과 연주자들이 앞서고 레위 사람들이 언약궤를 메었다.

언약궤를 메고 조심스럽게 몇 걸음을 걸어보았다. 아무 일도 없었다. 여섯 걸음에 이르렀을 때 다윗은 소와 살진 송아지로 하나님께 제사를 드렸다. 불안이 사라지고 기쁨이 밀려왔다. 그때부터 다윗과 레위인들은 온 힘을 다하여 악기를 연주하고 춤을 추며 예루살렘으로 돌아왔다. 그리고 미리 준비한 장막에 언약궤를 안치한 후에 번제와 화목제를 드리고 온 백성들을 축복하며 음식을 나누었다. 백성들이 돌아간 뒤에 다윗은 자기 가족들을 따로 축복했다. 모두들 기쁨이 충만했다. 한 사람을 제외하고는…. 다윗의 춤추는 모습 때문에 마음이 상해 있던 미갈이 퉁명스럽게 쏘아붙였다.

> "이스라엘 왕이 오늘 어떻게 영화로우신지 방탕한 자가 염치없이 자기의 몸을 드러내는 것처럼 오늘 그의 신복의 계집종의 눈앞에서 몸을 드러내셨도다."(삼하 6:20)

사울 왕의 딸이 남편 다윗을 향해 '당신은 왕답지 않다'고 말했다. 그러자 다윗의 음성이 높아졌다.

"이는 여호와 앞에서 한 것이니라. 그가 네 아버지와 그의 온 집을 버리시고 나를 택하사 나를 여호와의 백성 이스라엘의 주권자로 삼으셨으니 내가 여호와 앞에서 뛰놀리라. 내가 이보다 더 낮아

져서 스스로 천하게 보일지라도 네가 말한 바 계집종에게는 내가 높임을 받으리라."

그래서인지 미갈에게 자식이 없었다. 하나님의 언약궤 앞에서 오벧에돔은 축복을 받고 미갈은 저주를 받았다. 다윗은 고라의 후손인 오벧에돔과 그의 자손들을 성전 문지기로 삼았다. 역대상 26장 4-8절에 오벧에돔이 하나님께 복 받은 자였다는 표현이 한 번 더 나온다. 그와 그의 여덟 아들들, 그리고 손자들까지 모두 62명이 거룩한 성전의 문지기 역할을 맡았기 때문이다.

그리고 세월이 흘렀다. 여호와께서 주위의 모든 원수들을 무찔러 주셨다. 다윗도 두로 왕 히람의 일류 건축가들이 지어준 화려한 궁전에서 편히 지냈다. 그런데 마음이 불편했다. 하나님의 언약궤가 아직도 장막(tent)에 있었기 때문이다. 그래서 선지자 나단을 불러 성전 건축에 관해 상의했다. 나단은 "여호와께서 왕과 함께 계시니 마음에 있는 모든 것을 행하소서" 하고 권면했다. 그런데 밤에 여호와의 말씀이 나단에게 임했다. 이 말씀은 역대상 17장에도 기록되어 있는데, 사무엘상 7장의 내용보다 이해하기가 쉽다. 좀 긴 내용이지만 하나님께서 다윗에게 하신 말씀을 들어보자. 현대인의 성경을 사용했다.

> "그러나 그날 밤 하나님께서 나단에게 말씀하셨다. '너는 가서 내 종 다윗에게 이렇게 전하여라. 너는 내 성전을 지을 자가 아니다. 나는 이스라엘 백성을 이집트에서 인도해 낸 날부터 지금까지 성전이 있어 본 적이 없고 언제나 천막에 살면서 이리저리 옮겨 다녔다. 내가 이스라엘 백성과 함께 어느 곳으로 옮겨 다니든지 나는 내 백성의 목자들인 이스라엘 지도자들에게 어째서 나에게 백향목 성전을 지어 주지 않느냐고 말한 적이 없다. 그러므로 너는 내

종 다윗에게 전능한 나 여호와가 이렇게 말한다고 일러주어라. 내가 들에서 양을 치던 너를 택하여 내 백성 이스라엘의 통치자로 삼았고, 또 네가 어디로 가든지 내가 너와 함께하여 네 앞에서 너의 모든 대적을 파멸시켰다. 앞으로 나는 네 이름을 세계에서 가장 유명한 사람의 이름처럼 높여 주겠다. 내가 내 백성 이스라엘을 위해 정착지를 마련해 주었으므로 그들이 다시는 옮겨 다니지 않아도 될 것이다. 사사들이 나라를 다스리던 시대부터 그들은 악한 민족들의 침략으로 많은 괴로움을 받아왔으나 다시는 그런 일이 없을 것이다. 너는 전쟁이 없는 태평세월을 누리고 네 자손들은 계속 이스라엘을 다스릴 것이다. 이 세상에서 네 목숨이 다하며 네가 죽으면 내가 네 아들 중 하나에게 너의 왕위를 이어받게 하고 그의 나라를 견고하게 하겠다. 바로 그가 나를 위해 성전을 건축할 자이다. 그리고 나는 그의 나라가 영원히 지속되게 할 것이다. 나는 그의 아버지가 되고 그는 내 아들이 될 것이다. 내가 전에 사울에게 내 자비와 사랑을 거두었으나 그에게는 그렇게 하지 않을 것이다. 내가 그에게 내 백성과 내 나라를 맡길 것이니 그의 왕조가 영구히 지속될 것이다.' 그래서 나단은 다윗에게 가서 여호와의 모든 말씀을 그대로 전해 주었다."(대상 17:3-15)

나단이 전해준 하나님의 말씀을 듣고 다윗이 기도했다. 역시 현대인의 성경이다.

"그러자 다윗은 성막에 들어가서 여호와 앞에 앉아 이렇게 기도하였다. '여호와 하나님이시여, 나는 누구며 내 가족은 무엇인데 나에게 이런 축복을 베풀어 주셨습니까? 여호와께서 나를 위해 이미 행하신 일도 과분한데 이제 내 집안의 장래 일까지 말씀해 주셨으니 주께서는 마치 내가 대단한 사람이라도 되는 것처럼 여기셨습니다. 주께서 주의 종을 높이신 일에 대하여 이 다윗이 무엇을 더 말할 수 있겠습니까? 주께서는 주의 종을 잘 아십니다. 여호와여, 주께서는 주의 뜻에 따라 나를 위해 이 놀라운 일을 행하시고 이 모든 큰 일을 나에게 알게 하셨습니다. 여호와여, 우리는 지금까지 주와 같은 신이 있다는 말을 들어 보지 못했고 주 외에 참 신이 있다는 말도 들어 보지 못했습니다. 이 지구상에서 주의 백성 이스라엘과 같은 축복을 받은 나라가 어디 있습니까? 주께서는 이스라엘 민족을 주의 백성으로 삼으시려고 그들을 이집트에서 구출해 내시고 그들 앞에서 다른 민족을 쫓아내셨습니다. 이처럼 주께서 그들을 위해 행하신 크고 놀라운 일들로 주의 명성이 온 세상에 퍼졌습니다. 주께서는 이스라엘 민족을 영원히 주의 백성으로 삼으셨으므로 주는 저희 하나님이 되셨습니다. 여호와여, 이제 주께서 나와 내 집안에 관해서 약속하신 말씀대로 행하셔서 모든 사람이 주께서는 말씀하신 것을 언제나 행하시는 분이심을 깨달아 주의 이름에 영원한 존귀를 돌리게 하소서. 그러면 그들이 '전능하신 여호와는 참으로 이스라엘의 하나님이시다!' 하고 외칠 것입니다. 그리고 주의 종 다윗의 왕조가 주 앞에서 영원히 견고할 것입니다. 나의 하나님이시여, 주께서 이 모든 것을 나에게 알리시고 또 나와 내 자손을 통하여 이스라엘 왕국을 세우겠다고 말씀하셨으므로 내가 이런 기도를 드릴 마음이 생겼습니다. 여호와여, 주는 하나님이십니다. 주께서 나에게 이런 좋은 약속을 하시고 이 종의 집안을 축복하시기를 기뻐하셨으니 이 축복이 주 앞에서 영원히 지속되게 하소서. 여호와여, 주께서 축복하셨으므로 이것은 영원히 누릴 축

복입니다.'"(대상 17:16-27)

특별히 마지막 구절이 마음에 와 닿는다. 하나님께서 약속하신 축복을 자기와 자손들이 영원히 누리겠다는 신뢰 어린 고백이다. 믿음은 신뢰이다. 신뢰는 하나님께서 약속하신 축복이 나에게 반드시 임할 것을 믿고 기대하는 자세다. "주께서 베푸신 이 복을 내가 영원히 누리리이다." 얼마나 감격스러운 신뢰인가. 그렇게 해서 성전 건축의 사명이 다윗의 아들 솔로몬에게 넘겨졌다. (다윗의 기도를 읽다 보면 하나님 앞에 꿇어앉아 나누는 이야기 같은 느낌이 든다. 기도는 친밀해야 한다.)

사무엘하 8-10장까지는 다윗이 처리한 여러 가지 사건들이 기록되어 있으며, 특히 주변국과의 전쟁 이야기로서 역대상 18-19장과 병행(竝行)을 이루고 있다. 사무엘하와 역대상의 기록들을 서로 보완하며 읽어보자. 사무엘하 8장에서 가장 중요한 구절은 "다윗이 어디로 가든지 여호와께서 이기게 하셨더라"(14절)이다. 다윗의 첫 번째 승리는 블레셋과의 전투였다.

"그 후에 다윗이 블레셋 사람들을 쳐서 항복을 받고 블레셋 사람들의 손에서 메덱암마를 빼앗으니라."(삼하 8:1)

'메덱암마'는 알려지지 않은 지명이다. 핵심은 블레셋 사람들이 다윗에게 완전히 항복했다는 사실이다. 이 말은 단순히 전쟁에서 이겼다는 말보다 더 강한 표현이다. 다윗이 다음으로 점령한 나라는 모압이었다. 모압 사람들을 땅에 엎드리게 하고 두 줄 길이의 사람은 죽이고 한 줄 길이의 사람은 살렸다. 이 말은 3분의 2는 죽이고 1은 살렸다는 말로 해석할 수도 있다. 우리는 다윗이 왜 이렇게 가혹한 처분을 했는지 알 수 없다. 아마도 다윗의 왕국을 위협하는 세력이 모압에서 새롭게 일어났을 것이다. 이전에 발람이 했던 예언이 성취되었다.

> "내가 그를 보아도 이때의 일이 아니며 내가 그를 바라보아도 가까운 일이 아니로다. 한 별이 야곱에게서 나오며 한 규가 이스라엘에게서 일어나서 모압을 이쪽에서 저쪽까지 쳐서 무찌르고 또 셋의 자식들을 다 멸하리로다."(민 24:17)

그 다음에 소바 왕 하닷에셀을 무찌른 이야기가 나온다. 사해의 동남쪽에 에돔 족속이 살았고, 그 위에는 모압 족속, 또 그 위 요단강 동편에는 암몬 족속, 좀 더 위로 올라가면 갈릴리 호수의 동북쪽 다메섹에 아람 족속들이 살고 있었다. 다메섹 위쪽에 있는 소바(Zobah)는 당시 아람의 수도였다. 다윗은 하닷에셀을 친 후에 다메섹(현재 시리아의 수도)에 수비대를 두었다. 아람은 이스라엘의 속국(屬國)이 되어 조공을 바쳤다. 다윗이 하닷에셀을 쳤다는 말을 듣고 (소바의 북쪽에 있는) 하맛 왕 도이가 그의 아들 요람 편에 금은 그릇들을 보내며 다윗을 축복했다. 도이와 하닷에셀은 평소에 사이가 좋지 않았기 때문이다. 다윗은 동남쪽에 있는 에돔 족속도 점령하고 그곳에 수비대를 두었다. 대충 잡아도 다윗의 영토는 남쪽의 시나이반도에서 동쪽으로 요르단, 그리고 북쪽으로는 시리아에 이르는 광대한 땅이었다(서쪽은 지중해다.). 다윗은 전쟁에서 노략한 많은 금과 은과 놋그릇들을 여호와께 드렸다. 이 재물들은 훗날 솔로몬이 성전을 지을 때에 유용하게 사용되었다.

다윗은 외세뿐 아니라 내실(內實)도 견고히 했다. 모든 백성들을 정의와 공의로 대하였고, 요압을 군의 사령관으로 삼았으며, 여호사밧을 사관(행정관)으로 세우고, 사독과 아히멜렉을 제사장으로, 그리고 스라야를 서기관으로 삼았다. 브나야로 하여금 그렛 사람과 블렛 사람을 관할하게 했다. 브나야는 눈 오는 날에 구덩이에 내려가 사자를 쳐 죽인 용사로서(삼하 23:20), 훗날 솔로몬 때까지 변치 않고 다윗가(家)를 섬겼던 장수였다. '블렛 사람들'은 블레셋 사람들이 아니다. 브나야를 머리로 하는 다윗의 호위무사들로서 그들에게 주어진 부대명(部隊名)이었다. 그들은 훗날 다윗이 압살롬에게 쫓길 때에 다윗을 호위하고 보호했다. 마지막으로 다윗은 자기 아들들로 조정의 대신들을 삼았다.

나라가 어느 정도 안정되자 다윗은 요나단과 맺은 약속을 기억했다(삼상 20:14-15). 사울의 집에 남은 자가 있다면 찾아서 선대하고 싶었다. 그래서 사울의 종이었던 시바를 불러다가 물었다.

"사울의 집에 아직도 남은 사람이 없느냐? 내가 그 사람에게 하나님의 은총을 베풀고자 하노라."(삼하 9:3)

시바가 대답하기를 요나단의 아들이 하나 있는데 이름은 므비보셋이라고 했다. 그는 다섯 살 때 요나단의 전사 소식을 듣고 급히 피하다가 유모가 떨어뜨려서 두 발을 모두 절게 되었다(삼하 4:4). 이제는 장성하여 그에게 미가라는 아들도 있었다. 다윗은 즉시 므비보셋을 불러왔다.

"무서워하지 말라. 내가 반드시 네 아버지 요나단으로 말미암아 네게 은총을 베풀리라. 내가 네 할아버지 사울의 모든 밭을 다 네게

도로 주겠고 또 너는 항상 내 상에서 떡을 먹을지니라."(삼하 9:7)

그날부터 므비보셋은 왕의 식탁에 함께 앉았다. 그리고 시바로 하여금 므비보셋을 섬기게 했는데, 시바는 사울 왕을 보좌했던 시종(侍從)이었다. 그는 아들이 열다섯이요 종은 스무 명이나 되었다. 역대상 8장 33절 이하에 사울 왕의 족보가 기록되어 있는데, 요나단의 아들 므비보셋(혹은 므립바알)과 손자 미가를 통하여 많은 자손들이 태어났다. 다윗이 요나단과 맺은 약속을 지켰기 때문이다.

사무엘하 10장에는 암몬 자손들과의 전쟁 이야기가 기록되어 있다. 이 전쟁은 아마도 소바 왕 하닷에셀과의 전쟁 이전에 있었을 것이다. 암몬 자손의 왕 나하스가 죽자 다윗은 그의 아들 하눈에게 조객(弔客)들을 보냈다. 이전에 나하스가 다윗에게 (우리가 알지 못하는 어떤) 선의(善意)를 베풀었기 때문이다. 마침 다윗의 군사력이 크게 위세를 떨치고 있을 때였다. 하눈 왕의 신하들은 "다윗이 그의 신하들을 보냄은 이 성을 엿보고 함락시키고자 함이라"고 오해했다. 그 말을 듣고 하눈이 다윗의 신하들을 잡아 수염의 절반을 깎고 의복도 궁둥이까지 잘라서 보냈다.

이스라엘 백성들에게는 대단한 수치와 모욕이었다. 하눈 왕은 아람과 주변 국가들의 용병들을 고용하여 전쟁을 준비했다. 그러나 막상 전쟁이 일어나자 무책임한 용병들은 요압 앞에서 모두 도망가고 하눈은 자기 성으로 숨어들어갔다. 그렇게 전쟁이 끝나는 줄 알았다. 그런데 이전에 패전했던 하닷에셀이 아람 사람들을 모아서 다시 내려왔다. 그럼에도 이 전쟁 또한 다윗의 승리로 돌아갔다. 이후로는 감히 다윗의 군대와 싸우려고 나서는 나라가 없었다. 설사 어떤 나라가 다윗을 대적하고 싶어도 동맹하는 나라가 없었다.

10

다윗의 범죄와 그 결과

삼하 11-20장

한 개인이나 국가를 넘어뜨리는 사건은 뜻밖에도 편안한 시절에 일어난다. 다윗에게도 그런 일이 일어났다. 왕국은 평안했다. 다윗이 전쟁에 나갈 필요도 없었다. 요압이 가는 곳마다 승전보를 전해왔다. 이번에도 요압은 암몬 족속의 도성(都城) 랍바를 에워싸고 있었다. 랍바는 오늘날 요르단의 수도 암만이다. 머지않아 성을 함락시켰다는 낭보(朗報)가 날아올 것이다. 그런데 이 평안한 시절에 예루살렘에서 충격적인 사건이 은밀히 진행되고 있었다.

> "저녁때에 다윗이 그의 침상에서 일어나 왕궁 옥상에서 거닐다가…"(삼하 11:2)

글 속에 담겨 있는 느낌이 수상하다. 뭐하느라 아침에 일어나지 않고 저녁 나절에 일어났을까. 중동에 흔히 있는 낮잠 자는 시간

(siesta)도 아니다. 그때 해질 무렵 왕궁 옥상을 거닐며 다윗은 무슨 생각을 했을까. 혹시 왕궁 아래로 펼쳐진 시가지를 보며 '내가 세운 이 아름다운 성을 보라'고 자신에게 말하고 있었을까?

"그곳에서 보니 한 여인이 목욕을 하는데 심히 아름다워 보이는 지라."

땅거미가 내려앉고 있었다. 한낮의 더위를 식히기에 좋은 시간이었다. 멀리 한 여인이 목욕을 하고 있는데 다윗의 눈에 심히 아름다워 보였다. 미끄러운 곳은 일단 피해야 한다. 미끄러지기 시작하면 돌이킬 수 없기 때문이다. 그런데 다윗은 피하지 않고 한 걸음 더 나아갔다.

"다윗이 사람을 보내 그 여인을 알아보게 하였더니 그가 아뢰되 '그는 엘리암의 딸이요 헷 사람 우리아의 아내 밧세바가 아니니이까' 하니"

왜 시종은 질문의 형식을 빌려 대답했을까. 언중유골(言中有骨), 그의 말 속에는 은근한 책망이 담겨 있었다. '엘리암의 딸'은 문자적으로 해석하면 '하나님 백성의 딸'이라는 뜻이다. 하나님의 백성으로서 결혼한 부녀자, 그것도 전쟁터에 나가 있는 헷 사람 우리아의 아내가 아니냐는 말이다. 우리아(여호와는 빛이시다)는 비록 헷 사람이었지만 다윗의 '삼십인 장수' 가운데 하나였다. 그때 시종의 말을 듣고 다윗이 돌아서야 했다. 그런데 다윗은 시종의 말을 무시한 채 이번에는 전령(傳令)을 보냈다. 왕의 전령이라니, 상당한 위압감이 풍겼을 것이다.

"다윗이 전령을 보내어 그 여자를 자기에게로 데려오게 하고 그 여자가 그 부정함을 깨끗하게 하였으므로 더불어 동침하매 그 여자가 자기 집으로 돌아가니라."

하나님도 모르실 것이라고 생각했을까. 적어도 다윗은 그렇게 생각했던 것 같다. 그런데 일이 고약하게 꼬여갔다. 죄는 언제나 '사망'이라는 열매를 맺는다. 다윗에게 사망의 그림자가 드리워졌다.

"그 여인이 임신하매 사람을 보내 다윗에게 말하여 이르되 내가 임신하였나이다 하니라."(삼하 11:5)

정신이 번쩍 든 다윗은 궁리 끝에 한 가지 꾀를 냈다. 요압에게 기별하여 헷 사람 우리아를 보내라고 했다. 요압은 영문도 모른 채 우리아를 다윗에게 보냈다. 다윗은 우리아에게 이것저것 전장의 소식을 묻다가 "네 집으로 내려가서 발을 씻으라"고 내려 보냈다. 아내도 만나보고 휴식을 취하라는 말이다. 우리아가 왕궁을 벗어나자 왕이 먹는 최고의 식탁이 그의 뒤를 따라갔다. 이제 우리아가 사랑하는 아내 밧세바와 며칠 밤을 지내고 전쟁터로 돌아가면 누가 알겠는가. 당연히 그 아이의 아버지는 다윗이 아닌 우리아가 될 것이다. 다윗은 비로소 안도의 한숨을 내쉬었다.

그런데 우리아는 바보스러울 정도로 충성스러웠다. 그는 왕궁을 나온 뒤에 집으로 가지 않고 왕궁 문에 있는 숙소에서 다른 병사들과 함께 그 밤을 보냈다. 이 소식이 다윗에게 들려왔다. 그 말을 전해준 사람은 틀림없이 다윗의 비행을 알고 있었을 것이다. 다윗은 마음으로 '꽉 막힌 사람이로군' 하고 투덜대며 우리아를 불러다가 가볍게 책망했다. "네가 길 갔다가 돌아온 것이 아니냐. 어찌하여 네 집으로 내려가지 아니하였느냐?" 그때 우리아의 우직한 대답이 다윗의 마음을 깊이 찔렀다.

"우리아가 다윗에게 아뢰되, '언약궤와 이스라엘과 유다가 야영 중에 있고 내 주 요압과 내 왕의 부하들이 바깥 들에 진 치고 있거늘 내가 어찌 내 집으로 가서 먹고 마시고 내 처와 같이 자리이까. 내가 이 일을 행하지 아니하기로 왕의 살아 계심과 왕의 혼의 살아 계심을 두고 맹세하나이다' 하니라."(삼하 11:11)

우리아는 전쟁터에 있는 하나님의 언약궤와 왕의 군사들을 걱정했다. 집으로 내려가서 먹고 마시며 자기 처와 함께 자지 않겠다고 '왕의 살아 계심과 왕의 혼(인격)'을 두고 맹세했다. 평소 같았으면 다윗은 우리아를 칭찬했을 것이다. 그러나 다윗은 자신의 죄를 은폐하기에 급급했다. 얼마나 슬픈 일인가. 다음날 다윗은 우리아를 다시 불러 식사를 하면서 인사불성이 되도록 술에 취하게 했다. 그날 밤에는 본능적으로 자기 아내에게 내려가리라고 생각했다. 그러나 우리아는 여전히 부하들과 더불어 왕궁 문의 침상에 눕고 자기 집으로 내려가지 않았다. 이제는 다른 길이 없다. 다윗은 요압에게 편지를 써서 우리야의 손에 들려 보냈다. 편지 내용이 섬뜩했다.

"너희가 우리아를 맹렬한 싸움에 앞세워 두고 너희는 뒤로 물러가서 그로 맞아 죽게 하라."(삼하 11:15)

죄는 관념이 아니고 살아 있는 괴물이다. 그래서 점점 장성(長成)하게 된다. 우리아를 죽이려고 낸 꾀가 마지막에는 다윗 자신을 사지(死地)로 몰아갈 것이다. 죄의 값은 사망이기 때문이다. 왕의 밀서를 받은 요압은 영문도 모른 채 우리아를 적의 성벽 아래 깊숙한 곳으로 보냈다. 아무리 용맹스러운 장수라도 전사(戰死)하기 딱 알맞은 곳이다. 아니나 다를까. 적의 병사들이 나와 우리아와 부하 몇 사람을 죽였다. 요압은 즉시 전령을 다윗에게 보내어 우리아와 함께 몇 명의 군인들이 죽었다고 보고했다. 요압을 향한 다윗의 너그러운(?) 말이 우리의 비위를 상하게 한다.

> "다윗이 전령에게 이르되, '너는 요압에게 이같이 말하기를 이 일로 걱정하지 말라 칼은 이 사람이나 저 사람이나 삼키느니라. 그 성을 향하여 더욱 힘써 싸워 함락시키라.' 하여 너는 그를 담대하게 하라 하니라."(삼하 11:25)

우리아의 아내 밧세바는 그의 남편이 죽었다는 소식을 듣고 소리 내어 울었다. 마음이 착잡했을 것이다. 이쯤해서 한 가지 질문이 떠오른다. '왜 하나님은 밧세바에 대하여 일절 책망하지 않으셨을까?' 하는 질문이다. 밧세바에 대하여 하고 싶은 말이 한두 가지가 아니다. 왜 그녀는 다른 사람이 훔쳐볼 수 있는 상황에서 알몸으로 목욕을 하고 있었을까. 왜 그녀는 다윗의 유혹을 단호히 뿌리치지 않았을까. 물론 다윗의 범죄는 변명의 여지가 없다. 그의 뻔뻔함과 음흉함은 도를 넘어도 한참 넘었다. 그러나 밧세바의 책임도 적지 않았다.

이 사건에서 우리는 다윗과 밧세바가 범한 죄의 경중을 따지고 싶어 한다. 교통사고가 나도 사람들은 자기 잘못을 일방적으로 인정하지 않는다. "나도 잘못했지만 저 사람도 잘못했다"며 잘못의 경중(輕重)을 나누려고 한다. 사고경위를 들은 판사도 5:5나, 7:3이라는 숫자를 제시하며 사고의 책임을 서로 나누게 한다. 그런 식으로 생각하면 밧세바의 잘못은 몇 퍼센트나 될까. 그런데 아무리 읽어보아도 성경에는 그런 표현이 없다. 왜 그럴까? 성경은 다윗의 죄를 100%로 다루고 있다.

사람 사이의 과실은 경중을 따질 수 있다. 그러나 하나님 앞에서의 범죄는 정상참작(情狀參酌)이 없다. 모든 죄는 완전한 죄다. 그래야 용서도 완전한 용서가 될 수 있다. 만일 다윗이 70%만 잘못했다면 용서도 70%만 받아야 한다. 기독교의 죄와 용서의 관계는 '완전한 죄와 완전한 용서'이다.

염색 공장(dying company)을 운영하시던 집사님이 어느 날 이런 말씀을 하셨다. "목사님, 여러 가지 색깔 가운데 만들기 가장 어려운 색이 무엇인지 아세요?" 잘 모르겠다고 했더니 검정색이라고 했다. 흔히 가장 검은 색을 pitch-black(칠흑같이 새까만)이라고 한다. 그 색을 만들어 내기가 가장 어렵다고 했다. 성경에서 말하는 죄가 바로 그런 색이다. 모든 죄는 하나님 앞에서 칠흑같이 검은 100%의 죄다. 99%의 죄는 존재하지 않는다. 하나님 앞에서 누군가와 1%쯤 죄의 책임을 나눌 수가 없다. 죄를 회개하는 사람은 정상참작을 기대하지 말아야 한다. 자신의 완전한 책임을 인정해야 한다. 그래야 하나님께서 온전히 용서해 주실 수 있다. 훗날 하나님께서 다윗에게 온전한 책임을 물으셨다. 죄를 회개하고 용서받아야 할 사람은 바로 다윗이었기 때문이다.

우리아 장군의 성대한(?) 장례식이 끝나고 밧세바가 호곡(號哭)하는 날도 지나갔다. 다윗은 전쟁미망인에게 자비를 베푸는 척하며 밧세바를 아내로 맞았다. 이런 다윗의 행위가 하나님 보시기에 악했다. 그러는 와중에 요압이 다윗을 전선(戰線)으로 초청하여 암몬 자손의 랍바성을 함락시키게 했다. 우리아가 죽었던 전쟁터였다. 다윗이 요압을 똑바로 쳐다볼 수 있었을까? 어쨌거나 나라는 승전 분

위기로 고조되었다. 그리고 밧세바에게서 다윗의 아들이 태어났다. 그것은 완전 범죄였다. 아무도 의심하지 않았다. 설사 알았다 해도 말할 사람이 없었다. 그런데 다윗이 은밀히 행한 그 가증한 일들을 하나님께서 처음부터 보고 계셨다. 죄를 범하는 모든 사람들은 '하나님도 모르실 것이다' 혹은 '하나님도 내 편이시다'는 착각을 한다. 아이가 태어난 후, 선지자 나단이 다윗을 찾아왔다. 그리고 엉뚱한 이야기 하나를 들려주었다.

"한 성읍에 두 사람이 있는데 한 사람은 부하고 한 사람은 가난하니 그 부한 사람은 양과 소가 심히 많으나 가난한 사람은 아무것도 없고 자기가 사서 기르는 작은 암양 새끼 한 마리뿐이라. 그 암양 새끼는 그와 그의 자식과 함께 자라며 그가 먹는 것을 먹으며 그의 잔으로 마시며 그의 품에 누우므로 그에게는 딸처럼 되었거늘 어떤 행인이 그 부자에게 오매 부자가 자기에게 온 행인을 위하여 자기의 양과 소를 아껴 잡지 아니하고 가난한 사람의 양 새끼를 빼앗아다가 자기에게 온 사람을 위하여 잡았나이다."(삼하 12:1-4)

다윗이 범한 죄를 에둘러 책망하는 이야기였지만 정작 본인은 까맣게 몰랐다. 그만큼 그의 영혼은 죄로 무감각해져 있었다. 다윗이 분을 내며 소리쳤다. (그의 앞에 물건이 있었다면 틀림없이 집어던졌을 것이다.)

"여호와의 살아 계심을 두고 맹세하노니 이 일을 행한 그 사람은 마땅히 죽을 자라. 그가 불쌍히 여기지 아니하고 이런 일을 행하였으니 그 양 새끼를 네 배나 갚아 주어야 하리라."

말은 바로 했다. 그런데 죽어야 할 자는 바로 자신이라는 사실을 알고도 그런 말을 할 수 있었을까. 다윗에게는 많은 처첩들이 있었지만 우리아에게는 밧세바 하나뿐이었다. 다윗이 우리아의 하나뿐인 아내를 빼앗았다. 나단의 음성이 높아졌다.

"당신이 그 사람이라!"

그리고 하나님의 무서운 심판을 선포했다.

> "어찌하여 네가 여호와의 말씀을 업신여기고 나 보기에 악을 행하였느냐. 네가 칼로 헷 사람 우리아를 치되 암몬 자손의 칼로 죽이고 그의 아내를 빼앗아 네 아내로 삼았도다. 이제 네가 나를 업신여기고 헷 사람 우리아의 아내를 빼앗아 네 아내로 삼았은즉 칼이 네 집에서 영원토록 떠나지 아니하리라…보라 내가 너와 네 집에 재앙을 일으키고 내가 네 눈앞에서 네 아내를 빼앗아 네 이웃들에게 주리니 그 사람들이 네 아내들과 더불어 백주에 동침하리라. 너는 은밀히 행하였으나 나는 온 이스라엘 앞에서 백주에 이 일을 행하리라."(삼하 12:9-12)

다윗은 즉시 그 자리에 엎드려 하나님께 자신의 죄를 자복(自服)했다.

"내가 여호와께 죄를 범하였노라."

이 점이 다윗과 사울의 다른 점이다. 사울은 회개에 조건을 달았지만 다윗은 무조건 자복했다. 그러자 나단이 화답했다.

"여호와께서도 당신의 죄를 사하셨나니 당신이 죽지 아니하려니와 이 일로 말미암아 여호와의 원수가 크게 비방할 거리를 얻게 하였으니 당신이 낳은 아이가 반드시 죽으리이다."

더 이상 숨을 곳이 없었다. 그의 죄가 만천하에 드러났다. 궁 안에 있는 모든 사람들이 알게 되었다. 그 소문이 궁의 담을 넘어갔다. 머지않아 여호와의 원수들이 듣고 즐거워할 것이다. 그런데 하나님께서 다윗을 용서하셨단다. 어떤 이들은 다윗의 회개와 하나님의 용서가 너무 가볍지 않느냐고 반문한다. 그렇다면 하나님께서 오랫동안 용서하지 않으시고 죄책감에 눌려 지내게 하시는 편이 더 나을까? 하나님께서는 진심으로 회개하는 자를 지체하지 않고 용서하신다. 시간을 내어 시편 51편을 읽어보라. 다윗이 밧세바를 범한 후에 하나님 앞에서 회개하며 지은 참회 시이다.

다윗은 그날 용서받고 죽음을 면했다. 그러나 다윗의 삶에 쓰디쓴 죄의 열매가 맺히기 시작했다. 우선 밧세바가 낳은 아들이 심히 앓기 시작했다. 하나님께서 그 아이를 치셨기 때문이다. 다윗은 그 아이를 위하여 금식하며 밤새도록 땅에 엎드려 기도했다. 왕의 옥체를 염려한 신하들이 다윗을 땅에서 일으키려 해도 듣지 않았다. 일주일 후에 아이가 죽었다. 신하들의 수군거리는 소리를 듣고 다윗은 아이가 죽었음을 직감했다. 그는 땅에서 일어나 옷을 갈아입고 여호와의 전에 들어가 경배했다. 그리고 왕궁으로 돌아와 식사를 했다. 다윗은 이상한 눈으로 자기를 바라보는 신하들에게 말했다.

> "아이가 살았을 때에 내가 금식하고 운 것은 혹시 여호와께서 나를 불쌍히 여기사 아이를 살려 주실는지 누가 알까 생각함이거니와 지금은 죽었으니 내가 어찌 금식하랴. 내가 다시 돌아오게 할 수 있느냐. 나는 그에게로 가려니와 그는 내게로 돌아오지 아니하리라."(삼하 12:22-23)

하나님의 절대주권 아래 복종하는 모습이다. 그 후 밧세바는 다윗에게 아들 넷을 더 낳아주었다(대상 3:5). 시므아와 소밥과 나단에 이어 네 번째로 태어난 아이가 바로 솔로몬이다. 하나님께서 선지자 나단을 보내셔서 솔로몬에게 여디디야라는 이름을 더해 주셨는데 '여호와께 사랑을 입음'이라는 뜻이다.

한편 다윗이 저지른 죄의 열매는 아이의 죽음으로 끝나지 않았다. 더 고약한 열매가 익어가고 있었다.

> "그 후에 이 일이 있으니라. 다윗의 아들 압살롬에게 아름다운 누이가 있으니 이름은 다말이라. 다윗의 다른 아들 암논이 그를 사랑하나 그는 처녀이므로 어찌할 수 없는 줄을 알고 암논이 그의 누이 다말 때문에 울화로 말미암아 병이 되니라."(삼하 13:1-2)

성경에 기록된 다윗의 아내들은 모두 8명이다. 그들을 통해 19명의 아들들이 태어났다. (첩들을 통해 낳은 아들들도 더 있었을 것이다.) 딸의 이름은 단 한 번만 나온다. 아람의 소국(小國) 그술 왕 달매의 딸 마아가에게서 태어난 다말이다. (물론 더 많은 딸들도 있었을 것이다.) 다말은 압살롬의 동복(同腹)동생이고, 다말을 짝사랑한 암논은 다윗의 둘째 부인 아비노암의 소생이다.

놀랍게도 비극은 불륜에서 시작되었다. 암논이 이복 여동생 다말에 대하여 추한 마음을 품었다. 불타오르는 정욕이 그를 병들게 했다. 악에는 언제나 조력자가 따르는 법이다. 다윗의 셋째형 시므이의 아들 요나답은 교활한 자였다. 그가 사촌 형제인 암논을 찾아와서 물었다. 왜 그렇게 병색이 짙어 가느냐고…. 암논이 속마음을 털어놓았다. 그러자 요나답이 한 가지 꾀를 내주었다. 하루는 다윗이 병든 체하고 있는 암논을 찾아왔다. 암논은 왕에게 다말이 만든 과자가 먹고 싶다고 했다. 병든 아들의 소원이었다. 얼마 후에 왕의 분부로 다말이 과자를 만들어 암논에게 가져왔다. 그 순간 암논은 완력으로 다말을 범했다. 그런 후에는 사랑이 미움이 되어 다말을 집에서 쫓아내었다. 다말은 채색 옷을 찢고 머리에 티끌을 올린 채 오빠 압살롬을 찾아갔다.

이 일이 다윗의 귀에 들렸다. 다윗은 심히 노했지만 그것으로 끝이었다. 암논에 대하여 어떤 책망이나 책벌도 없었다. 다윗 스스로 찔리는 점이 있었기 때문일까. 그러나 압살롬은 누이동생을 위로하며 원수 갚을 기회를 노리기 시작했다. 그렇게 2년의 세월이 지나갔다.

압살롬의 양 떼들이 털을 깎는 때가 되었다. 털 깎는 날은 잔치하는 날이다. 압살롬이 다윗 왕을 초청했다. 왕이 거절하자 이번에는 다른 왕자들, 특히 암논이 올 수 있도록 간청했다. 다윗은 내키지 않았지만 할 수 없이 허락했다. 그리고 그날, 털 깎는 잔치자리에서 요압은 종들을 시켜 암논을 쳐 죽였다. 처음에는 압살롬이 모든 왕자들을 다 죽였다고 와전되어 다윗과 신하들이 망연자실하여 옷을 찢었다. 그때 요나답이 천연스럽게 말했다.

> "내 주여 젊은 왕자들이 다 죽임을 당한 줄로 생각하지 마옵소서. 오직 암논만 죽었으리이다. 그가 압살롬의 누이 다말을 욕되게 한 날부터 압살롬이 결심한 것이니이다. 그러하온즉 내 주 왕이여 왕자들이 다 죽은 줄로 생각하여 상심하지 마옵소서. 오직 암논만 죽었으리이다."(삼하 13:32-33)

곧이어 돌아온 왕자들이 한바탕 울음바다를 이루었다. 그리고 압살롬은 외할아버지인 그술 왕 달매에게로 도망하여 3년을 지냈다. 그술은 헬몬 산에서 갈릴리 호수 북쪽에 걸쳐 있는 아람 부족이었다. 시간이 지날수록 다윗의 마음속에 암논에 대한 슬픔이 사라지고 압살롬에 대한 그리움이 밀려왔다. 그것이 부모의 마음이다. 요압은 압살롬을 그리워하는 왕의 마음을 읽고 있었다.

어느 날 요압이 드고아(베들레헴 남쪽 8km 지점에 있는 아모스의 고향)에 사는 지혜로운 여인 하나를 불렀다. 그리고 마치 죽은 사람을 위하여 오래 애곡한 것처럼 분장시켜 다윗 왕에게로 들여보냈다. 그녀는 요압이 만들어준 이야기를 다윗에게 들려주었다.

> "나는 진정으로 과부니이다. 남편은 죽고 이 여종에게 아들 둘이 있더니 그들이 들에서 싸우나 그들을 말리는 사람이 아무도 없으므로 한 아이가 다른 아이를 쳐 죽인지라. 온 족속이 일어나서 당신의 여종 나를 핍박하여 말하기를 그의 동생을 쳐 죽인 자를 내놓으라. 우리가 그의 동생 죽인 죄를 갚아 그를 죽여 상속자 될 것까지 끊겠노라 하오니 그러한즉 그들이 내게 남아 있는 숯불을 꺼서 내 남편의 이름과 씨를 세상에 남겨두지 아니하겠나이다."(삼하 14:5-7)

듣고 보니 딱했다. 이에 다윗이 "누구든지 네게 말하는 자를 내게로 데려오라. 그가 다시는 너를 건드리지 못하리라"고 약속했다. 그러자 여인이 음색(音色)을 바꾸며 말했다.

> "그러면 어찌하여 왕께서 하나님의 백성에게 대하여 이 같은 생각을 하셨나이까. 이 말씀을 하심으로 왕께서 죄 있는 사람같이 되심은 그 내쫓긴 자를 왕께서 집으로 돌아오게 하지 아니하심이니이다."(삼하 14:13)

뭔가 이상했다. 엄히 물어보니 아니나 다를까 요압이 보낸 여인이었다. 다윗이 요압을 불러 명했다.

"내가 이 일을 허락하였으니 가서 청년 압살롬을 데려오라."

누군가 나서서 그렇게 말해주기를 다윗은 기다리고 있었을지 모른다. 그렇다고 압살롬에 대한 섭섭함이 완전히 해결되지도 않았다. 예루살렘으로 돌아온 압살롬은 2년이 지나도록 아버지의 얼굴을 볼 수가 없었다. 요압에게 사람을 보냈으나 만나주지도 않았다. 이럴 것이면 왜 돌아오라고 했던가. 분을 참지 못한 압살롬이 요압의 보리밭에 불을 놓았다. 그렇게 억지로 요압을 만난 압살롬은 불평을 털어놓았다.

"내가 일찍이 사람을 네게 보내 너를 이리로 오라고 청한 것은 내가 너를 왕께 보내 아뢰게 하기를, '어찌하여 내가 그술에서 돌아오게 되었나이까. 이때까지 거기에 있는 것이 내게 나았으리이다.' 하려 함이로라. 이제는 네가 나로 하여금 왕의 얼굴을 볼 수 있게 하라. 내가 만일 죄가 있으면 왕이 나를 죽이시는 것이 옳으니라." (삼하 14:32)

마침내 압살롬이 요압의 중재로 아버지 다윗을 알현했다. 다윗은 압살롬의 뺨에 입을 맞추며 화해의 몸짓을 보였다(입맞춤은 뺨에 입술을 대는 중동식 인사다.). 그렇다고 문제가 해결된 것은 아니었다. 압살롬의 가슴속에 반역의 욕망이 자라고 있었기 때문이다. 압살롬의 흉계가 서서히 드러났다. 그는 성문 길 곁에 서 있다가 백성이 다윗에게 재판을 받기 위해 찾아오면 그 연유를 물은 후에 혼잣말로 탄식했다.

"보라. 네 일이 옳고 바르다마는 네 송사를 들을 사람을 왕께서 세우지 아니하셨다."(삼하 15:3)

그리고 한 마디 덧붙였다.

"내가 이 땅에서 재판관이 되고 누구든지 송사나 재판할 일이 있어 내게로 오는 자에게 내가 정의 베풀기를 원하노라."

그 사람이 엎드려 절하려 하면 손을 펴서 말리며 그와 입을 맞추었다. 왕자가 백성과 입을 맞추다니, 압살롬에 대한 좋은 소문이 퍼져나가기 시작했다. 다윗도 이 소문을 들었을까? 아마도 들었을 것이다. 왕의 귀는 천 개도 넘는다. 그러나 압살롬이 자기의 격무(激務)를 덜어주고 있다고 선한 쪽으로 생각했을 것이다. 모든 부모는 자식에게 쉽게 속아 넘어간다. 사무엘서 저자는 압살롬의 외모에 대하여 자세히 기록하고 있다.

"온 이스라엘 가운데에서 압살롬같이 아름다움으로 크게 칭찬 받는 자가 없었으니 그는 발바닥부터 정수리까지 흠이 없음이라. 그의 머리털이 무거우므로 연말마다 깎았으며 그의 머리털을 깎을 때에 그것을 달아본즉 그의 머리털이 왕의 저울로 이백 세겔이었더라."(삼하 14:25-26)

이백 세겔이면 2.3kg이다. 일반인의 머리털이 일 년 동안 자라는 무게의 네 배 이상이다. 한마디로 압살롬이 왕의 풍채를 지니고 있었다는 말이다. 뿐만 아니라 왕이나 가질법한 병거와 말들, 그리고 병거의 앞뒤를 따르는 호위병 오십 명까지 거느렸다. 압살롬은 그렇게 4년 동안 백성들의 마음을 훔쳤다. 그리고 때가 무르익자 반역을 행동으로 옮겼다.

> "사 년 만에 압살롬이 왕께 아뢰되 내가 여호와께 서원한 것이 있사오니 청하건대 내가 헤브론에 가서 그 서원을 이루게 하소서. 당신의 종이 아람 그술에 있을 때에 서원하기를 만일 여호와께서 반드시 나를 예루살렘으로 돌아가게 하시면 내가 여호와를 섬기리이다 하였나이다."(삼하 15:7-8)

자식이 하나님께 제사를 드리겠다는데 의심할 부모가 누가 있겠는가. 왕의 축복을 받고 헤브론에 도착한 압살롬은 온 이스라엘 지파에 정탐들을 보내며 말했다.

"너희는 나팔 소리를 듣거든 곧 말하기를 압살롬이 헤브론에서 왕이 되었다 하라."

왜 하필 헤브론이었을까. 예루살렘에서 남쪽으로 30여km 떨어진 헤브론은 압살롬이 태어나고 자란 고향이며(삼하 3:2-3), 다윗이 왕으로 기름 부음을 받았던 곳이다. 또 수도를 예루살렘으로 옮기기 전까지 중심 역할을 했던 유다 지파의 성읍이었다. 아브라함과 이삭과 야곱이 살았던 헤브론은 압살롬이 새로운 왕조를 시작할만한 역사적 의미가 있는 곳이었다. 반역은 요원의 불길처럼 이스라엘 전역으로 퍼져 나갔다. 시간이 지나면서 많은 백성들이 다윗에게 등을 돌리고 압살롬에게 돌아왔다.

압살롬은 지혜롭기로 소문난 다윗의 책사(策士) 아히도벨을 초청하여 반역에 가담하게 했다. 왜 하필 아히도벨을 초청했을까? 어떤 성경학자들은 그가 밧세바의 조부였을 것이라고 추측한다. 다음과 같은 성경 구절을 근거로 한 것이다.

"다윗이 사람을 보내 그 여인을 알아보게 하였더니 그가 아뢰되 그는 엘리암의 딸이요 헷 사람 우리아의 아내 밧세바가 아니니이까 하니"(삼하 11:3)

"마아가 사람의 손자 아하스배의 아들 엘리벨렛과 길로 사람 아히도벨의 아들 엘리암과"(삼하 23:34)

밧세바의 아버지는 엘리암이요, 엘리암의 아버지는 길로 사람 아히도벨이라는 말이다. 더구나 사무엘하 23장에 기록된 다윗의 37 용사들 중에는 엘리암과 헷 사람 우리아가 함께 기록되어 있다(삼하 23:39). 엘리암이 헷 사람 우리아의 용맹스러움을 보고 그에게 딸 밧세바를 주었을지 모른다. 그렇다면 아히도벨은 손자사위 우리아와 손녀 밧세바의 일로 다윗에게 불편한 감정을 품고 있었을 것이다. 아히도벨이 압살롬의 반역에 가담할만한 개연성(蓋然性)이 충분하다는 관찰이다.

전령이 다급하게 달려와 다윗에게 보고했다.

"이스라엘의 인심이 다 압살롬에게로 돌아갔나이다."(삼하 15:13)

사태가 급박하게 돌아가고 있었다. 다윗이 모든 신하들에게 소리쳤다.

"일어나 도망하자. 그렇지 아니하면 우리 중 한 사람도 압살롬에게서 피하지 못하리라. 빨리 가자. 두렵건대 그가 우리를 급히 따라와 우리를 해하고 칼날로 성읍을 칠까 하노라."

다윗도 압살롬의 난폭한 성격을 잘 알고 있었다. 속히 피하지 않으면 큰 재난이 밀어닥칠 것이다. 다행히 신하들 중에 반역에 가담한 자는 아무도 없었다. 다윗은 후궁 열 명으로 왕궁을 지키게 한 다음 신하들과 함께 광야로 피난을 떠났다. 예루살렘 성의 백성들도 왕의 뒤를 따랐다. 그러나 피난을 떠나며 많은 백성들을 데리고 갈 수는 없었다. 다윗 일행은 '벧 메르학'('먼 집', 혹은 '먼 궁'으로 예루살렘 성의 가장자리)에 잠시 멈추어 섰다. 그리고 꼭 데려가야 할 사람들만 추려냈다.

> "그의 모든 신하들이 그의 곁으로 지나가고 모든 그렛 사람과 모든 블렛 사람과 및 왕을 따라 가드에서 온 모든 가드 사람 육백 명이 왕 앞으로 행진하니라."(삼하 15:18)

그렛 사람과 블렛 사람들은 왕의 호위병들이다. 그리고 가드 사람은 다윗이 사울을 피하여 다닐 때부터 그를 추종하며 함께 싸웠던 6백 명이었다. 진정한 친구는 역경을 만날 때에 구별된다. 가드(Gittite) 사람 잇대가 가족과 함께 다윗을 따라나섰다. 그는 블레셋의 가드에서 망명해온 사람이었다. 다윗이 만류하며 돌아가라고 했지만 그는 단호하게 말했다.

"여호와의 살아 계심과 내 주 왕의 살아 계심으로 맹세하옵나니 진실로 내 주 왕께서 어느 곳에 계시든지 사나 죽으나 종도 그곳에 있겠나이다."

끝까지 다윗을 따르는 백성들이 큰 소리로 울면서 기드론 시내(예루살렘과 감람산 사이에 있는 계곡)를 건넜다. 그때 제사장 사독과 아비아달과 모든 레위 사람들이 언약궤를 메고 나타났다. 하나님의 언약궤가 함께 있으면 얼마나 든든하겠는가. 그러나 다윗의 생각은 달랐다.

"왕이 사독에게 이르되 보라 하나님의 궤를 성읍으로 도로 메어 가라. 만일 내가 여호와 앞에서 은혜를 입으면 도로 나를 인도하사 내게 그 궤와 그 계신 데를 보이시리라. 그러나 그가 이와 같이 말씀하시기를 내가 너를 기뻐하지 아니한다 하시면 종이 여기 있사오니 선히 여기시는 대로 내게 행하시옵소서 하리라."(삼하 15:25-26)

다윗은 그 상황에서도 하나님의 선하심과 인자하심을 사모했다. 언약궤와 함께 광야를 방황하기보다는 시련이 끝나는 날 예루살렘에 돌아가 거기 계신 하나님 뵙기를 원했다. 그리 아니하실지라도 하나님을 원망하지 않겠다고 스스로 다짐했다. 다윗은 사독의 아들 아히마아스와 아비아달의 아들 요나단에게 압살롬 주변에서 일어난 일을 탐지하여 보고하도록 했다. 그리고 소식이 올 때까지 요단강 나루터에서 기다리기로 했다.

감람산으로 올라가는 다윗의 모습은 처량했다. 그는 머리를 가리고 울면서 맨발로 산길을 걸어 올라갔다. 백성들도 함께 울며 따라갔다. 어떤 사람이 와서 아히도벨이 반역자들과 함께 있다고 다윗에게 보고했다. 다윗은 혼잣말로 기도했다. "여호와여 원하옵건대 아히도벨의 모략을 어리석게 하옵소서." 순례자들이 예루살렘을 바라보며 하나님을 경배하는 마루턱(감람산 꼭대기)에 이르렀을 때에 아렉(에브라임에 속한 성) 사람 후새가 옷을 찢고 흙을 머리에 뒤집어쓴 채 다윗을 맞이했다. 후새는 다윗의 친구로서 아히도벨에 버금가는 모사(謀士)였다. 다윗은 그를 따르겠다고 고집하는 후새를 예루살렘으로 되돌려 보내며 아히도벨의 모략을 막아달라고 부탁했다. 후새는 그 위험한 일을 맡기로 다짐했다. 친구였던 다윗을 버리고 압살롬을 섬기겠다고 맹세하겠지만, 혹시라도 그의 본심이 드러나면 압살롬에게 죽임을 당할 수도 있을 터였다.

다윗이 감람산 고개를 넘어갈 무렵 므비보셋의 사환 시바가 나귀에 음식물들을 싣고 다윗을 맞이했다. 므비보셋은 왜 보이지 않느냐는 다윗의 말에 시바가 대답했다.

> "(그가 지금) 예루살렘에 있는데 그가 말하기를 이스라엘 족속이 오늘 내 아버지의 나라를 내게 돌리리라 하나이다."(삼하 16:3)

마음이 상한 다윗은 므비보셋의 모든 재산을 시바에게 주고 말았다. 훗날에야 다윗은 시바의 말이 거짓임을 알게 된다(삼하 19:26-27). 시바처럼 음흉한 자가 있는가 하면 시므이처럼 악한 자도 있었다. 다윗 일행이 바후림(예루살렘에서 여리고로 내려가는 길목에 있는)에 이르렀을 때 사울의 친족 중 하나인 시므이가 돌을 던지며 저주했다.

> "피를 흘린 자여 사악한 자여 가거라. 가거라. 사울의 족속의 모든 피를 여호와께서 네게로 돌리셨도다. 그를 이어서 네가 왕이 되었으나 여호와께서 나라를 네 아들 압살롬의 손에 넘기셨도다. 보라. 너는 피를 흘린 자이므로 화를 자초하였느니라."(삼하 16:7-8)

시므이의 저주가 돌멩이보다 더 아팠다. 보다 못한 아비새가 나섰다. "이 죽은 개가 어찌 내 주 왕을 저주하리이까. 청하건대 내가 건너가서 그의 머리를 베게 하소서." 시므이의 목 하나 베는 것쯤은 일도 아니었다. 그러나 다윗이 아비새를 뒤로 물리치며 말했다.

"스루야의 아들들아 내가 너희와 무슨 상관이 있느냐. 그가 저주하는 것은 여호와께서 그에게 다윗을 저주하라 하심이니 네가 어찌 그리하였느냐 할 자가 누구겠느냐 하고, 또 다윗이 아비새와 모든 신하들에게 이르되 내 몸에서 난 아들도 내 생명을 해하려 하거든 하물며 이 베냐민 사람이랴. 여호와께서 그에게 명령하신 것이니 그가 저주하게 버려두라. 혹시 여호와께서 나의 원통함을 감찰하시리니 오늘 그 저주 때문에 여호와께서 선으로 내게 갚아 주시리라."(삼하 16:10-12)

다윗은 시므이의 저주 가운데서도 하나님의 긍휼히 여기심을 사모했다. 저주하는 자를 죽이면 그 저주가 영원히 남겠지만 하나님께서 다윗의 머리를 다시 들게 하시면 저주는 연기처럼 사라질 것이다.

먼 길을 도망하느라 지친 다윗 일행이 요단강 나루턱에 자리를 잡았다. 그동안 압살롬과 그를 따르는 백성들은 아히도벨과 함께 예루살렘으로 피 한 방울 흘리지 않고 입성했다. '모든 이스라엘 백성들'이 다윗을 떠나 압살롬에게로 돌아갔기 때문이다. 얼마 후 다윗의 친구 후새가 "왕이여 만세! 왕이여 만세!" 하며 압살롬을 찾아왔다. 압살롬이 '왜 네 친구 다윗과 함께 가지 않았느냐?'고 책망하자 후새는 '내가 여호와와 이 백성 모든 이스라엘의 택한 자에게 속하여 그와 함께 있을 것'이라고 단호히 말했다. 그렇게 해서 후새는 압살롬의 근황을 가까이에서 정탐할 수 있게 되었다.

압살롬이 아히도벨에게 앞으로의 계략을 구했다. 그러자 그가 이렇게 말했다.

"왕의 아버지가 남겨 두어 왕궁을 지키게 한 후궁들과 더불어 동침하소서. 그리하면 왕께서 왕의 아버지가 미워하는 바 됨을 온 이스라엘이 들으리니 왕과 함께 있는 모든 사람의 힘이 더욱 강하여지리이다."

아히도벨은 부자지간의 정을 끊어 놓기로 작정했다. 그것은 근친상간을 금한 하나님의 법을 어기는 계략이었다(레 18:7-8). 압살롬은 그 계략을 따라 옥상에 장막을 치고 백일천하에 아버지의 후궁들과 동침했다. 이렇게 해서 나단 선지자를 통하여 하신 말씀이 그대로 이루어졌다(삼하 12:11).

아히도벨이 압살롬에게 두 번째 계략을 들려주었다. 마침 후새는 그 자리에 없었다.

> "이제 내가 사람 만 이천 명을 택하게 하소서. 오늘 밤에 내가 일어나서 다윗의 뒤를 추적하여 그가 곤하고 힘이 빠졌을 때에 기습하여 그를 무섭게 하면 그와 함께 있는 모든 백성이 도망하리니 내가 다윗 왕만 쳐 죽이고 모든 백성이 당신께 돌아오게 하리니 모든 사람이 돌아오기는 왕이 찾는 이 사람에게 달렸음이라. 그리하면 모든 백성이 평안하리이다."(삼하 17:1-3)

아히도벨은 소수 정예부대만 내어주면 자신이 직접 뒤쫓아가서 다윗을 죽이겠다고 했다. 일반적으로 모략가들은 무대 뒤에 머물러 있는 법이다. 그러나 아히도벨은 다윗에 대한 원한으로 사무쳐 있었다. 압살롬과 모든 장로들이 아히도벨의 말을 옳게 여겼다. 그런데 결정적 순간에 하나님께서 개입하셨다. 갑자기 압살롬이 후새를 불러오라고 명령했기 때문이다. 후새가 아히도벨의 모략을 들어보니 그것은 다윗에게 치명타가 될 수 있는 무서운 계략이었다. "너의 생각은 어떠냐?"는 압살롬의 질문에 후새는 가슴을 쓸어내리며 천천히 대답했다.

> "왕도 아시거니와 왕의 아버지와 그의 추종자들은 용사라. 그들은 들에 있는 곰이 새끼를 빼앗긴 것같이 격분하였고 왕의 부친은 전쟁에 익숙한 사람인즉 백성과 함께 자지 아니하고 지금 그가 어느 굴에나 어느 곳에 숨어 있으리니 혹 무리 중에 몇이 먼저 엎드러지면 그 소문을 듣는 자가 말하기를 압살롬을 따르는 자 가운데에서 패함을 당하였다 할지라. 비록 그가 사자 같은 마음을 가진 용사의 아들일지라도 낙심하리니 이는 이스라엘 무리가 왕의 아버지는 영웅이요 그의 추종자들도 용사인 줄 앎이니이다. 나는 이렇게 계략을 세웠나이다. 온 이스라엘을 단부터 브엘세바까지 바닷가의 많은 모래같이 당신께로 모으고 친히 전장에 나가시고 우리가 그 만날 만한 곳에서 그를 기습하기를 이슬이 땅에 내림같이 우리가 그의 위에 덮여 그와 그 함께 있는 모든 사람을 하나도 남겨 두지 아니할 것이요, 또 만일 그가 어느 성에 들었으면 온 이스라엘이 밧줄을 가져다가 그 성을 강으로 끌어들여서 그곳에 작은 돌 하나도 보이지 아니하게 할 것이니이다."(삼하 17:8-13)

지금 다윗에게 필요한 것은 시간이었다. 후새는 그 점을 간파했다. 최북단에 있는 단에서 최남단에 있는 브엘세바까지 군대를 모으려면 적잖은 시간이 필요할 것이다. 또 군대의 숫자가 많아지면 진군하는 속도도 늦어질 것이다. 다행히 후새의 모략이 압살롬의 영웅의식을 자극했다. 이번에는 모두가 후새의 계략을 더 선호(選好)했다. 하나님께서 압살롬을 죽이시기로 작정하셨기 때문이다.

후새는 조용히 사독과 아비아달 제사장을 찾아 전후 사정을 알리며 말했다. "이제 너희는 빨리 사람을 보내 다윗에게 전하기를 오늘밤에 광야 나루터에서 자지 말고 아무쪼록 건너가소서 하라. 혹시 왕과 그를 따르는 모든 백성이 몰사할까 하노라." 이 소식이 여종에 의해 성 밖에서 기다리고 있던 요나단과 아히마아스에게 전해졌다. 마침 이 장면을 지켜본 첩자들이 압살롬에게 보고했다. 두 청년은 바후림에 사는 어떤 집의 우물 속으로 숨어들었다. 압살롬의 병사들이 들이닥쳤을 때는 다행히 그 집 여주인이 우물 위에 곡식을 펼쳐놓은 후였다. 그렇게 위기를 벗어난 청년들은 다윗에게 후새의 말을 전했고, 다윗 일행은 그 밤으로 요단강을 건너 북쪽에 있는 길르앗의 마하나임으로 도망갔다. 고맙게도 그 지역에 사는 바실래와 다른 두 사람이 다윗 일행을 맞이하며 필요한 물품과 식량을 조달해주었다. 그렇게 해서 다윗을 따르는 사람들이 전열(戰列)을 정비할 여유를 얻게 되었다.

얼마 후에 압살롬과 모든 이스라엘 사람들이 요단을 건너 다윗을 추격해왔다. 그런데 '모든 이스라엘 사람'이라는 표현이 마음에 걸린다. 밧세바 사건의 후유증이 그렇게 컸던 것이다. 압살롬은 아마사로 군대장관을 삼았다. 아마사는 다윗의 누이 아비가일의 아들로서 요압과 사촌지간이다. 한편, 후새의 계략에 밀린 아히도벨은 '압살롬의 반역이 성공하지 못하리라'고 포기한 채 고향으로 돌아갔다. 그리고 집을 정리한 후에 목매어 죽었다. 그런데 그 일이 목숨을 버릴 만큼 큰일이었을까? 만일 헷 사람 우리아가 그의 손녀사위였다면 원한 때문에 그럴 수도 있었을 것이다.

마침내 다윗의 진영과 압살롬의 진영 사이에 전쟁이 시작되었다. 다윗은 성에 남아 있고 압살롬은 직접 전쟁터에 나섰다. 다윗은 성문을 나서는 요압과 아비새와 잇대에게 간절히 부탁했다.

> "나를 위하여 젊은 압살롬을 너그러이 대우하라."(삼하 18:5)

모든 백성들이 다윗의 말을 들었다. '젊은 압살롬', 젊기 때문에 저지른 실수를 너그러이 용서해달라는 말이다. 이 말은 상대적으로 다윗이 노년에 접어들었음을 나타내고 있다. 그날 '백성과 이스라엘' 사이에 맹렬한 전쟁이 일어났다. '백성과 이스라엘', 이 말을 어떻게 해석해야 할까. 동족상잔의 내란(內亂)이 일어났다는 말이다. 그것도 아들과 아버지 사이의 전쟁이다. 주변 나라들 보기가 부끄러웠다.

> "이에 백성이 이스라엘을 치러 들로 나가서 에브라임 수풀에서 싸우더니 거기서 이스라엘 백성이 다윗의 부하들에게 패하매 그날 그곳에서 전사자가 많아 이만 명에 이르렀고 그 땅에서 사면으로 퍼져 싸웠으므로 그날에 수풀에서 죽은 자가 칼에 죽은 자보다 많았더라."(삼하 18:6-8)

그 수풀에는 늪지대와 암벽들이 있었다. 그리하여 사면으로 퍼져 도망하던 이스라엘 사람들이 수풀에서 죽었다. 압살롬도 비참하게 전사했다. 그가 자랑하던 긴 머리털이 상수리나무 가지에 걸리고, 그가 탔던 노새가 그 아래로 빠져 나갔다. 나뭇가지에 매달려 있는 압살롬의 심장을 요압이 창으로 찌르자 십여 명의 부하들이 달려들어 압살롬을 쳐 죽였다. 그들은 깊은 웅덩이에 시체를 던진 후에 거대한 돌무더기를 쌓아올렸다. 그 모습을 보고 압살롬을 따르던

온 이스라엘이 다 고향으로 돌아갔다. 그리고 압살롬이 죽었다는 소식에 다윗은 마음이 심히 아파 문 위층으로 올라가며 울었다. 그의 울음소리가 구슬프고 처량했다.

"내 아들 압살롬아, 내 아들 내 아들 압살롬아, 차라리 내가 너를 대신하여 죽었더면, 압살롬 내 아들아, 내 아들아."

다윗 때문에 그날의 승리는 오히려 백성들에게 슬픔이 되었다. 승전하고 돌아온 백성들이 패잔병들처럼 가만히 성읍으로 들어왔다. 견디다 못한 요압이 앞으로 나서며 다윗에게 항의했다.

> "오늘 내가 깨달으니 만일 압살롬이 살고 오늘 우리가 다 죽었더면 왕이 마땅히 여기실 뻔하였나이다. 이제 곧 일어나 나가 왕의 부하들의 마음을 위로하여 말씀하옵소서. 내가 여호와를 두고 맹세하옵나니 왕이 만일 나가지 아니하시면 오늘 밤에 한 사람도 왕과 함께 머물지 아니할지라. 그리하면 그 화가 왕이 젊었을 때부터 지금까지 당하신 모든 화보다 더욱 심하리이다."(삼하 19:6-7)

그것은 위로가 아니고 협박이었다. 할 수 없이 다윗이 성문에 나가 백성들을 맞이했다. 그리고 가슴 먹먹한 시간이 흘러갔다. 내전으로 인하여 갈가리 찢어진 이스라엘을 어떻게 치유할 것인가. 다행히 압살롬을 따랐던 이스라엘 지파의 지도자들 사이에 변론이 일어났다. 그들은 다윗이 왕으로서 백성들을 위해 싸웠던 선한 일들을 기억했다. 그리고 자기들의 잘못을 자책했다. 그들이 기름 부어 세운 압살롬이 죽었으니 이제 다윗을 다시 왕으로 모셔와야 하지 않겠느냐는 소수의견이 일어나기 시작했다. 그 소식을 듣고 다윗이 사독과 아비아달 두 제사장에게 사람을 보내며 말했다.

> “다윗 왕이 사독과 아비아달 두 제사장에게 소식을 전하여 이르되 너희는 유다 장로들에게 말하여 이르기를, 왕의 말씀이 온 이스라엘이 왕을 왕궁으로 도로 모셔오자 하는 말이 왕께 들렸거늘 너희는 어찌하여 왕을 궁으로 모시는 일에 나중이 되느냐. 너희는 내 형제요 내 골육이거늘 너희는 어찌하여 왕을 도로 모셔오는 일에 나중이 되리요 하셨다 하고.”(삼하 19:11-12)

유다 지파의 열심을 지렛대 삼아 이스라엘의 마음을 돌이켜보려는 다윗의 지혜였다. 다윗은 한편으로 조카인 아마사(죽은 압살롬의 군대장관)에게 사람을 보내어 은밀한 말을 전했다.

“너희는 또 아마사에게 이르기를 너는 내 골육이 아니냐. 네가 요압을 이어서 항상 내 앞에서 지휘관이 되지 아니하면 하나님이 내게 벌 위에 벌을 내리시기를 바라노라 하셨다 하라.”

요압을 버리고 아마사로 군사령관을 삼겠다는 약속이었다. 다윗은 나누어진 백성들의 마음을 합하기 위해 아마사를 용서하고 품기로 했다. 그 즈음에 다윗은 요압을 함부로 대할 수가 없었다. 그가 군대 통수권을 쥐고 있었기 때문이다. 다윗은 이번 기회에 권력의 균형을 잡고 싶었다. 더구나 다윗은 자기의 부탁을 무시하고 압살롬을 죽인 요압을 용서할 수가 없었다.

마침내 온 유다 지파의 마음이 다윗에게 돌아왔다. 다윗이 예루살렘으로 올라가기 위해 요단강 동편에 이르렀다. 맨 먼저 바후림에 사는 시므이가 베냐민 사람 천 명과 함께 요단강을 건너와 용서를 구했다. 그는 얼마 전에 다윗을 향해 돌을 던지며 저주했던 사람이다. 이번에도 성질 급한 아비새가 그를 죽이려고 나섰지만 다윗이 만류했다.

요나단의 아들 므비보셋도 다윗을 마중 나왔다. 그는 '왕이 떠난 날부터 평안히 돌아오는 날까지 그의 발을 맵시 내지 아니하며 그의 수염을 깎지 아니하며 옷을 빨지 않았다'고 했다. 그는 나귀를 타고 왕을 따르려고 했지만 시바가 자기를 따돌리고 왕에게 자신을 모함했다고 변명했다. 누구의 말이 맞는지 모호했다. 그래서 다윗은 므비보셋과 시바에게 재산을 절반씩 나누어주었다.

또 한 사람이 다윗을 배웅하기 위해 요단강 동편까지 따라왔다. 다윗 일행이 마하나임에 머물 때에 정성껏 접대하였던 길르앗 사람 바르실래였다. 다윗이 그를 예루살렘에 데려다 환대하려고 했으나 그는 극구 사양했다. 그의 나이 이미 80세였다. 대신 자기의 아들 김함을 왕에게 부탁했다. 그리고 다윗으로 하여금 편안히 요단강을 건너도록 끝까지 도왔다. 다윗은 약속대로 평생 동안 김함을 특별하게 대우했다. 그리고 훗날 솔로몬에게도 그를 부탁했다(왕상 2:7).

온 유다 백성과 이스라엘 백성 절반이 다윗과 함께 요단을 건넜다. 다른 말로 하면 나라가 완전히 두 쪽이 났다는 말이다. 아니나 다를까 압살롬 편에 속했던 백성들이 다윗을 찾아와서 항의했다.

> "온 이스라엘 사람이 왕께 나아와 왕께 아뢰되 우리 형제 유다 사람들이 어찌 왕을 도둑하여 왕과 왕의 집안과 왕을 따르는 모든 사람을 인도하여 요단을 건너가게 하였나이까 하매."(삼하 19:41)

이 일로 인하여 백성들의 마음이 상했다. 그 틈을 타 베냐민 지파에 속한 불량배 세바가 난(亂)을 일으켰다. 다시 한번 유다 지파와 다른 열한 지파 사이에 깊은 골이 생겨났다. 왕궁으로 돌아온 다윗은 남겨두었던 후궁 열 명을 따로 가두고 다시는 보지 않았다.

그리고 압살롬의 군사령관이었다가 다윗에게로 돌아온 아마사를 보내어 유다 사람들을 모으게 했다. 세바를 치기 위해서였다. 그러나 다윗의 계획은 무위로 돌아가고 말았다. 요압이 아마사를 시기하여 칼로 죽였기 때문이다. 비록 아마사가 외사촌이었지만 그와 권력을 나눌 수는 없었다. 난을 일으켰던 세바가 요압의 추적을 피해 아벨이라는 성으로 들어갔다. 그러나 그 성에 사는 지혜로운 여인의 중재(仲裁)로 그의 머리는 성벽 아래로 던져졌고 난도 평정이 되었다. 그 사건을 계기로 남북의 이스라엘은 강물이 합쳐지듯 다시 하나가 되었다.

드디어 다윗 가문의 수치스럽고 고통스러운 긴 이야기가 끝이 났다. 다윗의 생애에 있어서 밧세바로 시작된 환난은 그가 사울 왕에게 당했던 환난보다 더했다. 사울 왕에게 쫓긴 햇수가 10년이라면 밧세바와의 간통으로 인해 고통을 당한 햇수는 그보다 더 길었다. 밧세바가 낳은 아들이 죽기까지의 1년, 암논이 다말을 강간한 후 압살롬이 그를 죽이기까지의 2년, 압살롬이 자기 외할아버지 그술 왕 달매에게 도피한 3년, 요압의 기지로 예루살렘에 돌아왔으나 다윗의 얼굴을 보지 못한 2년, 그리고 반역의 기반을 닦고 있던 4년, 헤브론에서 반역을 일으킨 기간들과 세바의 반역에 이르기까지 아무리 짧게 잡아도 12년 이상이다. 성경에서 할애한 장수를 따져보아도 사울 왕의 박해는 8장(삼상 19-27장)에 걸쳐 있고, 밧세바 사건은 10장에 걸쳐 있다(삼하 11-20장). 그렇게 함으로써 성경은 죄가 얼마나 무서운 것인지를 보여주고 있다.

다윗이 사울 왕에게 쫓겨 다닐 때는 백성의 동정이라도 받았다. 그러나 밧세바로 인한 환난은 백성의 조소거리가 되었다. 그러므로 하나님의 자녀들은 피 흘리기까지 죄와 싸워야 한다. 자신의 정과

욕심을 십자가에 못 박고 하나님의 거룩한 이름을 존귀하게 여겨야 한다. 자신과 가족과 이웃들을 위해 싸워야 한다. 우리를 유혹하는 사탄과 맞서 싸워야 한다.

그런데 놀랍게도 다윗과 밧새바의 이야기를 포함하여 압살롬의 반역 이야기가 역대기에는 일체 생략되어 있다. 그 대신 다윗의 일대기 말미에 의미심장한 구절을 첨가해 두었다.

> "다윗 왕의 행적은 처음부터 끝까지 선견자 사무엘의 글과 선지자 나단의 글과 선견자 갓의 글에 다 기록되고 또 그의 왕 된 일과 그의 권세와 그와 이스라엘과 온 세상 모든 나라의 지난날의 역사가 다 기록되어 있느니라."(대상 29:29-30)

훗날 바벨론 포로 후기에 역대기를 기록한 저자는, 그렇게 수치스럽고 가슴 아픈 이야기를 다시 반복하고 싶지 않았을지 모른다.

11

다윗의 통치 후반부에 일어난 일들

삼하 21-24장

오래 전에 사울이 범한 죄 때문에 그의 후손들이 고난당하는 이야기가 사무엘하 21장 전반부에 기록되어 있다.

> "다윗의 시대에 해를 거듭하여 삼 년 기근이 있으므로 다윗이 여호와 앞에 간구하매 여호와께서 이르시되 이는 사울과 피를 흘린 그의 집으로 말미암음이니 그가 기브온 사람을 죽였음이니라 하시니라."(삼하 21:1)

여호수아가 가나안을 정복할 때 기브온 사람들은 기지를 발휘하여 멸망을 면했다(수 9장). 그 대신 그들은 여호와의 제단을 위해 나무를 패고 물을 긷는 자들이 되었다. 이방인이었던 기브온 사람들이 이스라엘에 귀화하고 하나님의 백성이 되었다는 말이다. 그러나 사울과 그의 집이 기브온 사람들을 박해하고 죽였다. 요즘 말로 하면 인종학살(genocide)이다. 사울의 고향은 기브온의 남쪽과 연결되어 있는 기브아였다. 성경은 사울이 이스라엘과 유다 족속을 위한 열심 때문에 그런 일을 저질렀다고 기록하고 있다. 하나님을 위한 열심이 아니었다. 자기들의 이익을 위하여 악한 일을 저질렀다. 혹시 기브온 사람들의 비옥한 토지를 욕심내었는지 누가 알겠는가. 3백여 년 전에 여호수아는 기브온 사람들과 여호와의 이름으로 화친 조약을 맺었다. 그러나 사울이 그 언약을 무시하고 편협한 민족주의로 기브온 사람들을 학살했다. 성경은 두 번이나 '사울과 그 집'이라고 기록하고 있다. 사울의 집에 책임이 있다는 말이다.

하늘에서 3년 동안 비가 내리지 않았다. 그 비로 농사짓고 사는 이스라엘 사람들에게 3년의 가뭄은 엄청난 재해였다. 가뭄으로 인하여 사람과 가축이 모두 죽을 위기에 처했다. 다윗이 하나님께 그 연유를 물었다. 하나님께서 사울과 그의 집이 흘린 피 때문이라고 말씀하셨다. 다윗이 기브온 사람들을 불러다가 물었다.

"내가 너희를 위하여 어떻게 하랴? 내가 어떻게 속죄하여야 너희가 여호와의 기업을 위하여 복을 빌겠느냐?"

기브온 사람들은 사울가(家)의 사람 일곱을 내어주면 나무에 매달겠다고 했다. 다윗은 요나단의 아들 므비보셋을 제외하고 사울의 첩 리스바가 낳은 두 아들과 딸 메랍이 낳은 손자 다섯을 내주었다. 기브온 사람들이 사울의 고향 기브아에서 그들을 매달아 죽였다. 리스바는 그 시체들을 굵은 베로 만든 천위에 내려놓고 새와 짐승을 쫓으며 밤낮없이 지켰다. 때는 곡식을 베기 시작하는 4월경이었다. 그리고 얼마 후에 하늘에서 비가 내렸다. 보통 이스라엘의 우기는 10월에 시작된다. 그러므로 이 비는 사울과 그의 집의 죄가 사함 받았다는 표증이 되었다.

다윗은 길르앗 야베스에 있는 사울 왕과 그의 세 아들들의 뼈와 목매달아 죽임을 당한 일곱 사람들의 뼈를 거두어 사울 왕의 아버지 기스의 묘에 정성을 다해 장례를 치렀다. 그렇게 함으로써 사울의 가족과 백성들의 상한 마음을 위로해 주었다.

우리는 이 이야기를 읽으면서 많은 생각을 하게 된다. 무엇보다도 왜 사울이 범한 죄를 그의 자식들과 외손자들이 담당해야 하느냐는 생각이다. 성경은 이 모든 일들이 하나님의 주권적 섭리 아래 이루어졌음을 강조하고 있다. 하나님은 모세에게 "인자를 천대까지 베풀며 악과 과실과 죄를 용서하리라. 그러나 벌을 면제하지는 아니하고 아버지의 악행을 자손 삼사 대까지 보응하리라"(출 34:7)고 하셨다. 바울은 "스스로 속이지 말라 하나님은 업신여김을 받지 아니하시나니 사람이 무엇으로 심든지 그대로 거두리라"(갈 6:7)고 했다. 사울과 그의 집은 잘못된 씨를 심었다. 하나님과 언약을 맺고 그의 품으로 들어온 기브온 사람들을 죽였다. 그것은 하나님 보시기에 불의한 일이었다. 사울은 죽은 후에도 자손들에게 고통을 주었다.

사무엘하 21장 후반부에는 다윗을 도와 블레셋과 싸웠던 용사들의 이름이 기록되어 있다. 그 다음 22장에 기록된 '구원의 노래'는 시편 18편과 거의 동일하다. 시의 처음 몇 구절은 다윗이 이 시를 지었다는 증거이며, 시 전체의 요약이 된다.

> "여호와께서 다윗을 모든 원수의 손과 사울의 손에서 구원하신 그 날에 다윗이 이 노래의 말씀으로 여호와께 아뢰어 이르되, 여호와는 나의 반석이시요 나의 요새시요 나를 위하여 나를 건지시는 자시요 내가 피할 나의 반석의 하나님이시요 나의 방패시요 나의 구원의 뿔이시요 나의 높은 망대시요 그에게 피할 나의 피난처시

요 나의 구원자시라. 나를 폭력에서 구원하셨도다. 내가 찬송 받으실 여호와께 아뢰리니 내 원수들에게서 구원을 받으리로다."(삼하 22:1-4)

다윗은 자신과 하나님의 관계를 묘사하는데 언제나 탁월한 시적 표현을 사용했다. 하나님을 '나의 반석, 나의 요새, 나를 건지시는 자, 나의 하나님, 나의 방패, 나의 구원의 뿔, 나의 높은 망대, 나의 피난처, 나의 구원자' 등 무려 아홉 가지로 표현하고 있다. 시편 18편 1절의 '나의 힘'까지 더하면 열 가지다. 우리에게 하나님은 어떤 분이신가. 어떻게 묘사할 수 있을까. 잠시 시간을 내어 종이 위에 적어보자. 그리고 베풀어주신 하나님의 은혜에 감사드리자.

다윗은 하나님께 대한 기대가 많았다. 그만큼 그의 믿음이 부요했다. 몇 가지만 살펴보자. '내 소리를 들으신다'(7절). '그가 위에서 손을 내미사 나를 붙드시고 많은 물에서 나를 건져내신다'(17절). '재앙의 날에 나의 의지가 되셨다'(19절). '나를 넓은 곳으로 인도하신다'(20절). '내 공의를 따라 상주신다'(21절). '그의 눈앞에서 깨끗한 대로 내게 갚으신다'(25절). '나의 어둠을 밝혀주신다'(29절). '나를 높은 곳으로 인도하신다'(34절). '구원의 방패를 내게 주신다'(36절). '내 발을 미끄러지지 않게 하신다'(37절). '나를 치는 자를 내게 굴복케 하신다'(40절). '나를 다툼에서 건지신다'(44절). '하나님께서 나를 위하여 보복하신다'(48절). '나에게 인자하심을 베푸신다'(51절).

오늘 당신은 하나님께 무엇을 기대하고 있는가.

다윗의 시를 읽다 보면 마치 하나님께서 다윗만을 위해 존재하시는 것 같다. 그런 생각이 잘못되었을까? 아니다. 아이들은 엄마 치마폭에 매달리며 "우리 엄마야!" 하고 외친다. 다윗도 어린아이의 심정으로 "나의 하나님이야" 하고 매달렸다. 그런 태도가 하나님을 기쁘시게 했다. "너희를 내 백성으로 삼고 나는 너희의 하나님이 되리니"(출 6:7)라는 말씀 속에 하나님의 그런 마음이 담겨 있다. 다윗은 블레셋 왕 아비멜렉 앞에서 미친 척하다가 쫓겨난 후에 이렇게 노래했다.

"여호와의 눈은 의인을 향하시고 그의 귀는 그들의 부르짖음에 기울이시는도다."(시 34:15)

이 구절을 '여호와의 눈은 나를 향하시고 그의 귀는 나의 부르짖음에 기울이시도다'로 바꾸어보면 어떨까? 우리의 초점을 하나님께 맞추자. 모든 능력이 하나님께로부터 나온다. 다윗의 모든 승리는 오직 하나님의 도우심으로 가능했다. 그것은 완전한 승리였다. 다윗은 영적으로 욕심이 많은 사람이었다. 그 자신의 구원으로 만족하지 않고 자손들에게도 동일한 구원이 임하기를 간구했다.

"여호와께서 그의 왕에게 큰 구원을 주시며 기름 부음 받은 자에게 인자를 베푸심이여 영원하도록 다윗과 그 후손에게로다 하였더라."(삼하 22:51)

사무엘하 23장에 또 하나의 시가 나온다. 다윗이 22장의 시를 젊은 시절에 지었다면, 23장은 노년에 지었을 것이다. 왜냐하면 22장은 전쟁의 승리가 중심을 이루고, 23장은 하나님의 언약에 대한 다윗의 믿음이 주를 이루고 있기 때문이다. 23장의 시는 세 단락으로 나누어진다.

"이는 다윗의 마지막 말이라. 이새의 아들 다윗이 말함이여 높이 세워진 자, 야곱의 하나님께로부터 기름 부음 받은 자, 이스라엘의 노래 잘하는 자가 말하노라."(삼하 23:1)

첫째 단락에서 다윗은 자신을 '높이 세워진 자, 기름 부음 받은 자, 노래 잘하는 자'라고 표현한다. 이 표현에 무명의 베들레헴 목동이 어떻게 이스라엘의 왕이 되었는지 그 과정이 요약되어 있다. 하나님께서 (골리앗을 이기게 하심으로) 그를 높이 세우셨고, 하나님께서 그에게 기름을 부어 왕이 되게 하셨으며, 하나님께서 그를 찬양하는 자로 세워주셨다.

"여호와의 영이 나를 통하여 말씀하심이여 그의 말씀이 내 혀에 있도다. 이스라엘의 하나님이 말씀하시며 이스라엘의 반석이 내게 이르시기를 사람을 공의로 다스리는 자, 하나님을 경외함으로 다스리는 자여, 그는 돋는 해의 아침 빛 같고 구름 없는 아침 같고 비 내린 후의 광선으로 땅에서 움이 돋는 새 풀 같으니라 하시도다." (삼하 23:2-4)

둘째 단락에서 다윗은 자신이 하나님의 도구로 선택되었음을 고백한다. 여호와의 영이 그에게 두 가지 명령을 주셨다. 하나는 사람을 공의로 다스리라는 명령이요, 다른 하나는 하나님을 경외함으로 다스리라는 명령이다. 그러면 나라와 백성이 '돋는 해의 아침 빛 같고 비 내린 후에 움이 돋는 새 풀 같으리라'고 하셨다. 다윗은 그의 노년에 '내가 그 말씀대로 이스라엘을 다스렸다'고 고백하고 있다.

"내 집이 하나님 앞에 이같지 아니하냐. 하나님이 나와 더불어 영원한 언약을 세우사 만사에 구비하고 견고하게 하셨으니 나의 모든 구원과 나의 모든 소원을 어찌 이루지 아니하시랴. 그러나 사악한 자는 다 내버려질 가시나무 같으니 이는 손으로 잡을 수 없음이로다. 그것들을 만지는 자는 철과 창자루를 가져야 하리니 그것들이 당장에 불살리리로다 하니라."(삼하 23:5-7)

셋째 단락은 하나님께서 다윗과 그의 가문에 세우신 영원한 언약이다. 하나님께서 다윗의 구원과 소원을 이루어주실 것이다. 그러나 다윗을 대적하는 자들은 가시나무처럼 버려지고 불살라질 것이다. 이것은 하나님의 신실하심에 대한 다윗의 믿음이었다.

다윗의 마지막 말 다음에 37인의 용사들의 이름과 업적이 간략하게 기록되어 있다. 하나님께서는 다윗에게 훌륭한 장수들을 많이 보내주셨다. 그들은 목숨을 아끼지 않고 싸워서 큰 승리를 거두었다. 37인 중에서도 가장 많은 절(節)수를 할애한 장수는 브나야였다.

"또 갑스엘 용사의 손자 여호야다의 아들 브나야이니 그는 용맹스런 일을 행한 자라. 일찍이 모압 아리엘의 아들 둘을 죽였고 또 눈이 올 때에 구덩이에 내려가서 사자 한 마리를 쳐 죽였으며, 또 장대한 애굽 사람을 죽였는데 그의 손에 창이 있어도 그가 막대기를 가지고 내려가 그 애굽 사람의 손에서 창을 빼앗아 그 창으로 그를 죽였더라. 여호야다의 아들 브나야가 이런 일을 행하였으므로…다윗이 그를 세워 시위대 대장을 삼았더라."(삼하 23:20-23)

브나야는 대제사장 여호야다의 아들이었다(대상 27:5). '눈 오는 날

구덩이에 내려가서 사자 한 마리를 쳐 죽였다'는 말을 듣고 다윗은 자신이 사자와 곰을 쳐 죽였던 일들을 떠올렸을 것이다. 그래서 브나야를 자기 시위대 대장으로 삼았다. 브나야는 솔로몬 대에 이르기까지 다윗가(家)에 충성스럽고 용맹스러운 시위대장이 되었다.

사무엘하의 마지막 24장은 역대상 21장과 병행을 이루고 있다. 이 장에 다윗의 마지막 실수가 기록되어 있다. 이 일이 언제 일어났는지 우리는 알 수 없다. 아마도 다윗의 위세가 하늘을 찌를 때였을 것이다. 고대의 왕들은 군대의 숫자를 자랑했다. 예를 들면 '앗수르의 백만 대군', 이런 식이다. 다윗도 자기 군대의 숫자를 헤아려 보고 싶었다. 요압이 반대했지만 다윗은 고집을 꺾지 않았다. 성경은 '여호와께서 다시 이스라엘을 향하여 진노하사 그들을 치시려고 다윗을 격동하사' 이런 일이 일어났다고 기록하고 있다. 한편 역대상 21장 1절에서는 '사탄이 다윗을 충동'했다고 기록하고 있다.

하나님의 격동과 사탄의 충동 사이에는 어떤 관계가 있을까. 그 둘 사이에 다윗의 교만이 자리 잡고 있다. 시작은 이스라엘의 범죄였다. 그 죄를 심판하시기 위해 하나님께서 다윗의 교만을 내버려두셨다. 그러자 사탄이 다윗을 충동질했다. 그리하여 다윗은 고집스럽게 인구조사를 강행했고, 그 결과 하나님은 이스라엘의 죄와 다윗의 교만을 동시에 심판하셨다. 그때 이스라엘이 무슨 잘못을 저질렀는지 우리는 알 길이 없다.

다윗의 채근에 못이긴 요압이 전쟁에 나갈 인구조사를 시작했다. 무려 아홉 달 이십일이나 소요되었다. 조사해보니 이스라엘 중에서 팔십만 명이요 유다 사람들 중에 오십만 명, 합계 백삼십만 명이었다. (역대하 21장에는 이스라엘이 백십만 명, 유다 지파가 사십칠만 명, 합계 백오십칠만 명으로 기록되어 있다.) 그렇다면 당시 이스라엘 백성의 숫자는 적어도 6백여만 명이 되었을 것이다. 그나마 레위 지파와 베냐민 지파는 빼놓은 숫자다. 어디에 내어놓아도 손색이 없는 '일백삼십만 대군'이다.

그런데 그 보고를 듣는 순간 다윗은 자신의 교만을 깨달았다. 그래서 즉시 엎드려 회개하기 시작했다.

> "내가 이 일을 행함으로 큰 죄를 범하였나이다. 여호와여 이제 간구하옵나니 종의 죄를 사하여 주옵소서. 내가 심히 미련하게 행하였나이다."(삼하 24:10)

왜 인구를 조사하는 일이 그토록 큰 죄와 미련한 행위가 되었을까. 다윗은 인생의 정점(頂點)에서 시편 23편을 잊어버렸다. "여호와는 나의 목자시니 내가 부족함이 없으리로다" 하는 노래 부르기를 멈추었다. 하나님 외에 다른 것, 곧 군대의 힘을 의지했다. 그것은 영적인 간음행위였다. 하나님께서 갓 선지자를 다윗에게 보내시며 세 가지 책벌 가운데 하나를 선택하라고 하셨다.

> "갓이 다윗에게 이르러 아뢰어 이르되 왕의 땅에 칠 년(역대상에는 3년으로 기록되어 있다) 기근이 있을 것이니이까, 혹은 왕이 왕의 원수에게 쫓겨 석 달 동안 그들 앞에서 도망하실 것이니이까, 혹은 왕의 땅에 사흘 동안 전염병이 있을 것이니이까, 왕은 생각하여 보고 나를 보내신 이에게 무엇을 대답하게 하소서 하는지라."(삼하 24:13)

다윗은 곤경에 처했다. 그는 사람의 포악한 손보다 하나님의 긍휼하신 손에 자신과 이스라엘을 맡기기로 작정했다. 그리하여 사흘이 다 되기 전에 단에서부터 브엘세바까지 염병으로 죽은 자가 7만여 명이나 되었다. 하나님은 재앙 내리심을 뉘우치시고(뜻을 돌이키셨다는 의미다.) 백성을 멸하는 천사에게 "네 손을 거두라"고 명하셨다. 천사가 예루살렘을 치기 직전이었다. 다윗은 여호와의 사자가 여부스 사람 아라우나(오르난)의 타작마당에 서 있는 모습을 보았다. 이 타작마당은 예루살렘 성으로 들어가는 초입(初入)에 있었다. 훗날 솔로몬이 성전을 지었던 바로 그 자리였다(대하 3:1). 다윗이 엎드려 기도했다.

"나는 범죄하였고 악을 행하였거니와 이 양무리는 무엇을 행하였나이까. 청하건대 주의 손으로 나와 내 아버지의 집을 치소서."(삼하 24:17)

다윗은 그날 은 오십 세겔로 아라우나의 타작마당을 사서 제단을 쌓고 제사를 드렸다. (역대상 21장에는 금 육백 세겔을 주었다고 기록하고 있다. 서로 다른 액수에 관해 성경학자들은 제사에 필요한 소와 도구들을 사는 데 은 50세겔, 그리고 그 터 전체를 사는 데 금 6백 세겔을 주었으리라고 해석한다.) 제사가 끝나자 재앙도 그쳤다. 언제나 죄는 사람이 짓고 화해는 하나님께서 하신다.

다윗 왕의 이야기가 여기에서 끝난다. (사실은 열왕기하 1장과 2장에 다윗의 노년 이야기가 잠깐 나온다. 그리고 성전 건축을 준비하는 다윗의 이야기는 역대기상에 나온다.)

가슴으로
읽는 7 Samuel
성경 Kings
Chronicles

제2부

솔로몬 왕과 성전 건축

(열왕기상 1-11장)

1

솔로몬이 즉위하다

왕상 1-2장

세월은 막을 자가 없다. 골리앗을 죽이고 나라를 통일시켰던 불굴의 지도자 다윗도 어느새 짚불처럼 사그라져가고 있었다. 나이 들면 다가오는 증상 중 하나가 체온의 저하(低下)다. 겨울에는 이불을 덮어도 따뜻하지 않고 여름이면 손발이 시려 잠을 설친다. 잠을 설치면 기력이 없고, 기력이 떨어지면 입맛부터 도망간다. 다윗에게 그런 날이 다가왔다. 왕의 건강을 염려한 신하들이 소위 '인간난로'를 준비했다. 아름다운 수넴 여인 아비삭을 다윗의 품에 눕게 하고 곁에서 시중도 들게 했다. 물론 둘 사이에 남녀관계는 없었다.

그 무렵 아도니야가 스스로 왕이 되기로 작정했다. 아도니야는 다윗이 헤브론에서 얻은 여섯 아들 중 넷째이다. 첫 아들 암논은 압살롬에 의해 죽임을 당했고, 아비가일이 낳은 둘째 아들 길르압은 기록에도 나오지 않는다. 아마 일찍 죽었거나 아니면 권력다툼에서 비켜섰을 것이다. 셋째 압살롬은 요압에게 죽었다. 그래서 아도니야는 왕위를 이을 자가 바로 자기라고 생각했다. 그럴 만도 했다. 그는 외모가 준수하고 다윗으로부터 한 번도 책망을 받은 적이 없었다. 아도니야는 압살롬처럼 자기를 위하여 병거를 만들고 기병과 호위병 오십 명을 준비했다. 그리고 군대장관 요압과 제사장 아비아달을 불러다 모의를 꾸몄다. 얼마 후에는 예루살렘 남동쪽에 있는 기드론 골짜기에서 양과 소와 살찐 송아지를 잡고 자기의 동생들과 왕의 신하들을 초청하여 왕의 즉위식을 거행했다. 어딘지 어설펐다.

아도니야는 솔로몬과 제사장 사독과 선지자 나단과 호위대장 브나야와 다윗의 다른 용사들은 초청하지 않았다. 머지않아 다윗의 왕궁에서 유혈사태가 벌어질지 모른다. 아도니야가 왕궁에 들어오면 맨 먼저 솔로몬을 죽일 것이다. 평소에 다윗이 자신의 대를 이을 자는 솔로몬이라고 자주 언급했으니까. 선지자 나단이 급히 밧세바를 찾아와서 솔로몬의 생명을 구할 계책을 들려주었다.

> "당신은 다윗 왕 앞에 들어가서 아뢰기를, '내 주 왕이여 전에 왕이 여종에게 맹세하여 이르시기를 네 아들 솔로몬이 반드시 나를 이어 왕이 되어 내 왕위에 앉으리라 하지 아니하셨나이까. 그런데 아도니야가 무슨 이유로 왕이 되었나이까.' 하소서. 당신이 거기서 왕과 말씀하실 때에 나도 뒤이어 들어가서 당신의 말씀을 확증하리이다."(왕상 1:13-14)

다윗 앞에 엎드린 밧세바는 나단의 말에 몇 마디 더 첨가했다.

"내 주 왕이여 온 이스라엘이 왕에게 다 주목하고 누가 내 주 왕을 이어 그 왕위에 앉을지를 공포하시기를 기다리나이다. 그렇지 아니하면 내 주 왕께서 그의 조상들과 함께 잘 때에 나와 내 아들 솔로몬은 죄인이 되리이다."

밧세바의 말이 끝날 무렵 나단이 다윗을 찾아와 같은 말을 했다.

"이것이 내 주 왕께서 정하신 일이니이까? 그런데 왕께서 내 주 왕을 이어 그 왕위에 앉을 자를 종에게 알게 하지 아니하셨나이다."

나단의 말까지 듣고 보니 사태가 심각했다. 다윗은 밧세바를 다시 불러다가 나단 선지자 앞에서 솔로몬을 후계자로 선포했다.

"내 생명을 모든 환난에서 구하신 여호와께서 살아 계심을 두고 맹세하노라. 내가 이전에 이스라엘의 하나님 여호와를 가리켜 네게 맹세하여 이르기를 네 아들 솔로몬이 반드시 나를 이어 왕이 되고 나를 대신하여 내 왕위에 앉으리라 하였으니 내가 오늘 그대로 행하리라."

그리고 제사장 사독과 선지자 나단과 시위대장 브나야를 불러다가 왕위 계승 절차를 일러주었다.

"너희는 너희 주의 신하들을 데리고 내 아들 솔로몬을 내 노새에 태우고 기혼으로 인도하여 내려가고 거기서 제사장 사독과 선지자 나단은 그에게 기름을 부어 이스라엘 왕으로 삼고 너희는 뿔나팔을 불며 솔로몬 왕은 만세수를 하옵소서 하고, 그를 따라 올라오라. 그가 와서 내 왕위에 앉아 나를 대신하여 왕이 되리라. 내가 그를 세워 이스라엘과 유다의 통치자로 지명하였느니라."

브나야가 큰 소리로 화답했다.

"아멘. 내 주 왕의 하나님 여호와께서도 이렇게 말씀하시기를 원하오며, 또 여호와께서 내 주 왕과 함께 계심같이 솔로몬과 함께 계셔서 그의 왕위를 내 주 다윗 왕의 왕위보다 더 크게 하시기를 원하나이다."

당시 귀족들은 노새를 타고 다녔다. 특히 왕의 노새를 탄 왕자는 그가 곧 후계자임을 의미했다. 기혼은 훗날 히스기야 왕이 지하 수로를 통해 실로암으로 물을 끌어왔던 바로 그 샘으로 성 밖 기드론 골짜기에 있었다. 왕위 계승식은 일사분란하게 진행되었다. 제사장 사독은 성막에서 기름으로 채워진 뿔을 가져오고, 브나야는 솔로몬을 다윗왕의 노새에 태워서 기혼으로 내려갔다. 왕의 호위무사들인 그렛 사람과 블렛 사람들이 솔로몬을 호위했다. 기혼은 아도니야 일행이 있는 곳보다 조금 더 왕궁에 가까웠다. 이 둘 사이는 그렇게 멀리 떨어지지 않았지만 서로가 볼 수 없는 계곡이 있었다. 제사장 사독이 솔로몬에게 기름을 부은 후에 뿔나팔을 불자 모여든 백성들이 "솔로몬 왕은 만세수를 하옵소서" 하고 외쳤다. 그 소리가 얼마나 컸던지 땅이 갈라지는 듯했다. 잔치 중에 그 소리를 들은 아도니야 일행은 간담이 서늘했다.

아도니야를 따라온 사람들은 즉시 무슨 일이 일어났는지 알게 되었다. 잘못하면 역모 죄에 얽힐 것이다. 그래서 모두 자기 집으로 도망갔다. 홀로 남은 아도니야는 성막으로 올라가서 제단 뿔을 붙잡고 '솔로몬 왕이 오늘 칼로 자기 종을 죽이지 않겠다고 맹세하기를 원한다'고 간청했다. 조금 전의 위용은 간데없고 겁에 질린 모습이 보기에도 측은했다. 솔로몬은 '만일 그가 선한 사람이라면 머리털 하나도 땅에 떨어지지 아니하려니와 그에게 악한 것이 보이면 죽으리라'고 약속하며 자기 집으로 돌아가게 했다. 그리하여 다윗은 안전하게 그의 왕위를 솔로몬에게 물려줄 수 있었다.

열왕기하 2장에는 다윗이 솔로몬에게 남긴 유언이 기록되어 있다. 물론 솔로몬이 즉위한 직후에 다윗이 죽은 것은 아니다. 그 사이에 어느 정도의 시간이 있었을 것이다. 다윗은 그 남은 날들 동안 솔로몬에게 성전 건축의 사명을 전해주었다. 다윗은 이전에도 솔로몬에게 개인적으로 성전 건축을 명한 적이 있었다(대상 22장). 그러나 이번에는 보다 더 자세한 내용을 들려주었다(대상 28-29장).

다윗은 온 이스라엘의 지도자들을 예루살렘에 소집하고 이렇게 선포했다.

"여호와께서 내게 여러 아들을 주시고 그 모든 아들 중에서 내 아들 솔로몬을 택하사 여호와의 나라 왕위에 앉혀 이스라엘을 다스리게 하려 하실새 내게 이르시기를, '네 아들 솔로몬 그가 내 성전을 건축하고 내 여러 뜰을 만들리니 이는 내가 그를 택하여 내 아들로 삼고 나는 그의 아버지가 될 것임이라. 그가 만일 나의 계명과 법도를 힘써 준행하기를 오늘과 같이 하면 내가 그의 나라를 영원히 견고하게 하리라.' 하셨느니라."(대상 28:5-7)

그날 다윗은 온 백성들이 보는 앞에서 솔로몬에게 간곡히 부탁했다.

"내 아들 솔로몬아 너는 네 아버지의 하나님을 알고 온전한 마음과 기쁜 뜻으로 섬길지어다. 여호와께서는 모든 마음을 감찰하사 모든 의도를 아시나니 네가 만일 그를 찾으면 만날 것이요 만일 네가 그를 버리면 그가 너를 영원히 버리시리라. 그런즉 이제 너는 삼갈지어다. 여호와께서 너를 택하여 성전의 건물을 건축하게 하셨으니 힘써 행할지니라."(대상 28:9-10)

이보다 더 보배로운 교훈이 어디 있겠는가. 뿐만 아니라 다윗은 하나님께서 직접 그려주신 설계도(대상 28:19)를 솔로몬에게 넘겨주었다. 다윗은 그동안 설계도에 따라 건축할 재료들과 장인(匠人)들을 준비해두었다. 석수(石手)들로 돌을 다듬게 하고 무수한 백향목을 레바논에서 실어왔다. 다윗과 백성의 지도자들이 모은 건축 재료는 금이 8천 달란트(273톤), 은이 1만 7천 달란트(581톤), 놋이 1만 8천 달란트(615톤), 그리고 철이 10만 달란트(3420톤)였다. 한 달란트는 34.2kg이다. 엄청난 금액의 재료들이었다. 금값만 해도 오늘날 시세로 173억 달러에 이른다. (역대상 22장 14절에는 다윗이 금 십만 달란트와 은 백만 달란트를 준비했다고 기록하고 있는데, 아마도 기록하는 과정에서 잘못되었을 것이다.) 다윗은 그 외에도 성전을 단장하는 데 사용할 각종 보석들을 넘겨주었다. 적어도 성전을 건축하기 위해서는 더 준비할 필요가 없었다. 다윗이 준비한 것들로도 충분했다.

마지막으로 다윗은 특별한 감사의 기도를 드렸다. 우리가 그날, 그 자리에 있었다고 생각하며 다윗의 음성을 들어보자.

"우리 조상 이스라엘의 하나님 여호와여 주는 영원부터 영원까지 송축을 받으시옵소서. 여호와여 위대하심과 권능과 영광과 승리와 위엄이 다 주께 속하였사오니 천지에 있는 것이 다 주의 것이로소이다. 여호와여 주권도 주께 속하였사오니 주는 높으사 만물의 머리이심이니이다. 부와 귀가 주께로 말미암고 또 주는 만물의 주재가 되사 손에 권세와 능력이 있사오니 모든 사람을 크게 하심과 강하게 하심이 주의 손에 있나이다. 우리 하나님이여 이제 우리가 주께 감사하오며 주의 영화로운 이름을 찬양하나이다. 나와 내 백성이 무엇이기에 이처럼 즐거운 마음으로 드릴 힘이 있었나이까. 모든 것이 주께로 말미암았사오니 우리가 주의 손에서 받은 것으로 주께 드렸을 뿐이니이다. 우리는 우리 조상들과 같이 주님 앞에서 이방 나그네와 거류민들이라. 세상에 있는 날이 그림자 같아서 희망이 없나이다. 우리 하나님 여호와여 우리가 주의 거룩한 이름을 위하여 성전을 건축하려고 미리 저축한 이 모든 물건이 다 주의 손에서 왔사오니 다 주의 것이니이다. 나의 하나님이여 주께서 마음을 감찰하시고 정직을 기뻐하시는 줄을 내가 아나이다. 내가 정직한 마음으로 이 모든 것을 즐거이 드렸사오며 이제 내가 또 여기 있는 주의 백성이 주께 자원하여 드리는 것을 보오니 심히 기쁘도소이다. 우리 조상들 아브라함과 이삭과 이스라엘의 하나님 여호와여 주께서 이것을 주의 백성의 심중에 영원히 두어 생각하게 하시고 그 마음을 준비하여 주께로 돌아오게 하시오며 또 내 아들 솔로몬에게 정성된 마음을 주사 주의 계명과 권면과 율례를 지켜 이 모든 일을 행하게 하시고 내가 위하여 준비한 것으로 성전을 건축하게 하옵소서."(대상 29:10-19)

다윗의 기도가 끝나자 그곳에 모인 모든 백성들이 여호와를 송축하고 솔로몬을 왕으로 삼아 다시 한번 기름을 부었다. 그날 거국적인 대관식(戴冠式)이 끝나자 온 백성들이 솔로몬에게 머리 숙여 절했다. 그리고 각각 천 마리의 수송아지와 숫양과 어린 양으로 제사를 드리며 먹고 마셨다.

공식적인 즉위식이 끝난 후에 다윗은 솔로몬에게 이런 유언을 남겼다.

"내가 이제 세상 모든 사람이 가는 길로 가게 되었노니 너는 힘써 대장부가 되고 네 하나님 여호와의 명령을 지켜 그 길로 행하여 그 법률과 계명과 율례와 증거를 모세의 율법에 기록된 대로 지키라.

그리하면 네가 무엇을 하든지 어디로 가든지 형통할지라. 여호와께서 내 일에 대하여 말씀하시기를 만일 네 자손들이 그들의 길을 삼가 마음을 다하고 성품을 다하여 진실히 내 앞에서 행하면 이스라엘 왕위에 오를 사람이 네게서 끊어지지 아니하리라 하신 말씀을 확실히 이루게 하시리라."(왕상 2:2-4)

덧붙여 사사로운 유언도 몇 가지 남겼다. (역대기에는 기록되지 않은 유언들이다.) 기회를 보아서 군대장관 요압과 베냐민 사람 시므이를 죽이라는 내용과, 그가 압살롬을 피해 마나하임에 머물 때 도와주었던 길르앗 사람 바르실래의 아들들에게 은총을 베풀라는 내용이었다.

다윗은 헤브론에서 7년 6개월 예루살렘에서 33년 등 도합 40여 년 동안 이스라엘을 다스렸다. 그리고 솔로몬에게 견고한 나라를 물려준 후에 평화롭게 세상을 떠났다. 다윗의 삶은 이후에 일어난 모든 왕들의 성공과 실패를 구별하는 시금석(試金石)이 되었다. 하나님께서 다른 왕들을 책망하실 때 늘 하신 말씀이 '다윗과 같이 행하지 아니하고'였기 때문이다.

열왕기상 2장의 후반부에는 솔로몬 왕이 다윗의 사사로운 유언을 처리하는 이야기가 기록되어 있다. 얽힌 실타래는 뜻밖에도 어리석은 아도니야 때문에 풀리기 시작했다. 아도니야는 다윗의 노년에 수발들었던 수넴 여인(처녀)이 욕심났다. 그래서 밧세바를 찾아가서 수넴 여자 아비삭을 자기 아내로 달라고 부탁했다. 그렇게 해서라도 왕의 꿈을 이루어보고 싶었을까? 지혜 없는 사람은 죽을 일만 골라서 행한다. 대수롭지 않게 생각한 밧세바가 솔로몬에게 아도니야를 위해 청을 넣었다. 그 말을 들던 솔로몬이 강한 어조로 어머니에게 항의했다.

"어찌하여 아도니야를 위하여 수넴 여자 아비삭을 구하시나이까. 그는 나의 형이오니 그를 위하여 왕권도 구하옵소서. 그뿐 아니라 제사장 아비아달과 스루야의 아들 요압을 위해서도 구하옵소서.' 하고 여호와를 두고 맹세하여 이르되, '아도니야가 이런 말을 하였은즉 그의 생명을 잃지 아니하면 하나님은 내게 벌 위에 벌을 내리심이 마땅하니이다…아도니야는 오늘 죽임을 당하리라."(왕상 2:22-24)

그날 아도니야는 브나야의 손에 죽임을 당했다. 아도니야와 함께 모사를 꾸몄던 아비아달은 제사장직을 박탈당하고 고향으로 쫓겨났다. 요압이 그 소식을 듣고 여호와의 장막으로 도망가서 제단 뿔을 잡았다. 그리고 그곳에서 브나야에게 죽임을 당했다. 그가 이스라엘의 군사령관 아브넬과 유다의 군사령관 아마사를 칼로 죽인 핏값이었다. 솔로몬은 요압을 대신하여 브나야를 군사령관으로 삼았다.

아직 한 사람이 더 남아 있었다. 다윗이 피난 갈 때에 저주했던 시므이였다. 지혜로운 솔로몬은 시므이로 하여금 예루살렘 성내에 집을 짓고 살게 했다. 만일 그의 생전에 예루살렘 성을 벗어나 기드론 시내를 건너면 죽임을 당할 것이라고 엄히 경고했다. 그러나 삼년 후에 시므이가 도망간 종을 찾으러 블레셋의 가드를 다녀오자 그도 브나야의 손에 죽임을 당했다. 열왕기의 저자는 이 단락을 "이에 나라가 솔로몬의 손에 견고하여지니라"(왕상 2:46)고 마무리지었다.

2

솔로몬의 지혜

왕상 3-4, 10장

성전을 짓기 전에는 백성들이 산당에서 제사를 드렸다. 그중에 가장 큰 산당이 예루살렘에서 북쪽으로 10km 떨어진 기브온에 있었다. 그곳에는 모세가 지은 '하나님의 회막'과 브살렐이 만든 놋 제단이 있었다(왕상 3:3-5). 솔로몬은 산당을 방문하여 천 마리의 짐승으로 번제를 드렸다. 천 날 동안 드린 제사가 아니고 하루 혹은 며칠 동안에 드린 제사였을 것이다. 그러자 꿈에 하나님께서 나타나셔서 "내가 너에게 무엇을 줄꼬. 너는 구하라" 하고 물으셨다. 솔로몬이 대답했다.

"나의 하나님 여호와여 주께서 종으로 종의 아버지 다윗을 대신하여 왕이 되게 하셨사오나 종은 작은 아이라. 출입할 줄을 알지 못하고 주께서 택하신 백성 가운데 있나이다. 그들은 큰 백성이라. 수효가 많아서 셀 수도 없고 기록할 수도 없사오니 누가 주의 이 많은 백성을 재판할 수 있사오리이까. 듣는 마음을 종에게 주사 주의 백성을 재판하여 선악을 분별하게 하옵소서."(왕하 3:7-9)

꿈에는 생시처럼 말하기가 쉽지 않다. 그런데 솔로몬은 진심으로 지혜를 구했다. 지혜는 '듣는 마음'이다. 그리고 '듣는 마음'은 '순종하는 마음'이다. 솔로몬의 말이 하나님의 마음에 합당했다. 하나님은 솔로몬에게 지혜와 함께 그가 구하지 않은 부귀와 영광도 주시겠다고 약속하셨다. 다만 한 가지 조건이 있었다.

"네가 만일 네 아버지 다윗이 행함같이 내 길로 행하며 내 법도와 명령을 지키면 내가 또 네 날을 길게 하리라."

꿈에서 깨어난 솔로몬은 아버지가 다윗이 당부했던 말씀이 기억났다.

"네 하나님 여호와의 명령을 지켜 그 길로 행하여 그 법률과 계명과 율례와 증거를 모세의 율법에 기록된 대로 지키라. 그리하면 네가 무엇을 하든지 어디로 가든지 형통할지라."(왕상 2:3)

부모의 유언을 귓등으로 흘려보내는 자녀들이 많은데, 솔로몬은 다윗의 말을 얼마나 오랫동안 지킬 수 있을까. 두고 볼 일이다. 기브온에는 모세가 만든 여호와의 성막이 있었고, 예루살렘에는 하나님의 언약궤가 있었다. 성전을 지을 때까지는 둘 다 불완전한 채로 자리를 지켰다. 솔로몬은 기브온에서 예루살렘으로 돌아와 언약궤 앞에서 다시 한번 번제와 감사의 제물을 드렸다.

하나님께서 솔로몬에게 주신 지혜가 만천하에 드러난 사건이 뒤이어 일어났다. 몸을 팔아 생활하는 두 여인이 한 집에 살고 있었다. 그들이 비슷한 때에 임신하더니 사흘 간격으로 둘 다 아들을 낳았다. 그런데 갑자기 한 아이가 죽었다. 두 사람은 솔로몬을 찾아와서 '살아 있는 아이가 자기 아이'라고 서로 주장했다. 먼저 고소한 여인은 '저 여자가 잠자다가 아이를 깔아 죽이고 그 아이와 내 살아 있는 아이를 바꿔치기 했다'고 주장했다. 다른 여인은 그 반대로 주장했다. 들어보니 난감했다. 둘만 살던 집에서 일어난 일이었다. 증인도 없었다. 무슨 수로 재판을 한단 말인가. 신하들이 솔로몬을 쳐다보았다.

그때 하나님께서 솔로몬에게 지혜를 주셨다. 솔로몬은 두 어머니의 모성애에 접근했다. 그래서 칼을 가져다가 살아 있는 아이를 토막 내어 두 여인에게 공평하게 나누어주라고 명령한 후에 시치미를 뚝 떼고 기다렸다. 그러자 고소했던 여인이 살아 있는 아이를 상대방에게 주라고 애원했다. 다른 여인은 올바른 판결이라면서 공평하게 나누자고 했다. 제 자식이 아니었으니까. 이렇게 해서 생모가 누구인지 만천하에 드러났고, 그 결과 온 이스라엘 백성들은 왕을 두려워하게 되었다. 지혜는 뜻밖에도 평범한 상식에서 온다.

이렇게 다윗의 시대는 지나가고 새로운 세대가 등장했다. 사독의 아들 아사리아가 제사장이 되었고, 나단(선지자)의 아들 아사리아는 지방 관장의 두령이 되었으며, 브나야는 다윗과 솔로몬의 대(代)를 이어 군대사령관으로 섬겼다. 다윗의 시대에는 전쟁이 많았기 때문에 군대장관이 우위에 있었다. 그러나 솔로몬이 다스리는 평화의 시절에는 제사장들과 열두 지방행정장관들을 비롯한 관료들이 전면에 나섰다. 열왕기의 저자는 솔로몬의 영화를 이렇게 표현하고 있다.

"유다와 이스라엘의 인구가 바닷가의 모래같이 많게 되매 먹고 마시며 즐거워하였으며, 솔로몬이 그 (유브라데)강에서부터 블레셋 사람의 땅에 이르기까지와 애굽 지경에 미치기까지의 모든 나라를 다스리므로 솔로몬이 사는 동안에 그 나라들이 조공을 바쳐 섬겼더라…솔로몬이 그 강 건너편을 딥사에서부터 가사까지 모두, 그 강 건너편의 왕을 모두 다스리므로 그가 사방에 둘린 민족과 평화를 누렸으니 솔로몬이 사는 동안에 유다와 이스라엘이 단에서부터 브엘세바에 이르기까지 각기 포도나무 아래와 무화과나무 아래에서 평안히 살았더라."(왕상 4:20-21, 24-25)

국방력도 튼튼했다. 말 외양간이 사만이요(역대하 9장 25절에는 사천이라 기록됨), 병거가 천 사백이며(왕상 10:26), 마병이 만 이천 명이었다. 솔로몬은 문학에 조예가 깊어 잠언 삼천 가지를 말하였고, 천다섯 편의 노래를 지었다. 그의 지혜는 식물학과 동물학에도 두루 미쳤다. 이 소식을 들은 천하의 왕들이 솔로몬의 지혜를 듣기 위해 방문하거나 사절단을 보내왔다. 성경은 솔로몬의 지혜가 동쪽 모든 사람의 지혜와 애굽의 모든 지혜보다 뛰어났다고 기록하고 있다. 그리하여 하나님께서 솔로몬을 당대 최고의 왕으로 세워주셨다.

3

솔로몬의 성전 건축

왕상 5-9장

다윗이 성전 건축을 위해 많은 재료들을 준비해 두었지만 궁궐까지 짓기에는 충분하지 않았다. 이에 솔로몬은 선대(先代)로부터 교류가 있었던 두로 왕 히람에게 도움을 요청했다.

"여호와께서 내 아버지 다윗에게 하신 말씀에 내가 너를 이어 네 자리에 오르게 할 네 아들 그가 내 이름을 위하여 성전을 건축하리라 하신 대로 내가 내 하나님 여호와의 이름을 위하여 성전을 건축하려 하오니 당신은 명령을 내려 나를 위하여 레바논에서 백향목을 베어내게 하소서. 내 종과 당신의 종이 함께할 것이요 또 내가 당신의 모든 말씀대로 당신의 종의 삯을 당신에게 드리리이다. 당신도 알거니와 우리 중에는 시돈 사람처럼 벌목을 잘하는 자가 없나이다."(왕상 5:5-6)

소나뭇과에 속한 레바논의 백향목은 나무가 곧고 단단하여 중동 지방의 신전이나 궁전 건축, 또는 선박을 건축하는 데 많이 사용되었다. 해발 천 사백 미터의 고산에서 자라는 백향목은 수백 년을 자라야 건축재로 사용될 수 있을 정도로 성장속도가 느렸다. 레바논의 국기에도 그려진 백향목은 오랜 세월의 무분별한 벌목으로 지금은 보호수종(保護樹種)이 되었다.

두로 왕 히람은 솔로몬의 청을 기꺼이 허락했다. 솔로몬은 그 대가로 해마다 밀 이만 고르(4,400킬로리터)와 최상급 올리브 기름 이십 고르(4,400리터)를 히람의 궁정으로 보냈다. (역대하 2장 10절에는 찧은 밀 이만 고르와 보리 이만 고르와 포도주 이만 바트와 기름 이만 바트를 벌목하는 종들에게 지불했다고 기록되어 있다. 참고로 1고르는 220리터이고, 1밧은 22리터이다.)

솔로몬은 성전 건축을 위해 삼만 명의 역군들을 소집한 후 세 그룹으로 나누어 매월 만 명씩 레바논으로 보냈다. 그 외에도 짐꾼이 칠만 명이요, 산에서 돌을 뜨는 자가 팔만 명이며, 사역을 감독하는 관리가 삼천삼백 명이나 되었다. 이들도 몇 조(組)로 나누어 일했을 것이다. 도대체 얼마나 큰 성전과 왕궁을 건축하기에 그토록 많은 인원들이 필요했을까.

성경은 솔로몬이 성전을 건축하기 시작한 때를 이렇게 기록하고 있다.

> "이스라엘 자손이 애굽 땅에서 나온 지 사백팔십 년이요 솔로몬이 이스라엘 왕이 된 지 사 년 시브월 곧 둘째 달에 솔로몬이 여호와를 위하여 성전 건축하기를 시작하였더라."(왕상 6:1)

솔로몬은 즉위 후 3년 동안 건축을 준비했다. 유대력 '시브월'은 태양력으로 4-5월경이다. 우기가 끝나고 건축하기 좋은 봄 날씨다. 이 구절을 인용하여 역산(逆算)하면, 솔로몬이 즉위한 해를 주전 971년으로 잡을 경우, 이스라엘이 애굽에서 나온 해는 주전 1446년경이 된다.

열왕기상 6-7장(역대하 3-4장)에는 성전 설계도가 설명되어 있다. 어린 시절 나는 이 부분을 읽다가 자주 흥미를 잃곤 했다. 요즘처럼 종이에 그려진 설계도(blue print)가 있었다면 더 선명했을 텐데, 말로 설명하다 보니 머릿속에서 성전 모양을 그려내기가 쉽지 않았다. 지금도 마찬가지이다. 그래서 우리는 성전의 대략적인 모형에 관해서만 살펴보려고 한다.

성전의 크기는 길이가 육십 규빗이요 너비가 이십 규빗이요 높이가 삼십 규빗이었다. (참고로 1규빗은 팔꿈치부터 손가락 끝까지의 길이로 약 46-54cm이다. 여기에서는 알기 쉽게 50cm로 계산하려고 한다.) 미터로 환산하면 길이가 30m이고, 너비가 10m이며, 높이가 15m이다. 성전은 다시 2:1의 비율로 성소와 지성소로 나누어진다. 성소를 지나 들어가는 지성소는 길이와 너비와 높이가 각각 10m로 정방형이다. 성전 밖의 삼 면(서, 남, 북)에 각각 2.5m 높이의 골방들이 3층으로 둘러싸여 있고, 각 층들은 올라갈수록 50cm씩 더 넓어졌다. 이 골방들은 나선형 층계를 통하여 올라갈 수 있었다.

성전은 큰 돌들로 기초를 놓았다. 모든 돌은 채석장에서 다듬어다가 건축했으므로 현장에서는 철 연장 소리가 들리지 않았다. 성전 안은 잣나무로 마루를 놓고 백향목 널빤지로 모든 벽과 천장을 덮었다. 그 위에 성전 내부 전체를 황금으로 입혔다. (역대하 3장 8절에 보면 이렇게 덧입혀진 금의 무게만 6백 달란트, 곧 20,520kg이었다.)

성소와 지성소 사이는 백향목 널판으로 벽을 만들었다. 성전 안의 모든 백향목 널판에는 호리병 모양의 박(gourd)과 활짝 핀 꽃 모양을 새겼다. 지성소에는 5m 높이의 그룹(천사) 둘을 만들고 금으로 입혔다. 그룹 날개의 펼친 길이는 5m로 각각 한쪽 날개는 벽에 닿고 다른 쪽 날개는 서로에게 닿았다. 그리고 언약궤를 그 아래 두었다. 우리는 그룹(천사)의 모양을 알 수가 없다. 주후 1세기의 유대 역사가 요세푸스도 '그룹의 형상을 아는 사람은 아무도 없다'고 했다.

성전 밖에서 성소로 들어가는 문은 잣나무로 만들고, 성소에서 지성소로 들어가는 문은 감람나무로 만들었다. 그리고 문 전체에 금을 입혔다. 성소 안에는 금으로 입힌 향단이 지성소 앞에 있었고, 좌우에는 금으로 입힌 각각 다섯 개의 진설병 상과 정금 등잔대들이 있었다(대하 4:7-8). 대접이나 불집게같이 성소에서 사용하는 집기들도 모두 금으로 만들었다.

한편 동편에서 성소로 들어가는 낭실(portico, 지붕을 덮은 긴 복도)을 부속건물처럼 지었는데, 입구의 길이는 10m요 너비는 5m였다. 역대하 3장 4절을 보면 낭실의 높이를 60m로 기록하고 있다. 그러나 이보다는 성소의 높이인 15m가 더 어울린다. (열왕기상과 역대하에 기록된 숫자의 차이점들은 성경을 옮겨 적은 이들의 실수에서 왔을 것이다.) 낭실 앞에 세워놓은 놋기둥의 높이도 열왕기상은 그 머리를 포함하여 11.5m인데 역대하는 20m로 표기하고 있다. 두 놋기둥에는 이름이 붙여졌다. 오른편의 기둥은 야긴('저가 세우리라')이고 왼편의 기둥은 보아스('그에게 능력이 있다')였다.

놋으로 성전 집기들을 만드는 일은 두로 왕이 보낸 히람(두로 왕과 동명이인)의 몫이었다. 그의 어머니는 단 지파 사람이고 아버지는 레바논 사람이었다. 그는 옛날 브살렐처럼 특별한 재주가 있어서 놋을 마음대로 다룰 수 있었다. 그가 만든 놋바다는 직경이 5m요 높이가 2.5m였다. 바다의 두께는 손바닥 하나였고 놋으로 만든 열두 마리의 소들 위에 얹혀 있었다. 바다 안에는 성전에서 섬기는 이들을 정결케 하는 데 사용할 물을 담아 놓았는데 그 부피가 자그마치 44,000리터나 되었다. 그 외에도 각각 880리터의 물을 담을 수 있는 작은 물두멍 열 개를 만들어 성전 좌우에 다섯 개씩 놓아두었다. 이 물두멍은 바퀴가 달린 받침대 위에 놓여 있어서 필요에 따라 옮길 수 있었다. 물두멍의 물은 제물을 씻는 데 사용했다. 히람은 성전에서 사용하는 작은 기구들을 모두 놋으로 만들었다. 마지막으로 다듬은 돌 세 켜와 백향목 두꺼운 판자 한 켜를 둘러서 안 뜰을 만들었다.

이렇게 해서 성전 건축이 7년 만에 끝났다. (솔로몬이 즉위한 지 4년째 4-5월에 시작해서 11년째 10-11월에 끝났으니 정확히 말하자면 7년 반인 셈이다.) 열왕기상 6장을 보면 성전을 건축하고 있을 때에 여호와의 말씀이 솔로몬에게 임했다.

> "네가 지금 이 성전을 건축하니 네가 만일 내 법도를 따르며 내 율례를 행하며 내 모든 계명을 지켜 그대로 행하면 내가 네 아버지 다윗에게 한 말을 네게 확실히 이룰 것이요 내가 또한 이스라엘 자손 가운데에 거하며 내 백성 이스라엘을 버리지 아니하리라."(왕상 6:12-13)

성경을 자세히 읽어보면, 하나님께서 솔로몬이 지은 성전을 보시고 감탄하시며 고마워하셨다는 말씀이 전혀 없다. 오히려 하나님은 성전보다 그의 '법도와 율례'를 더 중하게 여기셨다. 성전은 하나님께 제사 드리는 장소에 불과했다. 이스라엘 백성들의 마음이 하나님께로부터 떠나면 그 성전은 무의미한 건물에 불과했다. 신약 시대에도 제자들이 헤롯의 금빛 찬란한 성전을 보며 감탄할 때 예수님은 이렇게 말씀하셨다.

> "어떤 사람들이 성전을 가리켜 그 아름다운 돌과 헌물로 꾸민 것을 말하매 예수께서 이르시되 너희 보는 이것들이 날이 이르면 돌 하나도 돌 위에 남지 않고 다 무너뜨려지리라."(눅 21:5-6)

솔로몬은 성전 건축을 시작한 지 7년째 되는 '에다님월 곧 일곱째 달'(태양력으로 9-10월)의 절기에 성전 봉헌식을 거행했다(왕상 8장). 이 절기는 초막절을 의미한다. 광야생활을 회상하는 초막절에 성전을 봉헌하게 되니 더 의미가 깊었다. 먼저 여호와의 언약궤를 성전으로 옮겼다. 솔로몬과 온 회중은 그 언약궤 앞에서 수많은 양과 소로 제사를 지냈다. 그 후에 제사장들이 언약궤를 지성소의 그룹들 날개 아래로 메어 들였다. 제사장들이 성소에서 나올 때에 여호와의 구름이 성전에 가득해서 더 이상 섬길 수가 없었다. 그 구름 속에 하나님의 영광이 성전에 가득했다. 여기에서 구름과 영광은 분명히 구별된다.

제사장들이 밖으로 나오자 솔로몬은 백성들에게 그간의 건축 경과를 보고했다(왕상 8:12-21). 그리고 제단 앞에 무릎을 꿇고 하늘을 향해 하나님께 두 손을 든 채 기도했다. 좀 긴 내용이지만 우리가 그날 성전 낙성식에 참석하고 있었다고 생각하며 소리 내어 읽어보자. 이렇게 감격적인 낙성식 행사에 참석하지 않을 사람이 누가 있겠는가. 솔로몬의 기도 중에 '만일'이나 '…하거든'이라는 조건절이 일곱 번 나온다.

"이스라엘의 하나님 여호와여 위로 하늘과 아래로 땅에 주와 같은 신이 없나이다. 주께서는 온 마음으로 주의 앞에서 행하는 종들에게 언약을 지키시고 은혜를 베푸시나이다. 주께서 주의 종 내 아버지 다윗에게 하신 말씀을 지키사 주의 입으로 말씀하신 것을 손으로 이루심이 오늘과 같으니이다. 이스라엘의 하나님 여호와여 주께서 주의 종 내 아버지 다윗에게 말씀하시기를 네 자손이 자기 길을 삼가서 네가 내 앞에서 행한 것같이 내 앞에서 행하기만 하면 네게서 나서 이스라엘의 왕위에 앉을 사람이 내 앞에서 끊어지지 아니하리라 하셨사오니 이제 다윗을 위하여 그 하신 말씀을 지키시옵소서. 그런즉 이스라엘의 하나님이여 원하건대 주는 주의 종 내 아버지 다윗에게 하신 말씀이 확실하게 하옵소서.
하나님이 참으로 땅에 거하시리이까. 하늘과 하늘들의 하늘이라도 주를 용납하지 못하겠거든 하물며 내가 건축한 이 성전이오리이까. 그러나 내 하나님 여호와여 주의 종의 기도와 간구를 돌아보시며 이 종이 오늘 주 앞에서 부르짖음과 비는 기도를 들으시옵소서. 주께서 전에 말씀하시기를 내 이름이 거기 있으리라 하신 곳 이 성전을 향하여 주의 눈이 주야로 보시오며 주의 종이 이곳을 향하여 비는 기도를 들으시옵소서. 주의 종과 주의 백성 이스라엘이 이곳을 향하여 기도할 때에 주는 그 간구함을 들으시되 주께서 계신 곳 하늘에서 들으시고 들으시사 사하여 주옵소서.
만일 어떤 사람이 그 이웃에게 범죄함으로 맹세시킴을 받고 그가 와서 이 성전에 있는 주의 제단 앞에서 맹세하거든 주는 하늘에서 들으시고 행하시되 주의 종들을 심판하사 악한 자의 죄를 정하여 그 행위대로 그 머리에 돌리시고 의로운 자를 의롭다 하사 그의 의로운 바대로 갚으시옵소서.

만일 주의 백성 이스라엘이 주께 범죄하여 적국 앞에 패하게 되므로 주께로 돌아와서 주의 이름을 인정하고 이 성전에서 주께 기도하며 간구하거든 주는 하늘에서 들으시고 주의 백성 이스라엘의 죄를 사하시고 그들의 조상들에게 주신 땅으로 돌아오게 하옵소서.
만일 그들이 주께 범죄함으로 말미암아 하늘이 닫히고 비가 없어서 주께 벌을 받을 때에 이곳을 향하여 기도하며 주의 이름을 찬양하고 그들의 죄에서 떠나거든 주는 하늘에서 들으사 주의 종들과 주의 백성 이스라엘의 죄를 사하시고 그들이 마땅히 행할 선한 길을 가르쳐 주시오며 주의 백성에게 기업으로 주신 주의 땅에 비를 내리시옵소서.
만일 이 땅에 기근이나 전염병이 있거나 곡식이 시들거나 깜부기가 나거나 메뚜기나 황충이 나거나 적국이 와서 성읍을 에워싸거나 무슨 재앙이나 무슨 질병이 있든지 막론하고 한 사람이나 혹 주의 온 백성 이스라엘이 다 각각 자기의 마음에 재앙을 깨닫고 이 성전을 향하여 손을 펴고 무슨 기도나 무슨 간구를 하거든 주는 계신 곳 하늘에서 들으시고 사하시며 각 사람의 마음을 아시오니 그들의 모든 행위대로 행하사 갚으시옵소서. 주만 홀로 사람의 마음을 다 아심이니이다. 그리하시면 그들이 주께서 우리 조상들에게 주신 땅에서 사는 동안에 항상 주를 경외하리이다.
또 주의 백성 이스라엘에 속하지 아니한 자 곧 주의 이름을 위하여 먼 지방에서 온 이방인이라도 그들이 주의 크신 이름과 주의 능한 손과 주의 펴신 팔의 소문을 듣고 와서 이 성전을 향하여 기도하거든 주는 계신 곳 하늘에서 들으시고 이방인이 주께 부르짖는 대로 이루사 땅의 만민이 주의 이름을 알고 주의 백성 이스라엘처럼 경외하게 하시오며 또 내가 건축한 이 성전을 주의 이름으로 일컫는 줄을 알게 하옵소서.
주의 백성이 그들의 적국과 더불어 싸우고자 하여 주께서 보내신 길로 나갈 때에 그들이 주께서 택하신 성읍과 내가 주의 이름을 위하여 건축한 성전이 있는 쪽을 향하여 여호와께 기도하거든 주는 하늘에서 그들의 기도와 간구를 들으시고 그들의 일을 돌아보옵소서.
범죄하지 아니하는 사람이 없사오니 그들이 주께 범죄함으로 주께서 그들에게 진노하사 그들을 적국에게 넘기시매 적국이 그들을 사로잡아 원근을 막론하고 적국의 땅으로 끌어간 후에 그들이 사로잡혀 간 땅에서 스스로 깨닫고 그 사로잡은 자의 땅에서 돌이켜 주께 간구하기를 우리가 범죄하여 반역을 행하며 악을 지었나이다 하며 자기를 사로잡아 간 적국의 땅에서 온 마음과 온 뜻으로 주께 돌아와서 주께서 그들의 조상들에게 주신 땅 곧 주께서 택하신 성읍과 내가 주의 이름을 위하여 건축한 성전 있는 쪽을 향하여 주께 기도하거든 주는 계신 곳 하늘에서 그들의 기도와 간구를 들으시고 그들의 일을 돌아보시오며 주께 범죄한 백성을 용서하시며 주께 범한 그 모든 허물을 사하시고 그들을 사로잡아 간 자 앞에서 그들로 불쌍히 여김을 얻게 하사 그 사람들로 그들을 불쌍히 여기게 하옵소서. 그들은 주께서 철 풀무 같은 애굽에서 인도하여 내신 주의 백성, 주의 소유가 됨이니이다.
원하건대 주는 눈을 들어 종의 간구함과 주의 백성 이스라엘의 간구함을 보시고 주께 부르짖는 대로 들으시옵소서. 주 여호와여 주께서 우리 조상을 애굽에서 인도하여 내실 때에 주의 종 모세를 통하여 말씀하심같이 주께서 세상 만민 가운데에서 그들을 구별하여 주의 기업으로 삼으셨나이다."(왕상 8:23-53)

올바른 기도는 반드시 응답된다. 오랜 세월이 지난 후 다니엘을 포함한 수많은 유대인들이 포로로 잡혀간 바벨론에서 성전을 향해 기도했고, 하나님께서는 그들을 포로생활에서 돌아오게 하셨다. 긴 기도를 마친 후에 솔로몬은 백성들을 위해 축복하며 훈계했다. 그 중 마지막 말씀이 마음에 깊이 와 닿는다. 솔로몬 자신이 그 말씀을 따라 살았더라면 얼마나 좋았을까.

> "그런즉 너희의 마음을 우리 하나님 여호와께 온전히 바쳐 완전하게 하여 오늘과 같이 그의 법도를 행하며 그의 계명을 지킬지어다."(왕상 8:61)

성전에서 바쳐야 할 가장 중요한 제물은 짐승이 아니고 백성들의 '마음', 곧 하나님을 사랑하고 그의 말씀대로 순종하는 마음이었다. 솔로몬의 성전 건축 이야기를 읽다가 불현듯 내가 섬겼던 감사한인교회를 건축했던 일들이 떠올랐다. 2002년 4월 말에 시작한 교회 건축은 364일 만에 완공되고, 2003년 5월 첫 주일에 헌당예배를 드렸다. 그때 나는 성전 착공예배에서 다음과 같은 설교를 했다.

> 〈설교노트, 2001년 12월 17일〉
> "이 전(殿)은 하나님을 위한 것이라."(역대상 29:1-9)
>
> 다윗에게는 불타는 소원이 하나 있었습니다. 그것은 영토를 확장하거나 원수를 갚는 일이 아니었습니다. 그것은 여호와 하나님을 위하여 거룩한 전을 건축하는 일이었습니다. 그러나 하나님께서 이 일을 그에게 허락하지 않으셨습니다.

"너는 군인이라. 피를 많이 흘렸으니 내 이름을 위하여 전을 건축하지 못하리라."
그 대신 그의 아들 솔로몬이 성전을 건축할 것이라고 약속하셨습니다. 하나님은 다윗에게 성령으로 충만하게 하셔서 성전 건축의 모든 청사진을 보여주셨습니다. 또한 다윗에게 많은 재물을 허락하시고 그의 아들을 위하여 준비하게 하셨습니다.
지난 주일 오후 3시부터 어제 토요일 저녁 12시까지 153시간 동안 우리들은 성전 건축을 위하여 밤낮 없이 한 시간씩 연속 기도를 드렸습니다. 낮에도 와서 기도했고, 밤중에도 와서 기도했습니다. 우리 교역자들이 하룻밤씩 맡아서 당직을 섰는데, 저도 수요일 밤 11시부터 다음 날 아침 7시까지 매 시간마다 기도하러 오시는 성도님들을 맞이하였습니다. 많은 분들이 눈물을 닦으면서 기도를 마치고 성전에서 나오는 것을 보았습니다. 기도를 시작하면서 우리는 찬송 한 장을 부르고 성경을 한 장 읽었는데, 그 성경말씀이 바로 오늘 우리가 읽은 역대상 29장이었습니다.
다윗은 솔로몬과 방백들과 백성들에게 그의 생애 마지막 유언과 같은 말씀을 남겼습니다.
"이 전은 사람을 위한 것이 아니요 여호와 하나님을 위한 것이라."
물론 성전에는 사람들이 모입니다. 만남과 활동이 있습니다. 그런데 왜 사람을 위한 것이 아니라고 했을까요? 성전은 사람이 주체가 되어 사람의 일을 하는 곳이 아니라는 말입니다. 성전은 하나님께서 그의 일을 하시는 곳입니다.

성전은 하나님께서 사람을 만나시는 곳입니다. 예배는 하나님과의 만남입니다. 예배에는 언제나 하나님을 만나는 놀람과 감격, 회개와 용서, 확신과 감사가 있어야 합니다.

성전은 하나님의 치료의 역사가 일어나는 곳입니다. 육신의 질병뿐만 아니라, 그 질병을 가져다주는 정서적, 영적인 질병이 하나님의 말씀으로 치료받는 곳입니다. 예수님께서도 회당에서 병자들의 육체와 영혼을 고쳐주셨습니다.

성전은 하나님과 화목하는 곳입니다. 오해와 미움과 섭섭함의 담이 무너지고 하나가 되는 성령의 역사가 일어나는 곳입니다. 성전은 혼자보다 함께 있는 것이 얼마나 더 행복한 삶인가를 체험하는 곳입니다.

성전은 하나님과 대화하는 곳입니다. 세상에는 대화의 문이 닫힌 집들이 많이 있습니다. 그러나 하나님의 집에서는 언제나 하나님과 이야기할 수 있습니다. 예수님은 성전을 '내 아버지의 기도하는 집'이라고 하셨습니다. 성경을 보면 가슴이 답답한 사람마다 성전으로 올라간 것을 알 수 있습니다. 다윗이 그랬고, 여호사밧이 그랬고, 히스기야가 그랬습니다. 하나님과 우리의 대화는 바로 기도입니다.

성전은 하나님께서 사람들을 자유하게 하시는 곳입니다. 세상에서 사람들은 가면을 쓰고 삽니다. 그러나 교회에서는 있는 그대로의 모습을 가지고 삽니다. 교회는 예수님 안에서 자유한 사람들이 살고 있는 곳입니다. 이미 우리는 하나님의 인정을 받은 사람들이기 때문에 더 이상 사람들로부터 인정을 받으려고 애쓰지 않습니다. 살다가 넘어질 때에도 부끄러워하지 않습니다. 수치감 속에 혼자서 비밀을 감추고 사는 것보다 그 부끄러움을 드러내고 용서 받으며 짐을 나누어지는 평안을 체험하는 곳이 바로 하나님의 집입니다.

성전은 하나님께서 주가 되심을 선포하는 곳입니다. 우리 삶에 하나님 외에는 아무도 주인 노릇을 할 수 없습니다. 우리는 하나님의 성전에 들어갈 때마다 내 삶의 주인이 되시는 하나님 앞에 서는 체험을 해야 합니다.

오늘 3부 예배 후에 우리는 새 성전을 지을 땅에 가서 착공예배(ground breaking worship)를 드리려고 합니다. 우리의 자녀들과 함께 가서 감사예배를 드릴 것입니다. 야곱이 꿈을 꾼 후에 베개 삼았던 돌에 기름을 붓고 벧엘이라고 불렀던 것처럼 하나님의 집을 건축하려고 합니다. 그곳에 부에나 팍 시장도 오실 것이고, 옆에 있는 부에나 팍 교육구청의 부교육감도 오실 것입니다.

우리 교회를 여기까지 이르게 하신 하나님의 은혜를 진심으로 감사드립시다.

우리 교회는 1983년 3월에 세 가정으로부터 시작하였습니다. 6년째 되었을 때 지금 우리가 예배드리는 건물을 구입하게 하시고, 지난 12년 동안 예배드리게 하셨습니다. 저는 1989년 이곳에 이사 온 지 3년 만에 다시 새로운 곳으로 이사 가야겠다고 생각했습니다. 우리 자녀들을 위하여 더 나은 교육시설이 필요했기 때문입니다.

우리는 성전 건축을 준비하는 과정에서 살아 계신 하나님의 능력과 은혜를 체험하고 있습니다. 성전 건축 못지않게 이런 체험들이 우리에게 축복이 되었습니다. 교통이 편리한 곳을 구하였더니 5번과 91번 프리웨이 사이에 있는 땅을 주셨습니다. 그리고 지역사회의 환영 아래 건축을 시작하게 하셨습니다. 우리는 아름다운 교회 건물을 설계하였습니다. 은행융자를 얻는 과정에서도 하나님께서 축복해 주셨습니다.

우리는 이번 성전을 건축하며 다음과 같은 다섯 가지 기도제목을 나누었습니다.

첫째로, 기뻐하며 건축하게 하옵소서. (건축이 마음에 부담이 되면 안 됩니다.)

둘째로, 부흥되며 건축하게 하옵소서. (건축이 목적이 아니고 영혼 구령이 목적입니다.)

셋째로, 축복받으며 건축하게 하옵소서. (건축하는 동안에 개인적인 축복의 체험이 있어야 합니다.)

넷째로, 지혜롭게 건축하게 하옵소서. (다윗은 성령의 지시로 성전 건축의 청사진을 받았습니다.)

다섯째로, 신령한 전을 건축하게 하옵소서. (하나님께서 임재하시는 하나님의 집이 되어야 합니다.)

오늘 우리가 드리는 성전 건축 기공예배는 평범한 예배가 아닙니다. 하나님께서 행하신 놀라운 일들을 회상하면서, 하나님의 위대하심을 찬양하면서, 그리고 하나님이 그 터에서 이루실 엄청난 일들을 기대하면서 드리는 특별한 예배입니다.

금년 봄, 저는 성전 건축 때문에 많은 염려와 좌절을 경험하고 있었습니다. 가끔 첩첩산중 속에 갇혀 있는 느낌이 들곤 했습니다. 그때 이사야서 14장 24-27절의 말씀이 저에게 특별하게 다가왔습니다. 이런 말씀입니다.

"만군의 여호와께서 맹세하여 가라사대 나의 생각한 것이 반드시 되며 나의 경영한 것이 반드시 이루리라. 내가 앗수르 사람을 나의 땅에서 파하며 나의 산에서 발아래 밟으리니 그때에 그의 멍에가 이스라엘에게서 떠나고 그의 짐이 그들의 어깨에서 벗어질 것이라. 이것이 온 세계를 향하여 정한 경영이며, 이것이 열방을 향하여 편 손이라 하셨나니, 만군의 여호와께서 경영하셨은즉 누가 능히 그것을 폐하며 그 손을 펴셨은즉 누가 능히 그것을 돌이키랴."(개역한글)

이 말씀은 하나님께서 장차 앗수르의 손에서 이스라엘을 구원하시겠다는 예언입니다. 그러나 저에게는 우리교회 성전 건축을 허락하시고 하나님께서 이루시겠다는 확신의 말씀으로 다가왔습니다. 저는 이 말씀을 붙들고 선포했습니다.
"하나님의 손이 이루십니다. 걱정 말고 감사하십시다."
그 이후로 모든 일들이 순조롭게 진행되어 갔습니다. 그중의 하나가 현재 우리교회가 사용하고 있는 성전 건물의 매매입니다. 지난 금요일에 우리는 지금까지 12년 동안 사용해왔던 교회 건물을 프랑스 교회에 넘겨주었습니다. 오늘부터 우리가 교회를 완공할 때까지 12개월 동안 우리는 이 교회 건물을 빌려서 사용하게 될 것입니다. 다행히 프랑스 교회는 자기들이 예배드리던 건물이 있습니다.
다윗에게 있어서 성전 건축은 단순한 건축행위가 아니었습니다. 살아 계신 하나님에 대한 사랑의 행위였습니다. 다윗은 자신의 소유를 기쁨으로 드렸습니다. 백성들도 기쁨으로 드렸습니다. 다윗이 그 기쁨을 이기지 못하였습니다. 하나님의 임재하심을 체험했습니다.

사랑하는 성도 여러분, 그리스도인의 삶에는 항상 하나님을 만나고 하나님의 사랑을 체험하는 흔적이 있어야 합니다. 우리도 성전을 건축하는 과정에서 그런 체험을 해야 합니다. 그것이 성전 건축을 통하여 받을 수 있는 가장 큰 축복입니다. 앞으로 1년 동안 성전을 건축하는 과정에서 이런 큰 기쁨이 여러분과 저의 가슴에 넘치게 되시기를 주님의 이름으로 간절히 축원합니다.

다시 솔로몬의 이야기로 돌아가 보자. 솔로몬 자신이 하나님의 말씀대로 살았더라면 얼마나 좋았을까. 솔로몬을 생각하면 그가 처첩들 때문에 우상숭배에 점점 깊이 물들어가던 안타까운 모습을 지울 수가 없다. 그러나 적어도 성전을 건축할 무렵에는 하나님 앞에 순수한 마음을 가지고 있었다. 그는 성전을 완공한 후에 14일 동안 소 이만 이천 마리와 양 십이만 마리를 하나님 앞에 화목제의 희생 제물로 드렸다. 이 특별한 절기 동안에 이스라엘의 큰 회중이 예루살렘에 모였다. 그리고 화목제물로 드린 고기들을 넉넉하게 나누어 먹었다.

솔로몬은 성전 건축을 끝낸 후에 자기를 위하여 13년 동안 궁전을 지었다. 왕궁의 길이가 50m, 너비가 25m, 높이가 15m였다. 평면으로 치면 성전보다 4배나 더 넓었다. 그 외에도 솔로몬이 거할 궁과 애굽에서 시집온 바로의 딸을 위한 궁을 따로 지었다. 그에게는 후궁 700명과 첩 300명이 있었다. 점점 늘어가는 후궁들과 첩들을 위한 거처도 마련했을 것이다. 그렇게 13년의 세월이 흘렀다. 솔로몬은 전국의 중요한 지역에 성들을 건축하여 국방을 튼튼하게 하였다. 두로의 히람 왕과 더불어 에시온게벨(사해 남쪽의 아라바 만 지류가 시작되는) 항(港)에서 배를 짓고 무역도 했다. 그 배가 오빌(아마도 인도)에서 가져온 금이 사백이십 달란트(약 14.5톤)나 되었다.

솔로몬이 성전과 왕궁의 건축을 다 마치자 하나님께서 솔로몬에게 다시 나타나셔서 말씀하셨다.

> "여호와께서 그에게 이르시되 네 기도와 네가 내 앞에서 간구한 바를 내가 들었은즉 나는 네가 건축한 이 성전을 거룩하게 구별하여 내 이름을 영원히 그곳에 두며 내 눈길과 내 마음이 항상 거기에 있으리니"(왕상 9:3)

그 다음에 두 종류의 '만일'이라는 조건을 덧붙이셨다. 하나는 축복이고, 다른 하나는 저주였다.

> "네가 만일 네 아버지 다윗이 행함같이 마음을 온전히 하고 바르게 하여 내 앞에서 행하며 내가 네게 명령한 대로 온갖 일에 순종하여 내 법도와 율례를 지키면 내가 네 아버지 다윗에게 말하기를 이스라엘의 왕위에 오를 사람이 네게서 끊어지지 아니하리라 한 대로 네 이스라엘의 왕위를 영원히 견고하게 하려니와"(왕상 9:4-5)

> "만일 너희나 너희의 자손이 아주 돌아서서 나를 따르지 아니하며 내가 너희 앞에 둔 나의 계명과 법도를 지키지 아니하고 가서 다른 신을 섬겨 그것을 경배하면 내가 이스라엘을 내가 그들에게 준 땅에서 끊어 버릴 것이요 내 이름을 위하여 내가 거룩하게 구별한 이

성전이라도 내 앞에서 던져버리리니 이스라엘은 모든 민족 가운데에서 속담거리와 이야기거리가 될 것이며"(왕상 9:6-7)

열왕기상·하는 유다가 바벨론에 망하고 솔로몬이 지었던 성전이 불에 탄 이후에 기록한 책이다. 그때 이 말씀을 기록하고 있던 저자의 심정은 어땠을까.

열왕기상 10장에는 솔로몬을 방문한 스바 여왕의 이야기가 나온다. 스바는 오늘날의 예멘((Yemen)으로 예루살렘으로부터 천이백 마일 남쪽에 있었다. 당시에는 사비안(Sabeans) 왕국으로 불렸다(욥 1:5, 겔 23:42, 욜 3:8의 NIV 번역본에는 모두 Sabeans로 표기되어 있다.). 고대에는 군주들 사이에 서로의 지혜와 부를 탐색하고 견주어보는 풍습이 있었다. 스바 여왕의 행차는 그 자체만으로도 일반 군주들을 의기소침하게 만들기에 충분했다. 여왕은 솔로몬에게 많은 질문을 했다. 그러나 솔로몬이 대답하지 못한 질문이 하나도 없었다. 여왕은 솔로몬의 지혜와 궁전과 음식과 신하들과 시종들과 번제 드리는 장면을 보고 크게 감동하며 말했다.

"내가 내 나라에서 당신의 행위와 당신의 지혜에 대하여 들은 소문이 사실이로다. 내가 그 말들을 믿지 아니하였더니 이제 와서 친히 본즉 내게 말한 것은 절반도 못되니 당신의 지혜와 복이 내가 들은 소문보다 더하도다. 복되도다. 당신의 사람들이여 복되도다. 당신의 이 신하들이여 항상 당신 앞에 서서 당신의 지혜를 들음이로다. 당신의 하나님 여호와를 송축할지로다. 여호와께서 당신을 기뻐하사 이스라엘 왕위에 올리셨고 여호와께서 영원히 이스라엘을 사랑하시므로 당신을 세워 왕으로 삼아 정의와 공의를 행하게 하셨

도다."(왕상 10:6-9)

그리고 금 일백이십 달란트(약 4톤, 약 2억 5천만 불에 상당한)와 수많은 향품을 선물하였는데, 그 이후에 솔로몬이 그만큼 많은 향품을 선물로 받은 적이 없었다. 솔로몬도 돌아가는 스바 여왕에게 그녀가 원하는 모든 것을 선물로 주었다.

뒤이어 솔로몬의 부(富)에 관한 기록이 나온다. 1년 국가수입이 금 육백육십육 달란트(22.7톤, 약 14억불)였으며 무역으로 인한 수입도 적지 않았다. 솔로몬의 부를 열거하던 열왕기의 저자는 '솔로몬 왕의 재산과 지혜가 세상의 그 어느 왕보다 컸다'고 간단히 마무리지었다(왕상 10:23).

4

솔로몬의 범죄

왕상 11장

열왕기상 11장은 우리를 갑자기 깊은 낭떠러지로 끌어내린다. 맑은 하늘이 먹장구름으로 뒤덮이고, 몇날 며칠 계속해서 폭우가 쏟아지는 것 같다. 가슴이 떨려 읽기조차 힘든 내용이다.

"솔로몬의 나이가 많을 때에 그의 여인들이 그의 마음을 돌려 다른 신들을 따르게 하였으므로 왕의 마음이 그의 아버지 다윗의 마음과 같지 아니하여 그의 하나님 여호와 앞에 온전하지 못하였으니 이는 시돈 사람의 여신 아스다롯을 따르고 암몬 사람의 가증한 밀곰을 따름이라. 솔로몬이 여호와의 눈앞에서 악을 행하여 그의 아버지 다윗이 여호와를 온전히 따름같이 따르지 아니하고 모압의 가증한 그모스를 위하여 예루살렘 앞 산에 산당을 지었고 또 암몬 자손의 가증한 몰록을 위하여 그와 같이 하였으며 그가 또 그의 이방 여인들을 위하여 다 그와 같이 한지라. 그들이 자기의 신들에게 분향하며 제사하였더라. 솔로몬이 마음을 돌려 이스라엘의 하나님 여호와를 떠나므로 여호와께서 그에게 진노하시니라."(왕상 11:4-9)

어떻게 이런 일이 일어날 수 있을까. 어떻게 그토록 지혜롭던 솔로몬이 이토록 어리석은 짓을 저지르게 되었을까. 성경은 그가 많은 이방 여인들을 사랑했기 때문이라고 기록한다. 그는 일찍이 하나님께서 "너희는 그들과 서로 통혼하지 말며 그들도 너희와 서로 통혼하게 하지 말라. 그들이 반드시 너희의 마음을 돌려 그들의 신들을 따르게 하리라"고 하신 말씀을 잊어버렸다. 솔로몬은 후궁이 칠백이요 첩이 삼백 명이었다. 거의 대부분 이방 여인들이었다. 그 여인들이 왕의 마음을 하나님께로부터 우상에게로 돌아서게 했다. 결과는 참혹했다.

"여호와께서 솔로몬에게 말씀하시되, '네게 이러한 일이 있었고 또 네가 내 언약과 내가 네게 명령한 법도를 지키지 아니하였으니 내가 반드시 이 나라를 네게서 빼앗아 네 신하에게 주리라. 그러나 네 아버지 다윗을 위하여 네 세대에는 이 일을 행하지 아니하고 네 아들의 손에서 빼앗으려니와 오직 내가 이 나라를 다 빼앗지 아니하고 내 종 다윗과 내가 택한 예루살렘을 위하여 한 지파를 네 아들에게 주리라.' 하셨더라."(왕상 11:11-13)

회개는 돌이킴이다. 만일 그가 다윗처럼 회개했더라면, 만일 그가 우상을 멀리하고 하나님께로 돌아왔더라면, 하나님께서도 그의 죄를 용서하셨을 것이다. 왜 솔로몬은 이 말씀을 듣고도 돌이키지 않았을까? 다음 세대(代)에 일어날 일이기 때문에 자신과 상관없는 일이라고 생각했을까? 왜 그는 다윗만큼 자기 집(자손)에 대한 하나님의 축복에 관심이 없었을까? 세상의 어떤 왕들보다 하나님의 축복을 더 많이 받았던 솔로몬이었기에 아쉬움이 더 크다.

마침내 솔로몬을 대적하는 무리들이 들고 일어났다. 에돔 사람 하닷이 솔로몬을 대적하였고, 르손이 다메섹에서 솔로몬을 대적했다. 설상가상으로 솔로몬의 신하 여로보암이 앞장서서 왕을 대적했다. 그는 요셉 족속의 일을 감독하라고 왕이 세운 관리였다. 그가 예루살렘으로 올라갈 때 길에서 선지자 아히야가 그를 불러 세웠다. 마침 그곳에는 두 사람 외에 아무도 없었다. 아히야는 입고 있던 새 옷을 열두 조각으로 찢어 열 조각을 여로보암에게 건네주며 말했다. (새 의복은 이제 막 시작된 왕국을 상징했다.)

> "너는 열 조각을 가지라. 이스라엘의 하나님 여호와의 말씀이 내가 이 나라를 솔로몬의 손에서 찢어 빼앗아 열 지파를 네게 주고 오직 내 종 다윗을 위하고 이스라엘 모든 지파 중에서 택한 성읍 예루살렘을 위하여 한 지파를 솔로몬에게 주리니 이는 그들이 나를 버리고 시돈 사람의 여신 아스다롯과 모압의 신 그모스와 암몬 자손의 신 밀곰을 경배하며 그의 아버지 다윗이 행함 같지 아니하여 내 길로 행하지 아니하며 나 보기에 정직한 일과 내 법도와 내 율례를 행하지 아니함이니라…내가 너를 취하리니 너는 네 마음에 원하는 대로 다스려 이스라엘 위에 왕이 되되 네가 만일 내가 명령한 모든 일에 순종하고 내 길로 행하며 내 눈에 합당한 일을 하며 내 종 다윗이 행함같이 내 율례와 명령을 지키면 내가 너와 함께 있어 내가 다윗을 위하여 세운 것같이 너를 위하여 견고한 집을 세우고 이스

라엘을 네게 주리라."(왕상 11:31-33, 37-38)

아히야가 전한 하나님의 말씀 중에는 솔로몬의 성전 건축에 대한 언급이 일절 없다. 그 대신 하나님 보시기에 '정직한 일과 법도와 율례를 행하지 아니하였음'만 크게 질책하셨다. 아히야가 말한 '열 조각'은 북쪽에 있는 열 지파를 가리킨다. 솔로몬에게 주시겠다는 한 지파는 유다와 베냐민 지파였다(왕상 12:21). 하나님께서는 여로보암에게도 '다윗의 표준'을 요구하셨다. 만일 그가 '다윗이 행함같이 내 율례와 명령을 지키면… 이스라엘을 그에게 주리라'고 약속하셨다.

세상에 비밀은 없다. 아히야가 여로보암에게 했던 말이 퍼져나갔다. 솔로몬이 여로보암을 죽이려 하자 그는 애굽 왕 시삭에게 피하여 망명생활을 했다. '딸을 솔로몬에게 첫 아내로 내어준 애굽 왕이 왜 여로보암을 감싸고돌았을까' 하고 의아해하는 분이 있을 것이다. 그러나 여기에 등장하는 애굽 왕 시삭은 솔로몬에게 딸을 준 전(前) 왕조를 무너뜨리고 새 왕조를 일으킨 사람이다. 그는 훗날 르호보암 5년에 예루살렘을 침략했다(왕상 14:25).

하나님의 영광이 떠나자 솔로몬의 말년은 초라하기 짝이 없었다. 다윗이 '시작은 미약했으나 나중에 창대하게 된 왕'이었다면 솔로몬은 그 반대였다. 솔로몬은 40년을 다스린 후에 죽어 다윗 성읍에 장사되고 그의 아들 르호보암이 뒤를 이었다. 열왕기 저자는 솔로몬의 죽음을 지극히 평범하게 기록하고 있다.

"솔로몬이 그의 조상들과 함께 자매 그의 아버지 다윗의 성읍에 장사되고 그의 아들 르호보암이 대신하여 왕이 되니라."(왕상 11:43)

그런데 이상하게도 역대기는 다윗이 밧세바를 범한 사건처럼 솔로몬의 마지막 실정에 대해서도 간단한 몇 마디로 끝을 맺는다. 다윗과 솔로몬의 누추한 모습을 선택받은 민족의 역사에서 다시 추억하고 싶지 않았을지 모른다.

"이외에 솔로몬의 시종 행적은 선지자 나단의 글과 실로 사람 아히야의 예언과 선견자 잇도의 묵시 책 곧 잇도가 느밧의 아들 여로보암에 대하여 쓴 책에 기록되지 아니하였느냐."(대하 9:29)

다윗은 하나님을 향한 절대 믿음과 담대함으로 수많은 역경을 헤치며 통일 이스라엘을 세웠다. 밧세바로 인한 뼈아픈 실수가 있었지만 만백성이 보는 앞에서 회개하고 하나님의 은혜로 회복되었다. 그리하여 70평생을 마치는 날까지 거룩하게 살면서 솔로몬에게 '여호와의 법률과 계명과 율례와 증거'를 잘 지키라고 가르쳤다.

한편 솔로몬은 다윗이 일구어놓은 부국강병의 나라를 물려받았다. 그가 한 일이라고는 성전과 왕궁, 그리고 몇 개의 성읍과 마구간 건축이 전부였다. 솔로몬을 생각할 때마다 선친이 남겨놓은 재산으로 호의호식(好衣好食)하고 무위도식(無爲徒食)하는 자식들을 연상하게 된다. 물론 성경에는 그가 기록했으리라고 추측되는 세 권의 책들이 있다. 잠언과 전도서와 아가서이다. 그의 인생의 어느 대목에서 기록했는지 알 수 없지만 큰 교훈을 주는 내용들도 많다. 몇 구절을 읽어보자.

"내 아들아 내 말을 지키며 내 계명을 간직하라. 내 계명을 지켜 살며 내 법을 네 눈동자처럼 지키라. 이것을 네 손가락에 매며 이것을 네 마음 판에 새기라. 지혜에게 너는 내 누이라 하며 명철에게 너는 내 친족이라 하라. 그리하면 이것이 너를 지켜서 음녀에게, 말로 호리는 이방 여인에게 빠지지 않게 하리라."(잠 7:1-5)

"여호와를 경외하는 것이 지혜의 근본이요 거룩하신 자를 아는 것이 명철이니라."(잠 9:10)

"악인의 길은 여호와께서 미워하셔도 공의를 따라가는 자는 그가 사랑하시느니라."(잠 15:9)

"청년이여 네 어린 때를 즐거워하며 네 청년의 날들을 마음에 기뻐하여 마음에 원하는 길들과 네 눈이 보는 대로 행하라. 그러나 하나님이 이 모든 일로 말미암아 너를 심판하실 줄 알라."(전 11:9)

"너는 청년의 때에 너의 창조주를 기억하라. 곧 곤고한 날이 이르기 전에, 나는 아무 낙이 없다고 할 해들이 가깝기 전에 해와 빛과 달과 별들이 어둡기 전에, 비 뒤에 구름이 다시 일어나기 전에 그리하라."(전 12:1-2)

"일의 결국을 다 들었으니 하나님을 경외하고 그의 명령들을 지킬지어다. 이것이 모든 사람의 본분이니라."(전 12:13)

이런 주옥같은 말씀들을 그가 너무 늦기 전에 깨달았다면 얼마나 좋았을까. 그리하여 이방에서 우상을 가지고 온 후궁들을 멀리하고 하나님 앞에 굵은 베옷을 입고 엎드렸다면 얼마나 좋았을까.

모든 일에는 기회가 있다. 기회를 놓치면 아무리 후회해도 소용없다. 솔로몬의 경우가 그랬다. 우리는 솔로몬이 구원받았는지 여부를 논하려는 것이 아니다. 그것은 하나님의 영역이다. 다행히 그가 남긴 말씀들로 미루어보건대, 그의 노년에 하나님께로 돌아왔을지도 모른다. 그러나 그의 삶이 후대에 미친 영향은 끔찍했다.

가끔 세계적인 부자들이 자기 재산을 자식들에게 남기지 않겠다는 말을 한다. 왜 그럴까? 부모들이 남겨준 부를 감당할 능력이 없을 때 자식들에게 닥쳐올 불행을 내다보고 있기 때문이다. 아무것도 없는 상태에서 무엇인가를 이루는 삶은 그 자체로 행복하다. 그러나 무력한 상태에서 물려받은 것들을 탕진하는 삶은 그 자체가 불행하다. 다윗의 생애는 고난에서 축복으로 발전했다. 그러나 솔로몬의 삶은 축복에서 저주로 후퇴했다. 그렇다면 축복에서 축복으로 나아가는 길은 없을까? 있다. 시편 1편에 그 길이 있다.

> "복 있는 사람은 악인들의 꾀를 따르지 아니하며 죄인들의 길에 서지 아니하며 오만한 자들의 자리에 앉지 아니하고 오직 여호와의 율법을 즐거워하여 그의 율법을 주야로 묵상하는도다. 그는 시냇가에 심은 나무가 철을 따라 열매를 맺으며 그 잎사귀가 마르지 아니함 같으니 그가 하는 모든 일이 다 형통하리로다."(시편 1:1-3)

제3부

분열된 왕국

(열왕기상 12장-열왕기하 25장)

이제부터 주전 931년에 분열된 두 왕국들을 살펴보기로 하자. 여로보암으로 시작된 북왕국 이스라엘은 주전 722년 앗수르에 망하기까지 20명의 왕들이 다스렸다. 그들 모두가 여로보암의 후손은 아니다. 209년 동안 무려 아홉 번이나 왕조가 바뀌었다. 그동안 일곱 명의 왕들이 암살을 당했고, 한 명은 자살했으며, 또 다른 한 명은 전사했다. 한 번은 두 왕이 한 나라를 나누어 다스린 적도 있었다. 가장 짧게 재위(在位)한 왕은 1개월이었고, 가장 오래 다스린 왕은 41년이었다. (이제부터 '이스라엘'은 북왕국을 의미하고 '유다'는 남왕국을 의미한다.) 금송아지를 만들어 우상을 숭배하게 한 여로보암의 죄는 곧 이스라엘을 멸망으로 인도하는 죄가 되었다. 그래도 하나님께서는 그들을 버리지 않으셨다. 엘리야와 엘리사, 요나와 아모스와 호세아 같은 선지자들을 보내셔서 죄를 책망하시고 계명을 가르치셨다. 가끔은 유다에서 내려온 선지자들도 이스라엘 백성들에게 하나님의 말씀을 전했다.

지역적으로 이스라엘은 북쪽의 열 지파로 형성되었고, 유다는 남쪽에 있는 베냐민과 유다 지파로 이루어졌다. 이스라엘의 수도는 세겜이었고, 유다의 수도는 예루살렘이었다. 때때로 남왕국과 북왕국이 전쟁을 하기도 했지만 이스라엘의 아합 왕 시절에는 통혼(通婚)하며 가까이 지내기도 했다.

남왕국 유다는 북왕국 이스라엘보다 135년 더 지속되다가 주전 586년에 바벨론의 속국이 되었다. 유다의 왕들은 한 사람을 제외하고는 19명 모두가 다윗의 후손들이었다. 제외된 그 한 사람은 이스라엘 아합 왕의 딸로서 여호람에게 시집온 황후 아달랴였다. 그녀는 아들 아하시야가 이스라엘에 있는 외사촌 여호람(요람)을 방문했다가 예후에게 암살당하자 모든 왕족들을 멸하고 스스로 유다의 여왕이 되어 6년 동안 권좌에 앉아 있었다. 그러나 하나님의 은혜로 아하시야의 어린 아들 요아스가 살아남아 그녀를 왕위에서 끌어내리고 다윗 왕조의 계보를 이어나갔다.

남북 왕들의 계보를 읽다 보면 각 왕의 통치연대를 합(合)한 기간이 나라 전체의 역사보다 더 길게 나타난다. 예를 들면, 남왕국 유다는 르호보암이 즉위한 주전 931년부터 바벨론에 멸망한 주전 586년까지의 기간인 355년이다. 그러나 성경에 기록된 20명의 통치년도를 합산하면 393년 반(半)이다. 왜 38년 반의 차이가 생겨날까? 설사 몇 달을 1년으로 계산하는 경우가 있더라도 차이가 너무 크다.

그 이유는 아들과 아버지가 함께 다스린 기간(coregency) 때문이다. 예를 들면, 유다왕국의 아사랴(웃시야)는 52년을 통치했다. 그러나 통치 후반기에 문둥병자가 되자 아들 요담이 11년 동안 아버지와 함께 다스렸다. 성경은 요담이 웃시야 왕과 더불어 다스린 11년을 요담의 통치기간 16년에 이중으로 포함시켰다. 이런 경우가 유다의 다섯 왕들에게서 나타난다.

이 책에서는 분열된 두 왕국의 40명 왕들을 모두 다루지는 않을 것이다. 그들 중 우리에게 중요한 이야기를 들려주는 몇몇 왕들을 추려서 살펴보려고 한다. 어떤 왕들은 긍정적인 이야기를, 다른 왕들은 부정적인 이야기를 들려줄 것이다.

왕들의 이야기를 들으면서 분열왕국에 관한 도표를 참고하시기 바란다. (이 도표는 Edwin R. Thiele의 박사논문에 실린 내용과 John F. Walvoord & Roy B. Zuck의 "the Bible Knowledge Commentary"에 실린 내용(p. 513)을 참고했다.)

✣ 북왕국 이스라엘의 왕들

왕조	왕의 이름	함께 통치	홀로 통치	햇수	비고	예언자들
1왕조	여로보암 1세		931–910	22년		
	나답		910–909	2년	암살당함	
2왕조	바아사		909–886	24년		
	엘라		886–885	2년	암살당함	
3왕조	시므리		885	7일	자살	
	디브니		885–880		전사	
4왕조	오므리		885–874	12년		엘리야
	아합		874–853	22년		엘리야
	아하시야		853–852	2년		엘리야
	여호람(요람)		852–841	12년	암살당함	엘리야
5왕조	예후		841–814	28년		엘리사
	여호아하스		814–798	17년		엘리사
	요아스		798–782	16년		엘리사
	여로보암 2세	793–782	782–753	41년		요나, 아모스, 호세아
	스가랴		753–752	6개월	암살당함	호세아
6왕조	살룸		752	1개월	암살당함	호세아
7왕조	므나헴		752–742	10년		호세아
	브가히야		742–740	2년	암살당함	호세아
8왕조	베가	752–740	740–732	20년	암살당함	호세아
9왕조	호세아		732–723	9년		호세아
	(앗수르에 멸망당함)		722 BC			

❖ 남왕국 유다의 왕들

왕의 이름	함께 통치	홀로 통치	햇수	비고	예언자들
르호보암		931–913	17년	솔로몬의 아들	
아비야		913–911	3년		
아사		911–870	41년		
여호사밧	873–870	870–848	25년		
여호람		848–841	8년		오바댜
아하시야		841	1년		
아달리야		841–835		아합의 딸, 암살당함	
요아스		835–796	40년	아하시야의 아들	요엘
아마샤		796–767	29년		
아사랴(웃시야)	790–767	767–739	52년		
요담	750–739	739–735	16년		미가, 이사야
아하스	735–732	732–715	16년		미가, 이사야
히스기야		715–686	29년		미가, 이사야
므낫세	697–686	687–642	55년		이사야, 나훔
아몬		642–641	2년	암살당함	
요시야		640–609	31년	전사	스바냐, 예레미야
여호아하스		609	3개월	요시야의 아들	예레미야
여호야김		609–598	11년	요시야의 아들	예레미야, 하박국
여호야긴		598–597	3개월	여호야긴의 아들	예레미야
시드기야		597–586	11년	요시야의 아들	예레미야
(바벨론에게 멸망당함)		586 BC			

1
르호보암 왕과 여로보암 왕

왕상 12-14장

솔로몬의 아들 르호보암은 왕이 되기 위해 세겜으로 갔다. 예루살렘에서 65km 정도 북쪽에 있는 세겜은 에브라임 지파에 속한 성읍으로 아브라함이 가나안 땅에서 처음으로 제단을 쌓은 곳이다(창 12:6-8). 그 후 밧단아람에서 돌아온 야곱도 이곳에 단을 쌓았다(창 33:18-20). 여호수아는 백성들을 세겜성의 남과 북에 있는 그리심산과 에발산 사이에 세우고 하나님의 언약을 선포했다(수 24장). 그리고 요셉의 유언을 따라 세겜에 있는 가족묘지에 그의 뼈를 이장(移葬)했다(수 24:32). 그런데 르호보암은 왜 하필 예루살렘이 아닌 세겜으로 갔을까? 이스라엘 온 백성들이 르호보암을 왕으로 옹립하기 위해 세겜에 모였기 때문이다. 처음부터 뭔가 미심쩍었다. 모인 무리 중에는 솔로몬의 낯을 피하여 애굽으로 도망갔던 여로보암도 섞여 있었다. 왕의 대관식을 시작하기도 전에 여로보암과 이스라엘 회중이 르호보암을 찾아와 따지듯이 물었다.

"왕의 아버지가 우리의 멍에를 무겁게 하였으나 왕은 이제 왕의 아버지가 우리에게 시킨 고역과 메운 무거운 멍에를 가볍게 하소서. 그리하시면 우리가 왕을 섬기겠나이다."(왕상 12:4)

당황한 르호보암은 '삼 일 후에 다시 내게로 오라'며 돌려보냈다. 솔로몬 왕은 성전 건축을 위해 7년, 그리고 자신의 궁궐을 위해 13년 동안 백성들을 부역시켰다. 그 이후에도 이런저런 건축이 계속되었다. 그의 40년 치적은 대부분 건축과 관련되었다. 백성들은 이제 그 '고역(苦役)의 멍에'로부터 놓여나고 싶었다. 왕은 먼저 선대(先代)의 신하들과 의논했다. 그들의 대답은 하나같았다.

"왕이 만일 오늘 이 백성을 섬기는 자가 되어 그들을 섬기고 좋은 말로 대답하여 이르시면 그들이 영원히 왕의 종이 되리이다."

다음에는 자기 또래의 신하들에게 물었다. 그들의 대답은 정반대였다.

"이 백성들이 왕께 아뢰기를 왕의 부친이 우리의 멍에를 무겁게 하였으나 왕은 우리를 위하여 가볍게 하라 하였은즉 왕은 대답하기를 '내 새끼손가락이 내 아버지의 허리보다 굵으니 내 아버지께서 너희에게 무거운 멍에를 메게 하였으나 이제 나는 너희의 멍에를 더욱 무겁게 할지라. 내 아버지는 채찍으로 너희를 징계하였으나 나는 전갈 채찍으로 너희를 징계하리라.' 하소서."

'전갈 채찍'은 쇠붙이를 끝에 장착한 채찍이다. 젊은 신하들의 말 속에는 인격적인 무시와 협박이 가득했다. 그 말을 듣는 사람들의 심정이 어땠을까. 삼척동자도 어느 편의 말이 더 지혜로운지 알 수 있었다. 다만 르호보암에게만 그런 지혜가 없었다. 그는 사흘 후에 찾아온 백성의 지도자들에게 굳은 얼굴로 젊은 신하들의 의견을 들려주었다. 성경은 "이 일은 여호와께로 말미암아 난 것이라 여호와께서 전에 실로 사람 아히야로 느밧의 아들 여로보암에게 하신 말씀을 이루게 하심이더라"고 기록하고 있다. 마침내 온 이스라엘이 르호보암에게 소리 높여 외쳤다.

> "우리가 다윗과 무슨 관계가 있느냐. 이새의 아들에게서 받을 유산이 없도다. 이스라엘아 너희의 장막으로 돌아가라. 다윗이여, 이제 너는 네 집이나 돌아보라."(왕상 12:16)

그리고 모두 고향으로 돌아갔다. 그래도 혹시나 하고 일꾼들을 감독하는 아도람을 보냈더니 사람들이 그를 돌로 쳐 죽였다. 사태가 급박하게 돌아가고 있었다. 르호보암은 급히 수레에 올라 예루살렘으로 도망쳤고, 이스라엘은 여로보암으로 그들의 왕을 삼았다.

예루살렘으로 돌아온 르호보암은 더 이상 통일 왕국의 왕이 아니었다. 이때부터 '유다 왕'(왕상 12:23)이라는 칭호가 생겨났다. 분을 삭이지 못한 르호보암은 이스라엘을 치기 위해 십팔만 대군을 일으켰다. 그러나 하나님께서 선지자 스마야를 보내어 만류하셨다.

> "여호와의 말씀이 '너희는 올라가지 말라. 너희 형제 이스라엘 자손과 싸우지 말고 각기 집으로 돌아가라. 이 일이 나로 말미암아 난 것이라 하셨다 하라.' 하신지라. 그들이 여호와의 말씀을 듣고 그 말씀을 따라 돌아갔더라."(왕상 12:24)

그런데 갑자기 이스라엘의 왕이 된 여로보암에게 한 가지 걱정거리가 있었다. 이스라엘의 모든 남성들은 적어도 일 년에 세 번 예루살렘에 제사를 드리러 올라가는 전통이 있었다. 그렇게 국경을 넘나들다가 어느 날 백성의 마음이 변해서 역모를 일으키지 않을까 하는 걱정이었다. 그래서 꾀를 냈다. 그는 예루살렘으로 내려가는 길목에 있는 벧엘과 가장 북쪽에 있는 단에 금송아지 제단을 세우고 이렇게 선포했다.

"너희가 다시는 예루살렘에 올라갈 것이 없도다. 이스라엘아 이는 너희를 애굽 땅에서 인도하여 올린 너희의 신들이라."(왕상 12:28)

이 일이 하나님 앞에 큰 죄가 되었다. 하나님께서는 분명 새긴 우상을 만들지 말라고 하셨다(출 20:4). 금송아지는 아론이 만든 우상을 연상시켰다. 여로보암은 기존의 제사장들을 폐하고 보통 백성들로 제사장을 삼으며 7월 15일에 지키는 장막절과 비슷한 절기를 8월 15일로 제정했다. 성경은 이 모든 일을 가리켜 '여로보암의 죄'라고 부른다. 결국 이스라엘 여러 성읍에서 경건한 사람들과 레위인들이 예루살렘으로 모여들었다(대하 11:13-17). 이런 인구이동을 통하여 유다 나라는 더 강성하게 되었다. 그러나 그 강성함도 3년을 넘기지 못했다(대하 11:17).

그 즈음 유다로부터 하나님의 사람이 벧엘을 방문했다. 마침 여로보암 왕이 금송아지 제단 곁에 서서 분향하고 있었다. 선지자가 제단을 향해 하나님의 말씀을 선포했다.

"제단아, 제단아, 여호와께서 이와 같이 말씀하시기를 다윗의 집에 요시야라 이름하는 아들을 낳으리니 그가 네 위에 분향하는 산당 제사장을 네 위에서 제물로 바칠 것이요 또 사람의 뼈를 네 위에서 사르리라 하셨느니라…이는 여호와께서 말씀하신 징조라. 제단이 갈라지며 그 위에 있는 재가 쏟아지리라."(왕상 13:2-3)

그로부터 290여 년 후, 유다의 요시야 왕(주전 640-609년)이 그 예언대로 벧엘의 제단을 허물고 더럽혔다(왕하 23:15-20). 우리는 이 선지자의 이름을 모른다. 다만 그가 유다로부터 내려온 '하나님의 사람'이라는 사실만 알뿐이다. (세겜이 북쪽에 있음에도 불구하고 '내려왔다'는 표현을 쓰는 까닭은 예루살렘이 전체 이스라엘의 중심이었기 때문이다.)

선지자의 말에 당황한 여로보암이 손을 펴서 그를 가리키며 '잡으라'고 소리쳤다. 그 순간 그의 편 손이 말라서 굽힐 수가 없었다. 동시에 제단이 갈라지며 재가 쏟아졌다. 왕이 선지자에게 간청했다.

"청하건대 너는 나를 위하여 네 하나님 여호와께 은혜를 구하여 내 손이 다시 성하게 기도하라."

이 세상에서 가장 슬픈 표현은 '네 하나님 여호와'라는 말이다. 하나님께서 여로보암을 택하여 왕이 되게 하셨다. 왜 그는 '내 하나님'이라는 표현을 사용하지 않았을까. 하나님과 상관없는 사람, 세상에 이보다 더 불쌍한 사람은 없다. 선지자가 왕을 위하여 기도하자 그의 손이 다시 회복되었다. 그렇지만 그는 영영 하나님 앞에 쓸모없는 사람이 되고 말았다. 왕은 선지자를 왕궁으로 초청하며 선물을 주겠다고 했다. 그러나 선지자의 입에서 나온 대답이 뜻밖이었다.

"왕께서 왕의 집 절반을 내게 준다 할지라도 나는 왕과 함께 들어가지도 아니하고 이곳에서는 떡도 먹지 아니하고 물도 마시지 아니하리니 이는 곧 여호와의 말씀이 내게 명령하여 이르시기를, '떡도 먹지 말며 물도 마시지 말고 왔던 길로 되돌아가지 말라' 하셨음이니이다."

벧엘을 방문한 선지자는 여로보암을 향한 하나님의 엄중한 심판을 선포했다. 그의 말대로 제단이 갈라지고 여로보암의 손이 말라서 굽힐 수가 없었다. 그는 여로보암과 그의 신하들에게 하나님의 위엄을 보여준 후에 조용히 무대 뒤로 사라져야 했다. 만일 그가 왕궁에 들어가서 융숭한 대접을 받는다면 하나님의 말씀의 권위가 약화될 것이다. 그래서 그는 자기 사명을 다한 후에 즉시로 유다로 돌아갔다.

그 무렵 벧엘에 늙은 선지자가 살고 있었다. 이 '늙은 선지자'라는 표현 때문에 유다에서 내려온 하나님의 사람을 '젊은 선지자'라고 생각하지만, 우리는 그가 얼마나 젊었는지 알 수 없다. 최소한 그 늙은 선지자보다는 젊었을 것이다. 늙은 선지자의 아들들이 벧엘 제단에서 일어난 그날의 일들을 아버지에게 소상히 전했다. 그러자 늙은 선지자는 나귀를 타고 그 젊은 선지자를 쫓아갔다. 그가 유다에서 온 하나님의 사람을 불러 세우고 물었다. 두 사람 사이의 대화를 들어보자.

"그대가 유다에서 온 하나님의 사람이냐?"

"그러하다."

"나와 함께 집으로 가서 떡을 먹으라."

"나는 그대와 함께 돌아가지도 못하겠고, 그대와 함께 들어가지도 못하겠으며, 내가 이곳에서 그대와 함께 떡도 먹지 아니하고 물도 마시지 아니하리니, 이는 여호와의 말씀이 내게 이르시기를 네가 거기서 떡도 먹지 말고 물도 마시지 말며 또 네가 오던 길로 되돌아가지도 말라 하셨음이로다."

"나도 그대와 같은 선지자라. 천사가 여호와의 말씀으로 내게 이르기를 그를 네 집으로 데리고 돌아가서 그에게 떡을 먹이고 물을 마시게 하라 하였느니라."

성경은 '이는 그 사람을 속임이라'고 부연설명을 곁들였다. 늙은 선지자는 자기가 하나님의 말씀을 받았다고 거짓말을 했다. 왜 거짓말을 했을까? 자격지심과 시기하는 마음 외에는 달리 설명할 길이 없다. 유다에서 온 선지자가 여로보암의 범죄를 책망할 때에 자기는 그 배교(背教)의 성에서 무엇을 하고 있었던가, 이런 자격지심이 들었을 것이다. 동시에 평생을 선지자로 자처해 온 자기에게 하나님의 말씀이 임하지 않았다는 사실이 불편했을 것이다. 그래도 그렇지, 하나님의 말씀을 선포하고 돌아가는 유다의 선지자를 여호와의 이름으로 속이다니, 그 순간 두렵지 않았을까?

대개 사람은 가까이 있는 사람 때문에 넘어진다. 시험도 가까이 있는 사람 때문에 든다. 가까이 있는 사람은 감정적으로 연결되어 있다. 여로보암의 청은 거절할 수 있었지만, 같은 선지자가 천사를 통해 하나님의 말씀을 들었다는 말은 의심할 수가 없었다. 유다에서 온 젊은 선지자는 한평생을 선지자로 살아온 늙은 선배의 말에 속아 넘어갔다. 안타까운 일이다. 왜 한 번쯤 하나님께 물어보지 않았을까. 왜 '미안하지만 그것은 하나님께서 나에게 주신 말씀이 아닙니다' 하고 가던 길을 계속 가지 않았을까. 하나님은 우리를 개인적으로 만나주신다. 아무리 가까운 사람이라도 그의 말이 성경적인지 아닌지 판단하고 선택해야 할 책임은 우리에게 있다.

그들이 함께 음식을 먹고 있을 때 하나님의 말씀이 늙은 선지자에게 임했다.

"그가 유다에서부터 온 하나님의 사람을 향하여 외쳐 이르되 여호와의 말씀에 네가 여호와의 말씀을 어기며 네 하나님 여호와께서 네게 내리신 명령을 지키지 아니하고 돌아와서 여호와가 너더러 떡도 먹지 말고 물도 마시지 말라 하신 곳에서 떡을 먹고 물을 마셨으니 네 시체가 네 조상들의 묘실에 들어가지 못하리라 하셨느니라 하니라."(왕상 13:21-22)

하나님의 말씀에 두 선지자 모두 놀랐을 것이다. 유다에서 온 선지자는 자기가 속았다는 생각에 놀라고, 늙은 선지자는 정말로 하나님께서 그 선지자를 보내셨다는 사실에 놀랐을 것이다. 젊은 선지자는 '네 시체가 네 조상들의 묘실에 들어가지 못하리라'는 말씀에 크게 신경 쓰지 않았다. 어차피 먼 미래의 일이니까. 그런데 그게 아니었다. 그는 그날 유다로 돌아가다가 사자에게 물려 죽었다. 사자는 선지자의 시체나 나귀를 해치지 않고 곁에 가만히 서 있었다. 소식을 들은 늙은 선지자는 젊은 선지자의 시체를 실어다가 자기 묘실에 안장하며 '오호라, 내 형제여' 하고 슬피 울었다. 왜 그런 황당한 거짓말을 했을까. 주름진 뺨에 흘러내리는 눈물방울에 깊은 회한(悔恨)이 맺혔으리라. 그는 젊은 선지자를 장사한 후에 아들들에게 유언을 남겼다.

"내가 죽거든 하나님의 사람을 장사한 묘실에 나를 장사하되 내 뼈를 그의 뼈 곁에 두라. 그가 여호와의 말씀으로 벧엘에 있는 제단을 향하고 또 사마리아 성읍들에 있는 모든 산당을 향하여 외쳐 말한 것이 반드시 이룰 것임이니라."(왕상 13:31-32)

여로보암 왕은 이런 일들을 보고도 끝내 악한 길에서 떠나 돌아서지 않았다. 그는 누구든지 원하면 산당의 제사장이 되게 했다.

그리하여 이스라엘의 제사제도를 말살시켰다. 결국 금송아지 우상을 세운 죄 때문에 여로보암의 집은 대(代)가 끊겼고, 백성들은 저주의 그늘 아래 머물게 되었다.

여로보암은 그의 아들 아비야가 병들자 아내를 변장시켜 실로에 있는 선지자 아히야에게 보냈다. 아히야는 전에 새 옷을 열두 조각으로 찢어 여로보암에게 열 조각을 주었던 선지자다. 그는 이제 나이가 들어서 앞을 볼 수가 없었다. 그러나 하나님께서 여로보암의 아내가 올 것을 알려주시며 대답할 말을 미리 일러주셨다. 얼마 후 마당으로 들어서는 여로보암의 아내를 향해 아히야가 소리쳤다.

> "여로보암의 아내여 들어오라. 네가 어찌하여 다른 사람인 체하느냐. 내가 명령을 받아 흉한 일을 네게 전하리니 가서 여로보암에게 말하라…내가 여로보암의 집에 재앙을 내려 여로보암에게 속한 사내는 이스라엘 가운데 매인 자나 놓인 자나 다 끊어 버리되 거름 더미를 쓸어버림같이 여로보암의 집을 말갛게 쓸어버릴지라…너는 일어나 네 집으로 가라 네 발이 성읍에 들어갈 때에 그 아이가 죽을지라. 온 이스라엘이 그를 위하여 슬퍼하며 장사하려니와 여로보암에게 속한 자는 오직 이 아이만 묘실에 들어가리니 이는 여로보암의 집 가운데에서 그가 이스라엘의 하나님 여호와를 향하여 선한 뜻을 품었음이니라."(왕상 14:6-13)

혼비백산한 여로보암의 아내가 집에 들어서는 순간 아들이 숨을 거두었다. 비록 어린아이였지만 그는 하나님 앞에 선한 뜻을 품고 있었다. 온 백성들이 그 아이를 위해 슬퍼했다.

그런데 유다 왕 르호보암은 어떻게 되었을까?

역대기는 유다 왕들을 중심으로 기록하고 있기 때문에 열왕기에 없는 내용들을 담고 있다. 역대하 11-12장을 보면 르호보암이 다스린 첫 3년 동안 나라가 크게 부흥했다는 기록이 있다. 이스라엘의 여로보암 왕이 우상을 숭배하고 일반 백성으로 제사장을 세우는 일을 견디지 못한 레위인들과 거룩한 백성들이 유다로 이주해왔기 때문이다. 르호보암은 3년 동안 다윗과 솔로몬의 길로 행하였다. 그러나 나라가 강성해지자 하나님의 율법을 버리고 북왕국 이스라엘의 뒤를 따랐다.

르호보암은 조상들보다 뛰어나게 범죄하여('뛰어나다'는 표현이 몹시 어색하다) 하나님을 노엽게 하였다. 산당과 아세라 우상을 세우는 것도 모자라 우상의 신전에 남색(男色)하는 자들까지 두었다. 이들은 동성애자들로서 우상의 전각에서 종교적 미명(美名) 아래 몸을 파는 남자들이었다. 마침내 르호보암이 왕위에 오른 지 5년째에 하나님께서 애굽 왕 시삭을 불러오셔서 유다의 견고한 성읍들을 빼앗고 예루살렘을 치게 하셨다. 시삭은 애굽의 22대 왕조에 속한 왕으로서(주전 935-914년까지 치리함) 이스라엘의 초대왕이 된 여로보암에게 망명처를 제공했던 인물이다. 그는 리비아와 숙과 구스에서 모은 수많은 용병들을 거느리고 유다의 르호보암을 치기 위해 올라왔다. (지금도 이집트의 룩소에 있는 카르낙 신전 벽에는 시삭이 점령했던 유다의 성읍들 이름이 기록되어 있다.) 시삭의 군대에 놀란 방백들이 예루살렘으로 모여들자 선지자 스마야가 하나님의 말씀으로 그들을 책망했다.

"여호와께서 이같이 말씀하시기를 '너희가 나를 버렸으므로 나도 너희를 버려 시삭의 손에 넘겼노라' 하셨다."(대하 12:5)

스마야의 말을 듣고 르호보암과 방백들이 하나님 앞에 겸비하게 스스로를 낮추며 '여호와는 의로우시다'고 회개했다. 그러자 하나님께서 자비를 베푸시고 시삭으로 하여금 성전과 왕궁에 있는 보물들을 빼앗아가는 선에서 멈추게 하셨다.

르호보암이 즉위한 지 17년(주전 913년)에 죽자 그의 아들 아비야(혹은 아비얌)가 왕위를 이었다.

아비야는 르호보암이 압살롬의 딸 마아가로부터 얻은 아들이었다(대하 11:20). 여기에 나오는 압살롬은 다윗의 아들 압살롬이 아니다. 왜냐하면 압살롬의 외동딸 이름은 다말이었기 때문이다(삼하 14:27). 열왕기상 15장 2절을 보면 마아가는 아비살롬의 딸로, 역대하 13장 2절에는 '기브아 사람 우리엘의 딸'로 나와 있다. (이 점에 관하여는 곧이어 나오는 아사 왕 때에 다시 다루려고 한다.)

겨우 3년을 다스리는 동안 아비야는 하나님 앞에 온전하지 못한 삶을 살았다. 그래도 하나님께서 다윗에게 하신 약속을 지키시기 위해 아비야에게 대를 이을 아들 아사를 주셨다(주전 911년). 아비야의 3년 통치는 주로 북왕국 여로보암과 전쟁하는 데 소모되었다.

역대하 13장에는 아비야가 하나님을 의지하고 나아가 40만 군사로 여로보암의 80만 군사 중 50만 명을 죽였다는 기록이 있다. 비록 아비야가 3년 만에 죽었지만, 이 승리로 인하여 유다는 그 후 10여 년 동안 태평성세를 누리게 되었다. 일반적으로 열왕기는 유다와 이스라엘 왕들을 골고루 기록한 반면, 역대기는 남왕국 유다의 왕들 중심으로 기록했다. 북왕국의 왕들은 겨우 두 명(여로보암과 아합)만 자세히 기록하고 네 명은 가볍게 기록하며 나머지 열 네 명의 왕들에 대해서는 일체 언급이 없다. 역대기 저자는 훗날 앗수르의 침략으로 역사에서 사라진 북왕국 이스라엘을 인정하고 싶지 않았을 것이다. 역대기 저자의 역사관이 여로보암을 꾸짖는 아비야 왕의 말 속에 고스란히 담겨있다.

> "아비야가 에브라임 산 중 스마라임 산 위에 서서 이르되, 여로보암과 이스라엘 무리들아 다 들으라. 이스라엘 하나님 여호와께서 소금 언약으로 이스라엘 나라를 영원히 다윗과 그의 자손에게 주신 것을 너희가 알 것 아니냐. 다윗의 아들 솔로몬의 신하 느밧의 아들 여로보암이 일어나 자기의 주를 배반하고 난봉꾼과 잡배가 모여 따르므로 스스로 강하게 되어 솔로몬의 아들 르호보암을 대적하였으나 그때에 르호보암이 어리고 마음이 연약하여 그들의 입을 능히 막지 못하였었느니라. 이제 너희가 또 다윗 자손의 손으로 다스리는 여호와의 나라를 대적하려 하는도다. 너희는 큰 무리요 또 여로보암이 너희를 위하여 신으로 만든 금송아지들이 너희와 함께 있도다. 너희가 아론 자손인 여호와의 제사장들과 레위 사람들을 쫓아내고 이방 백성들의 풍속을 따라 제사장을 삼지 아니하였느냐. 누구를 막론하고 어린 수송아지 한 마리와 숫양 일곱 마리를 끌고 와서 장립을 받고자 하는 자마다 허무한 신들의 제사장이 될 수 있도다. 우리에게는 여호와께서 우리 하나님이 되시니 우리가 그를 배반하지 아니하였고 여호와를 섬기는 제사장들이 있으니 아론의 자손이요 또 레위 사람들이 수종 들어 매일 아침 저녁으로 여호와 앞에 번제를 드리며 분향하며 또 깨끗한 상에 진설병을 놓고 또 금 등잔대가 있어 그 등에 저녁마다 불을 켜나니 우리는 우리 하나님 여호와의 계명을 지키나 너희는 그를 배반하였느니라. 하나님이 우리와 함께하사 우리의 머리가 되시고 그의 제사장들도 우리와 함께하여 전쟁의 나팔을 불어 너희를 공격하느니라. 이스

라엘 자손들아 너희 조상들의 하나님 여호와와 싸우지 말라 너희가 형통하지 못하리라."(대하 13:4-12)

아비야의 말 속에는 북왕국 이스라엘을 역차별하는 내용들로 가득하다. 특히 '소금언약'은 역대상 17장에 나오는 '다윗 언약'을 의미한다. 이 표현을 통하여 역대기 저자는 하나님께서 다윗과 변치 않는 언약을 맺으셨고, 따라서 다윗의 혈통에서 나오는 왕만이 진정한 왕이라는 점을 강조하고 있다. 아비야는 또 여로보암을 솔로몬의 반역한 신하로 비하시키고, 그 곁에 난봉꾼과 잡배가 모여들었다고 비꼬았다. 무엇보다도 여로보암은 금송아지를 만들어 신으로 섬겼지만, 아론의 자손들과 레위 사람들은 하나님을 섬기고 있다며 진짜와 가짜를 구별했다. 마지막으로 여로보암과 그의 군대가 아비야와 유다 백성들을 대적하는 일은 곧 하나님을 대적하는 행위라고 일갈했다. 이 정도면 이스라엘 군대의 사기가 크게 떨어졌을 것이다. 그래서일까, 그날 아비야가 여로보암을 크게 이겼다.

아비야의 변론을 이렇게 길게 기록한 역대기 저자의 의도는 무엇일까. 그들은 포로 후기에 역대기를 기록하면서 오직 다윗의 계보를 통해서 이스라엘의 역사를 바로 세우고 싶었을 것이다.

2
유다 왕 아사

왕상 15장; 대하 14-16장

이스라엘 여로보암 왕 제20년에 아비야의 아들 아사가 유다 왕이 되어 41년 동안 나라를 다스렸다. 다윗의 4대손이며 유다 왕들 중에 세 번째로 오래 다스린 왕이다.

북왕국의 여로보암은 즉위한 지 22년 만에 죽었고, 그의 아들 나답이 왕이 되어 2년 동안 다스리다가 바아사에게 암살을 당했다. 이스라엘의 2대 왕조를 시작한 바아사는 여로보암의 집을 멸족시키고 24년을 다스리다가 아들 엘라에게 왕위를 물려주었다. 그러나 엘라는 2년 만에 시므리에게 암살을 당했다. 벌써 두 번째 암살이었다. 유다의 아사 왕이 다스리는 41년 동안 이스라엘에서는 여섯 명의 왕들이 부침(浮沈)했다(나답, 바아사, 엘라, 시므리, 오므리, 아합). 그중에 시므리는 겨우 7일을 다스리다가 엘라의 군대지휘관 오므리에게 패한 후에 스스로 왕궁에 불을 지르고 타 죽었다.

유다 왕 아사의 이야기로 넘어가면서 열왕기서의 저자는 다윗의 생애에 관해 한 구절을 삽입하고 있다.

> "그(아비야)의 하나님 여호와께서 다윗을 위하여 예루살렘에서 그에게 등불을 주시되 그의 아들(아사)을 세워 뒤를 잇게 하사 예루살렘을 견고하게 하셨으니 이는 다윗이 헷 사람 우리아의 일 외에는 평생에 여호와 보시기에 정직하게 행하고 자기에게 명령하신 모든 일을 어기지 아니하였음이라."(왕상 15:4-5)

다윗은 평생 동안 하나님 앞에 단 한 번만 범죄했다. 그럼에도 불구하고 다윗은 자신이 '죄악 중에서 출생'하였고, 그의 죄가 항상 그 앞에 있다고 고백했다(시 51편). 다윗만큼 하나님 앞에서 거룩하고 흠 없이 살려고 애쓴 왕이 없었다. 하나님께서 그런 다윗을 보시고 그의 자손들을 보호하셔서 등불이 꺼지지 않게 해 주셨다는 열왕기 저자의 역사적 해석이다.

유다 왕 아사는 다윗과 솔로몬 이후 하나님께로 돌아온 첫 번째 왕이었다. 그는 남색(男色)하는 자들을 쫓아내고 조상들이 세워놓은 모든 우상들을 없앴다. 거룩한 종교개혁에는 어머니마저도 설 자리가 없었다. 그는 어머니 마아가가 세워놓은 혐오스러운 아세라 상을 찍어 불사르고 태후(太后)의 위를 폐했다.

당시에는 여자 아이의 이름으로 '마아가'를 선호했던 것 같다. 다윗에게 압살롬을 낳아준 '그술 왕 달매의 딸'의 이름도 마아가였다(삼하 3:3) 열왕기상 15장 1-2절에 보면, 아비야의 어머니 이름도 압살롬의 딸 '마아가'로 기록되어 있다. 그러나 압살롬의 외동딸 이름은 다말이었다. 이 문제를 어떻게 해결해야 할까.

역대하 13장 2절을 보면 '그(아비야)의 어머니의 이름은 미가야요 기브아 사람 우리엘의 딸'이었다고 기록되어 있다. 그렇다면 이런 해석이 가능하다. 압살롬의 딸 다말이 기브아 사람 우리엘에게 시집가서 마아가(혹은 미가야)를 낳았고, 르호보암은 그 마아가에게서 아비야를 낳았다. '압살롬의 딸 마아가'는 실제로 '압살롬의 손녀딸 마아가'를 의미한다.

그래도 의문이 하나 더 남아 있다. 열왕기상 15장 10절의 "그(아사)의 어머니의 이름은 마아가라. 아비살롬의 딸이더라"는 구절은 어떻게 해석해야 할까. 아비야의 어머니도 마아가이고, 그의 아들 아사의 어머니도 마아가이기 때문이다. 그런데 성경은 한두 세대를 건너뛰고 손자나 손녀를 '아들'과 '딸'로 부르는 경우가 자주 있다. 그러므로 '그(아사)의 어머니의 이름은 마아가라'는 구절을 '그의 할머니 이름은 마아가라'로 읽으면 된다. 혹시 할머니가 어린 손자 아사의 뒤에서 섭정했을지도 모른다.

성경은 아사가 평생 동안 여호와 앞에 온전했다고 기록하고 있다. 그러나 산당은 그냥 두었다. 그것이 옥에 티였다. 왜 산당을 없애지 않았을까. 예루살렘 성전이 건축되기 전까지는 왕과 백성들이 산당에서 제사를 드렸다. 원래 산당은 가나안 사람들의 종교문화였다. 성경에 '바알의 산당'이라는 어휘가 자주 등장한다. 그러므로 예루살렘 성전을 건축한 후에는 마땅히 산당도 제해야 했다. 훗날 히스기야 왕이 모든 산당들을 제거했다(왕하 18:4).

아사 왕에 대한 기록은 열왕기상에 비교적 간단히 기록되어 있다(왕상 15:9-24). 그러나 역대기는 훨씬 더 자세하게 기록하고 있다(대하 14-16장). 그러므로 아사 왕 이야기는 역대기를 중심으로 살펴보려고 한다. 조금 전에 언급한 것처럼, 유다는 아사 왕의 선친 아비야가 이스라엘의 여로보암을 크게 이긴 후 10년 동안 태평성세를 누렸다. 그 기간에 아사 왕은 견고한 성읍들을 건축하고 58만의 군인들을 훈련시키며 지속적으로 종교개혁에 박차를 가했다.

"아사가 일찍이 유다 사람에게 이르되 우리가 우리 하나님 여호와를 찾았으므로 이 땅이 아직 우리 앞에 있나니 우리가 이 성읍들을 건축하고 그 주위에 성곽과 망대와 문과 빗장을 만들자. 우리가 주를 찾았으므로 주께서 우리 사방에 평안을 주셨느니라 하고 이에 그들이 성읍을 형통하게 건축하였더라."(대하 14:7)

그렇게 10여 년의 세월이 지나갈 무렵, 구스 사람 세라가 유다를 치려고 군사 백만과 병거 삼백 대를 거느리고 마레사에 이르렀다. 세라에 대해서는 두 가지 의견이 있다. 하나는 이전에 르호보암 시절에 예루살렘을 함락시킨 애굽 왕 시삭의 계승자인 오르소콘 1세라는 의견과 오르소콘 1세가 일으킨 용병부대의 사령관이라는 의견이다. 어쨌든 그는 구스 사람이었다. 구스는 오늘날의 이집트 남부와 수단, 에티오피아 북쪽 지역을 가리킨다. 아사는 예루살렘에서 남서쪽으로 40km쯤 떨어진 마레사의 스바다 골짜기에 진을 치고 하나님께 부르짖었다.

"여호와여 힘이 강한 자와 약한 자 사이에는 주밖에 도와줄 이가 없사오니 우리 하나님 여호와여 우리를 도우소서. 우리가 주를 의지하오며 주의 이름을 의탁하옵고 이 많은 무리를 치러 왔나이다. 여호와여 주는 우리 하나님이시오니 원하건대 사람이 주를 이기지 못하게 하옵소서."(대하 14:11)

얼마나 가슴 에이는 기도인가. 하나님께서 그의 기도를 들으시고 구스 사람들을 유다 사람들 앞에서 치시니 그들이 도망쳤다. 아사와 백성들이 구스 사람들을 추격하며 마레사에서 32km 서남쪽에 있는 그랄에 이르렀다. 그랄 지역은 당시에 애굽이 지배하고 있었다. 하나님께서 그랄 사면 성읍의 백성들에게 두려움을 주시니 아무도 나와서 대항하는 자가 없었다. 아사 왕은 많은 노략물들을 얻어가지고 예루살렘으로 돌아갔다.

아사 왕 제36년에 이스라엘의 바아사 왕이 유다를 치러 올라와서 라마를 건축했다(대하 16:1). 라마는 예루살렘에서 10여 km 북쪽에 있는 성읍인데, 바아사는 이스라엘 백성들의 예루살렘 왕래를 막기 위해 건축했다. 그런데 여기에서 연대의 혼란이 일어난다. 아사 왕 36년은 바아사가 죽은 지 10년 후였기 때문이다. 그래서 학자들은 역대기를 기록한 저자들, 혹은 옮겨 적은 서기관들이 '아사 왕 16년'을 36년으로 잘못 기록했으리라고 생각한다. 그렇게 바로잡으면 이 전쟁은 바아사 왕이 죽기 10년 전에 일어났을 것이다.

전쟁이 발발하자 아사 왕은 급히 다메섹에 있는 아람 왕 벤하닷에게 도움을 청했다. 아사는 여호와의 전과 왕궁 곳간에서 모은 은금을 보내면서 간청했다.

> "내 아버지와 당신의 아버지 사이에와 같이 나와 당신 사이에 약조하자. 내가 당신에게 은금을 보내노니 와서 이스라엘 왕 바아사와 세운 약조를 깨뜨려 그가 나를 떠나게 하라."(대하 16:3)

벤하닷으로서는 마다할 이유가 없었다. 국제사회에서 자신의 지위가 향상되고, 불로소득의 부(富)를 얻으며, 이스라엘의 재물이 쌓여 있는 국고성(國庫城)을 합법적으로 약탈할 수 있었기 때문이다. 이번에는 아사의 행위가 하나님 보시기에 옳지 않았다. 아니나 다를까 선견자 하나니가 아사 왕을 찾아왔다.

> "그때에 선견자 하나니가 유다 왕 아사에게 나와서 그에게 이르되, '왕이 아람 왕을 의지하고 왕의 하나님 여호와를 의지하지 아니하였으므로 아람 왕의 군대가 왕의 손에서 벗어났나이다. 구스 사람과 룹 사람의 군대가 크지 아니하며 말과 병거가 심히 많지 아니하더이까. 그러나 왕이 여호와를 의지하였으므로 여호와께서 왕의 손에 넘기셨나이다. 여호와의 눈은 온 땅을 두루 감찰하사 전심으로 자기에게 향하는 자들을 위하여 능력을 베푸시나니 이 일은 왕이 망령되이 행하였은즉 이후부터는 왕에게 전쟁이 있으리이다.' 하매."(대하 16:7-9)

그날 아사 왕이 회개하고 돌아섰더라면 얼마나 좋았을까. 회개의 타이밍을 놓치면 재앙이 다가온다. 아사 왕은 오히려 화를 내며 하나니를 옥에 가두어버렸다. 그리고 선견자의 편에 서서 간언(諫言)하는 신하들까지 박해했다. 믿음의 사람 아사 왕이 크게 실족했다. 왜 끝까지 믿음을 지키고 달려갈 길을 마치며 선한 싸움에 승리하기가 이렇게 어려울까.

처음에 하나님과 동행했던 아사 왕이 그 길을 벗어나자 그의 말년은 비참해져갔다. 통치한 지 39년째 되었을 때에는 발에 병까지 들었다. 그는 하나님께 병 낫기를 구하지 아니하고 의원들에게 구하였다. 의원들에게 구한 행위 자체가 잘못되었다는 말은 아니다. 그러나 하나님께 먼저 구하지 않은 영적 무감각이 문제였다. 아사 왕은 2년 동안 매우 위독한 상태로 있다가 세상을 떠났다. 아사의 행적을 보면 끝까지 하나님과 동행하다가 세상을 떠난 다윗의 삶이 훨씬 더 돋보인다.

3

남북 왕국의 영적 암흑기

왕상 16-22장; 대하 17-22장

신기하게도 비슷한 시기에 영적인 암흑기가 유다와 이스라엘에 찾아왔다. 주전 874년경부터 주전 835년 사이의 40여 년에 걸친 기간이다. 이 시기의 남왕국 왕들은 여호사밧과 여호람과 아하시야, 그리고 유일한 여왕으로 불리는 아달랴 왕후(아합의 딸이며 아하시야의 어머니)였다. 북왕국의 왕들은 아합, 아하시야, 그리고 아하시야의 동생이었던 여호람이다. 이 암흑기를 끝낸 사람은 엘리사가 기름 부어 세웠던 북왕국의 예후 왕이었다.

이 시기에 북왕국에서 예언활동을 했던 중요한 두 선지자들이 있는데 바로 엘리야와 엘리사이다. 이들의 활동상황이 열왕기상 17장부터 열왕기하 13장까지 19장에 걸쳐 자세히 기록되어 있다. 그러나 역대기에는 엘리야가 유다의 여호람에게 책망의 글을 보낸 이야기가 한 번 나오고(대하 21:12-15), 엘리사에 대한 언급은 아예 없다. 아무리 유다 중심의 역사를 기록했다고 해도 어딘가 좀 아쉬운 부분이다.

이 단락에서는 이스라엘의 아합과 이세벨, 아하시야와 여호람, 그리고 유다의 여호사밧, 여호람, 아하시야와 아달랴 왕후의 이야기를 다루려고 한다. 아울러 선지자 엘리야와 엘리사의 이야기도 간간히 다룰 것이다. 그들은 참으로 '왕 같은 선지자'들이었다(이 단락에서 두 나라의 왕들이 자주 동명이인으로 기록되었다는 사실을 잊지 말자.).

이스라엘 군대의 절반을 통솔하던 시므리가 엘라 왕을 암살하고 자칭 이스라엘의 5대 왕이 되었다. 그러자 백성들은 다른 군대장관 오므리를 왕으로 세우고 반격했다. 성읍이 함락되는 것을 본 시므리는 왕위에 오른 지 7일 만에 왕궁에 불을 지르고 스스로 불에 타 죽었다. 그러나 성경은 시므리가 망한 이유를 '그가 여호와 보시기에 악을 행하여 범죄하였기 때문'이라고 기록하고 있다(왕상 16:19). 7일 동안에 무슨 죽을죄를 지었을까. 그 후 오므리(주전 885-874)는 디브니(주전 885-880)와 대치하며 이스라엘을 양분해 다스렸다. 5년 후, 디브니가 오므리의 군대에 패하고 죽자 오므리 혼자서 이스라엘을 다스렸다. 그는 은 두 달란트로 사마리아 산을 사서 성읍을 건축하고 이스라엘의 수도로 삼았다. 그도 역시 여로보암의 길을 따라 악을 행하였는데, 이전의 모든 사람보다 더욱 악하게 행하였다. 12년 후(주전 874년)에 그가 죽자 아들 아합이 왕위를 물려받았다.

문제의 발단은 아합 왕의 아내 이세벨이었다. 이세벨은 시돈 왕 엣바알('바알이 그와 함께 있다')의 딸이었다. 원래 아스드롯 신전의 제사장이었던 엣바알은 시돈 왕을 죽이고 32년간 통치했다. 이전부터 시돈과 두로와 동맹관계를 맺어 왔던 오므리가 이세벨을 그의 자부로 맞았다. 그리하여 북왕국 이스라엘의 역사는 갈수록 악이 쌓여갔다. 예를 들면, '오므리의 아들 아합이 그의 이전의 모든 사람보다 여호와 보시기에 악을 더 행하여'와 같은 표현들이 자주 나온다(왕상 16:25). 22년 동안 이스라엘을 다스린 아합은 아내 이세벨의 영향을 받아 사마리아에 바알의 신전을 세우고 바알과 아세라를 섬겼다. 아합은 이전의 이스라엘 왕들보다 더 하나님을 노하시게 했다. 결국 아합-이세벨의 우상숭배 세력과 엘리야 선지자 사이에 영적 대결이 시작되었다.

여기에서 잠시 남왕국 유다의 여호사밧 왕을 살펴보기로 하자. 여호사밧은 북왕국 이스라엘의 우상숭배가 유다에 들어오도록 문을 열어놓은 왕이었다. 그러나 초기에는 영적으로나 군사적으로 훌륭한 통치자였다. 역대기 저자는 여호사밧을 이렇게 묘사하고 있다.

> "아사의 아들 여호사밧이 대신하여 왕이 되어 스스로 강하게 하여 이스라엘을 방어하되, 유다 모든 견고한 성읍에 군대를 주둔시키고 또 유다 땅과 그의 아버지 아사가 정복한 에브라임 성읍들에 영문(수비대)을 두었더라. 여호와께서 여호사밧과 함께하셨으니 이는 그가 그의 조상 다윗의 처음 길로 행하여 바알들에게 구하지 아니하고 오직 그의 아버지의 하나님께 구하며 그의 계명을 행하고 이스라엘의 행위를 따르지 아니하였음이라. 그러므로 여호와께서 나라를 그의 손에서 견고하게 하시매 유다 무리가 여호사밧에게 예물을 드렸으므로 그가 부귀와 영광을 크게 떨쳤더라. 그가 전심으로 여호와의 길을 걸어 산당들과 아세라 목상들도 유다에서 제거하였더라. 그가 왕위에 있은 지 삼 년에 그의 방백들 벤하일과 오바댜와 스가랴와 느다넬과 미가야를 보내어 유다 여러 성읍에 가서 가르치게 하고, 또 그들과 함께 레위 사람 스마야와 느다냐와

스바댜와 아사헬과 스미라못과 여호나단과 아도니야와 도비야와 도바도니야 등 레위 사람들을 보내고 또 저희와 함께 제사장 엘리사마와 여호람을 보내었더니 그들이 여호와의 율법책을 가지고 유다에서 가르치되 그 모든 유다 성읍들로 두루 다니며 백성들을 가르쳤더라."(대하 17:1-9)

여호사밧은 여호와를 섬기며 산당들과 아세라 목상들을 유다에서 제하였다. 이 말은 그의 선친 아사 왕 말년에 유다가 우상숭배의 길을 걷고 있었음을 암시하고 있다. 여호사밧은 유다의 국방을 견고하게 했다. 그의 군대는 백십팔만 명에 이르렀다. 그는 평소에 하나님께 구하며 그의 말씀대로 행하였다. 또 방백들과 레위인들과 제사장들을 유다 각 성읍에 보내서 여호와의 율법을 가르치게 했다. 그 결과 하나님께서 그의 나라를 견고하게 하셨고, 복 받은 백성들이 그에게 예물을 드렸으므로 부귀와 영광을 크게 떨쳤다. 그의 통치는 이렇게 선순환(善循環)이었다. 결정적 실수를 저지르기 전까지는….

"여호사밧이 부귀와 영광을 크게 떨쳤고 아합 가문과 혼인함으로 인척 관계를 맺었더라."(대하 18:1)

그의 가장 큰 실수는 혼인을 통하여 아합과 인척관계를 맺은 일이었다. 그 잘못으로 인하여 하마터면 다윗 왕의 가문이 문을 닫을 뻔했다. 바울이 경고했던 "너희는 믿지 않는 자와 멍에를 함께 메지 말라"(고후 6:14)는 말씀은 시대를 초월한 진리였다. 여호사밧과 아합의 혼인동맹을 다루기 전에 먼저 아합 왕과 엘리야 선지자의 관계를 살펴보도록 하자.

4

엘리야의 제단, 영적 대결

왕상 17-19장

엘리야는 열왕기상 17장에서 갑자기 출현하여 열왕기하 2장에서 불수레를 타고 승천(昇天)한다. 그의 배경 설명은 '길르앗에 우거하는 자 중에 디셉 사람'(왕상 17:1)이 전부이다. 그의 고향 '디셉'이 길르앗의 어디쯤인지 우리는 알 수 없다. 엘리야의 이름은 '여호와는 나의 하나님'이라는 의미이다. 그는 평생토록 이스라엘과 유다, 그리고 근동 일대를 향해 '바알이 아닌 여호와가 참 신이시다'라고 외쳤다. 모세가 율법을 대표한다면 엘리야는 선지자들을 대표했다. 예수님은 세례 요한을 엘리야와 연결시키셨다. 세례 요한도 엘리야처럼 회개를 외쳤기 때문이다.

어느 날 갑자기 아합의 궁정에 나타난 엘리야가 마른하늘에 날벼락 같은 선언을 했다.

"길르앗에 우거하는 자 중에 디셉 사람 엘리야가 아합에게 말하되,

내가 섬기는 이스라엘의 하나님 여호와께서 살아 계심을 두고 맹세하노니 내 말이 없으면 수년 동안 비도 이슬도 있지 아니하리라 하니라."(왕상 17:1)

이런 그림을 그려보자. 엘리야는 하나님을 떠난 이스라엘을 보며 가슴이 아팠다. 시돈 왕의 딸 이세벨을 아내로 맞은 후부터 아합 왕은 하나님의 제사장들을 죽이고 바알 신전의 제사장들을 세웠다. 선지자들은 핍박이 두려워 모두 지하로 숨어들었다. 성정이 올곧은 엘리야는 견딜 수가 없었다. "바알은 신이 아니다. 절대 아니다. 오직 이스라엘의 하나님 여호와만 살아 계신 신이시다" 하고 외쳤다. 아합과 백성들 앞에서 이 사실을 어떻게 증명할 수 있을까. 방법은 하나뿐이었다. 하나님께서 수년 동안 땅에 비가 내리지 않게 하시면 된다. 엘리야는 소위 농사를 잘되게 한다는 '풍작(豊作)의 신 바알'을 심판해달라고 하나님께 간절히 기도드렸다. 그리고 어느 날, 하나님께서 그의 기도에 응답하셨다는 확신이 들었다. 그는 아합 왕을 찾아가 "내 말이 없으면 수년 동안 비도 이슬도 있지 아니하리라"고 선언했다. 어떻게 그런 확신을 가질 수 있을까. 확신은 간절하게 기도한 사람에게 주어진다. 확신의 진위(眞僞) 여부는 결과로 증명될 것이다. 야고보는 기도의 능력을 설명하면서 엘리야의 기도를 인용했다.

"엘리야는 우리와 성정이 같은 사람이로되 그가 비가 오지 않기를 간절히 기도한즉 삼 년 육 개월 동안 땅에 비가 오지 아니하고 다시 기도하니 하늘이 비를 주고 땅이 열매를 맺었느니라."(약 5:17-18)

엘리야가 목숨을 걸고 아합과 이세벨을 책망하자 하나님께서 그의 신변을 지켜주셨다.

"여호와의 말씀이 엘리야에게 임하여 이르시되, 너는 여기서 떠나 동쪽으로 가서 요단 앞 그릿 시냇가에 숨고 그 시냇물을 마시라. 내가 까마귀들에게 명령하여 거기서 너를 먹이게 하리라."(왕상 17:2-4)

엘리야는 그 길로 요단강 동편에 있는 그릿 시냇가로 내려갔다. 물론 아합 왕은 엘리야의 말을 귓등으로 흘려들었다. 그런데 시간이 지나자 엘리야의 말처럼 비와 이슬이 지면에서 자취를 감추었다. 땅은 돌덩이로 변하고 우물은 말랐다. 백성들 사이에 바알이 비를 내려준다는 믿음이 흔들리기 시작했다. 한편 까마귀들은 엘리야에게 아침저녁으로 떡과 고기를 물어다주었다. 하나님의 명령이 아니었다면 절대 불가능한 일이었다. 탐욕스러운 까마귀들이 매일 정한 시간에 음식을 공급해 주다니, 기적 중의 기적이었다. 시간이 지나자 시냇물이 마르고 바닥이 드러났다. 하나님께서 다시 엘리야에게 말씀하셨다.

"너는 일어나 시돈에 속한 사르밧으로 가서 거기 머물라. 내가 그 곳 과부에게 명령하여 네게 음식을 주게 하였느니라."(왕상 17:9)

탐욕스러운 까마귀에게 엘리야의 식사를 배달시키시고 가난한 과부로 하여금 엘리야를 접대하게 하신 하나님, 가끔 성경을 읽다 보면 하나님의 유머감각이 돋보일 때가 있다. 가뭄으로 신경이 날카로워진 아합 왕은 엘리야 체포령을 내렸다. 이스라엘뿐만 아니라 주변 국가들에게도 '여기 그런 사람이 없다'고 맹세하게 했다. 그런데 하나님께서는 엘리야를 가장 안전한 곳에 숨겨놓으셨다. 사르밧은 두로와 시돈 사이에 있는 해안 도시로 이세벨의 아버지 엣바알이 다스리는 이방 지역이었다. 등잔 밑이 어두운 법이다. 엘리야가 그곳에서 2년 가까이 숨어 지내리라고 누가 상상이나 했겠는가.

엘리야는 사르밧 성문 곁에서 나뭇가지를 줍고 있는 과부에게 다가갔다. 아마도 과부의 복장을 하고 있었을 것이다. 그래도 하나님께서 말씀하신 '그 과부'인지 확인해볼 필요가 있었다. 그래서 물 한 그릇을 부탁했다. 과부가 물을 가져오려고 일어서자 엘리야가 한 가지 더 부탁했다.

"청하건대 네 손의 떡 한 조각을 내게로 가져오라."

그제서야 과부가 입을 열었다.

"당신의 하나님 여호와께서 살아 계심을 두고 맹세하노니 나는 떡이 없고 다만 통에 가루 한 움큼과 병에 기름 조금뿐이라. 내가 나뭇가지 둘을 주워다가 나와 내 아들을 위하여 음식을 만들어 먹고 그 후에는 죽으리라."

과부의 입에서 '하나님 여호와의 살아 계심'이라는 말이 나왔다. 그녀는 개인적으로 하나님의 살아 계심을 믿고 있었다. 놀라운 일이다. 하나님께서 엘리야를 그의 사랑하는 딸에게 맡기셨다. 오랜 가뭄으로 과부 집의 가루 통에 가루가 떨어지고 기름병은 바닥이 났다. 원래 가뭄이 오면 가난한 집부터 식량이 떨어진다. 과부는 한 움큼 밀가루와 몇 방울 기름으로 떡을 만들려고 했다. 그것은 과부가 외아들과 함께 이 땅에서 먹는 마지막 만찬이 될 것이다. 그런데 그 떡을 먼저 자기에게 가져오라니, 아무리 이스라엘의 선지자라고 해도 제 정신인가 싶었다(몸에 털이 많고 가죽띠를 띤 엘리야의 독특한 외모 때문에 그가 선지자임을 알아차렸을 것이다.). 엘리야가 그녀를 안심시켰다.

"두려워하지 말고 가서 네 말대로 하려니와 먼저 그것으로 나를 위하여 작은 떡 한 개를 만들어 내게로 가져오고 그 후에 너와 네 아들을 위하여 만들라. 이스라엘의 하나님 여호와의 말씀이 나 여호와가 비를 지면에 내리는 날까지 그 통의 가루가 떨어지지 아니하고 그 병의 기름이 없어지지 아니하리라 하셨느니라."

어느새 대화의 중심이 떡이 아닌 '이스라엘의 하나님 여호와'께로 옮겨갔다. 과부는 '하나님의 약속을 믿을 것인가, 아닌가'의 기로(岐路)에 섰다. 감사하게도 그녀는 하나님의 말씀을 믿고 순종했다. 그랬더니 엘리야와 그 집의 식구들이(아마도 직계 가족들을 포함하여) 가뭄이 끝날 때까지 넉넉하게 먹을 수 있도록 통의 가루와 병의 기름이 날마다 채워졌다.

왜 하나님께서 엘리야를 사르밧의 과부에게로 보내셨을까? 마가복음 7장 25-30절을 보면, 예수님께서 수로보니게 여인의 귀신들린 딸을 고쳐주신 이야기가 나온다. 사르밧과 수로보니게는 같은 지역이다. 우리는 같은 질문을 할 수 있다. 왜 예수님께서 그 여인을 찾아가셨을까? 적어도 왕복 4일 이상 걸리는 길을 가시는 동안 예수님께서 다른 사역을 하셨다는 기록이 없다. 그런데 한 가지 공통점이 있다. 사르밧의 과부는 엘리야를 알아보았고, 수로보니게의 여인도 예수님을 알아보았다. 둘 다 이방인이었지만 고난을 당할 때 이스라엘의 하나님께 구원을 호소했다. 하나님께서 그들을 구원하시기 위해 엘리야와 예수님을 보내셨다. 하나님의 인자하심과 자비하심이 그렇게 이방에 이르렀다. 하나님의 은혜는 광대하시다. 끝이 없으시다.

그런데 어느날 갑자기 과부의 외아들이 병들어 죽었다. 여인의 울부짖는 소리가 엘리야의 간장을 녹였다.

"하나님의 사람이여, 당신이 나와 더불어 무슨 상관이 있기로 내 죄를 생각나게 하고 또 내 아들을 죽게 하려고 내게 오셨나이까."

젊은 과부는 평소에도 '내가 무슨 죄가 커서…' 하고 자책하며 살았을 것이다. 이번에는 외아들까지 죽었다. 과부가 엘리야를 원망했지만 사실은 하나님을 향한 절규였다. 당황스럽기는 엘리야도 마찬가지였다. 아이의 시체를 받아든 엘리야는 다락에 있는 자기 침대에 뉘여 놓고 하나님께 부르짖었다.

"내 하나님 여호와여 주께서 또 내가 우거하는 집 과부에게 재앙을 내리사 그 아들이 죽게 하셨나이까?"

3년이 넘도록 가뭄 가운데 살다 보니 눈에 '재앙'만 보였을까. 위대한 하나님의 종도 우울증에 시달릴 때가 있다. 엘리야는 그 아이 위에 몸을 세 번 펴서 엎드리며 간구했다.

"내 하나님 여호와여 원하건대 이 아이의 혼으로 그의 몸에 돌아오게 하옵소서."

하나님께서 엘리야의 기도를 들으시고 아이의 혼이 그 몸으로 돌아오게 하셨다. 엘리야의 품에 안겨 다락에서 내려오는 아이가 눈을 깜빡거렸다. 아이를 돌려받으며 여인이 고백했다.

"내가 이제야 당신은 하나님의 사람이시요 당신의 입에 있는 여호와의 말씀이 진실한 줄 아노라."

왜 그 아이가 죽었다가 살아났을까. 하나님은 사르밧의 과부에게 살아 계신 구원자로 만나지기를 원하셨다. 그보다 더 큰 축복이 없기 때문이다. 오래전에 사르밧 과부의 이야기를 읽으며 묵상했던 내용이 내 설교노트에 이렇게 남아 있다.

일이 잘 안되고 상황이 절망적일 때,
모든 문이 닫혀 있을 때,
해명할 수 없는 오해를 받고 있을 때,
사람들이 나를 원수처럼 대할 때,
무너진 명예가 회복될 것 같지 않을 때,
부끄러워 멀리 도망가고 싶을 때,
스스로 무능력해 보이고 장래(將來)가 없다고 생각될 때,
하는 일에 흥미가 사라지고 열정이 식어갈 때,
마지막 떡 한 조각을 만들어 먹고 죽으려 할 때,
바로 그때,
하나님께서 우리를 찾아오신다.
오셔서 위로해 주실까?
아니다.
턱도 없는 명령을 하신다.
상대는 용서를 구하지도 않는데, 먼저 용서하라고 하신다.
내가 더 억울한데, 먼저 찾아가 화목하라고 하신다.
나도 힘든데, 타인을 위해 기도하라고 하신다.
내 문제도 한 짐인데, 다른 사람의 짐까지 지라고 하신다.
나도 부족한데, 가진 것을 먼저 나누라고 하신다.
내 속도 쓰라린데, 다른 사람의 눈물부터 닦아주라고 하신다.
'먼저 그것으로 나를 위하여 작은 떡 하나를 만들어
내게로 가져오고
그 후에 너와 네 아들을 위하여 만들라.'
기도의 응답은 언제나 이런 식으로 다가온다.
어떻게 해야 할까?

다른 길이 없다.
기쁨으로 순종하자.
하나님의 구원이 가까이 다가와 있으니까.

인도의 성자(聖者) 선다 싱(Sundar Singh, 1889-1929)의 자서전에 이런 이야기가 나온다. 1919년 9월 말경, 싱은 티베트 고원지대에서 복음을 전한 후에 심라힐이라는 지방으로 내려오고 있었다. 산길은 이미 눈에 묻혔고 계속해서 눈이 내리고 있었다. 싱은 한 티베트 사람과 동행하여 내려오다가 추위에 얼어 죽어 가는 사람을 발견했다. 싱이 그를 구하여 함께 내려가자고 했으나 티베트인은 매몰차게 거절하며 먼저 내려갔다. 하긴 혼자도 내려가기 어려운 험한 눈길이었다. 싱은 할 수 없이 그 사람을 업고, 안고, 뒹굴면서 땀범벅이 되어 산을 내려왔다. 내려오는 길에 얼어 죽어 있는 또 한 사람을 발견했다. 그는 얼마 전 자기만 살겠다고 앞서 내려갔던 바로 그 티베트인이었다. 눈길을 거의 다 내려올 무렵에는 업혀 왔던 사람의 기력이 회복되어 함께 걸어 내려왔다. 선다 싱은 그 사람을 땀 흘려 업고 내려오면서 그 사람의 체온과 자신의 열기로 살아남게 되었다. 혼자 내려왔더라면 틀림없이 그도 죽었을 것이다.

다시 엘리야의 이야기로 돌아가 보자. 많은 날이 지나고 3년이 되었을 무렵, 여호와의 말씀이 엘리야에게 임하였다.

"너는 가서 아합에게 보이라. 내가 비를 지면에 내리리라."(왕상 18:1)

엘리야는 하나님을 섬기는 궁내 대신 오바댜를 통해 아합을 대면했다. 아합은 엘리야를 보자마자 악에 복받쳐 외마디 소리를 질렀다.

"이스라엘을 괴롭게 하는 자여, 너냐?"

엘리야의 대답이 태연스러웠다.

"내가 이스라엘을 괴롭게 한 것이 아니라 당신과 당신의 아버지의 집이 괴롭게 하였으니 이는 여호와의 명령을 버렸고 당신이 바알들을 따랐음이라. 그런즉 사람을 보내 온 이스라엘과 이세벨의 상에서 먹는 바알의 선지자 사백오십 명과 아세라의 선지자 사백 명을 갈멜 산으로 모아 내게로 나아오게 하소서."

어느 신이 참 신인지 결판을 내자는 말이다. 아합의 명령으로 '이세벨 왕후의 상에서 먹는' 바알과 아세라의 선지자 850명이 갈멜산에 모여들었다. 하나같이 이세벨의 권력 아래 비호를 받고 있는 자들이었다. 소식을 듣고 백성들도 따라 올라왔다. 엘리야가 백성들 앞에서 입을 열었다.

"엘리야가 백성에게 이르되 여호와의 선지자는 나만 홀로 남았으나 바알의 선지자는 사백오십 명이로다. 그런즉 송아지 둘을 우리에게 가져오게 하고 그들은 송아지 한 마리를 택하여 각을 떠서 나무 위에 놓고 불은 붙이지 말며 나도 송아지 한 마리를 잡아 나무 위에 놓고 불은 붙이지 않고 너희는 너희 신의 이름을 부르라. 나는 여호와의 이름을 부르리니 이에 불로 응답하는 신 그가 하나님이니라."

왕과 백성 모두 동의했다. 엘리야는 먼저 바알과 아세라 선지자들에게 기회를 주었다. 그러나 그들의 제단에는 아무 일도 일어나지 않았다. 엘리야가 그들을 비웃으며 말했다.

"정오에 이르러는 엘리야가 그들을 조롱하여 이르되 큰 소리로 부르라. 그는 신인즉 묵상하고 있는지, 혹은 그가 잠깐 나갔는지,

혹은 그가 길을 행하는지, 혹은 그가 잠이 들어서 깨워야 할 것인지…."

우상의 선지자들은 주문을 외우고 자기 몸을 칼과 창으로 상하며 광란의 춤을 추었다. 그래도 나무 제단 위에 올려놓은 제물은 여전히 그 자리에 있었다. 저녁 소제를 드릴 무렵(오후 3시경)에 엘리야가 백성들을 불러 모았다. 그리고 열두 돌을 가져다가 열두 지파를 상징하는 제단을 쌓았다. 그 위에 나무를 벌여 놓고 송아지를 잡아 각을 떠서 올려놓았다. 제단 주변에 도랑을 파고 열두 동이의 물을 제단 위에 부었다. 도랑에 물이 가득했다. 바알 선지자들이 어디 두고 보자는 듯이 제단 주변으로 모여들었다. 엘리야의 기도소리가 갈멜산에 쩌렁쩌렁 울려 퍼졌다.

"아브라함과 이삭과 이스라엘의 하나님 여호와여 주께서 이스라엘 중에서 하나님이신 것과 내가 주의 종인 것과 내가 주의 말씀대로 이 모든 일을 행하는 것을 오늘 알게 하옵소서. 여호와여 내게 응답하옵소서. 내게 응답하옵소서. 이 백성에게 주 여호와는 하나님이신 것과 주는 그들의 마음을 되돌이키심을 알게 하옵소서."

엘리야의 기도는 짧고 간결했다. 그 순간 여호와의 불이 내려서 번제물과 나무와 돌과 흙을 태우고 도랑의 물까지 핥았다. 백성들이 엎드리며 "여호와 그는 하나님이시로다. 여호와 그는 하나님이시로다" 하고 소리쳤다. 그리고 바알과 아세라 선지자 850명을 기손 시내로 끌어다가 모두 죽였다.

그날 임했던 불은 무엇을 의미할까? 그것은 단순히 하나님만이 참 신이라는 증거 이상이었다. 그것은 하나님께서 이스라엘의 죄를 용서하시고 새롭게 하시는 거룩한 불이었다. 성령의 불이 임할 때에는 언제나 이와 같은 두 가지 역사가 일어났다.

멜 트로터(Mel Trotter, 1870-1940)의 아버지는 술집주인이자 알코올 중독자였다. 그는 아버지에게서 바텐더의 일을 배웠지만, 아버지의 술주정이 싫어서 이발사로 직업을 바꾸었다. 그러나 부전자전(父傳子傳)이라는 말처럼 그 역시 이발해주고 받은 돈을 술과 도박에 탕진했다.

대도시 생활에서 벗어나면 좀 어떨까 싶어서 1890년에 아이오와(Iowa)로 이주한 그는 잠시 술을 끊고 결혼도 했다. 그러나 그의 주벽(酒癖)은 다시 나타났고, 아무리 노력해도 맑은 정신으로 살아갈 수가 없었다. 겨우 11주 반 동안 술을 끊어본 것이 전부였다. 아들이 태어날 때에도 그는 술에 취해 있었다. 한번은 열흘 동안 술에 취해 있다가 집에 돌아와 보니 아내의 품에 두 살 된 아들이 죽어 있었다. 그는 아들의 관을 붙들고 통곡하면서 다시는 입에 술을 대지 않겠다고 맹세했다. 그러나 그는 두 시간도 채 안 되어 인사불성이 된 채 술병을 들고 나타났다.

그는 자신이 싫었다. 실패한 생활에서 도망이라도 치듯이 시카고로 나왔다. 그리고 그곳에서 인생을 끝내기로 했다. 1897년 1월 19일 저녁, 그는 자기 구두를 판 돈으로 술을 마셨다. 맑은 정신으로 미시간 호수에 빠져죽을 용기가 없었다. 지독히 추운 저녁, 술에 취한 그는 맨발로 호수가 있는 방향으로 걸어가고 있었다. 이제 그의 처량한 인생을 호수에 묻어버리는 일만 남았다. 밴 뷰렌(Van Buren)가(街)를 지나다가 눈밭에 미끄러졌는데, 그때 어떤 건물 앞에 서 있던 청년이 다가와 그를 일으켜 세웠다. 그리고 건물 안으로 데리고 들어갔다. 그 건물은 알코올중독자들과 집 없는 사람들을 돌보는 '페시픽 가든 미션(Pacific Garden Mission) 센터'였다.

그날 저녁 선교센터의 책임자 헤리 몬로(Harry Monroe)가 모인 사람들에게 복음을 전하고 있었다. 그는 설교를 하다 말고 성령의 감동을 받아서 멜을 똑바로 쏘아보며 "오 하나님, 저 불쌍한, 불쌍한 청년을 구원하여 주시옵소서" 하고 소리쳤다. 그는 어떻게 하나님께서 자신의 술중독을 고쳐주셨는가를 간증했다. 그리고 멜에게 예수님을 구주로 영접하라고 권했다. 성령님이 그 자리에 임하셨다. 그날 저녁 멜 트로터는 예수님을 구주로 영접했다. 그 순간 술중독이라는 견고한 쇠사슬이 그에게서 풀려나갔다.

그날부터 멜은 길거리에 버려진 수많은 사람들을 섬기기 시작했다. 그는 1905년에 목사로 안수를 받았고, 40년 동안 세계적인 부흥사로 은혜를 끼쳤으며, 지금도 그의 영향을 받은 수많은 단체들이 미국에서 활발하게 활동하고 있다. 그 추운 시카고의 겨울 저녁에 헤리 몬로가 (엘리야의) 제단을 쌓았다. 그리고 그 제단에 멜 트로터가 올려졌다. 그곳에 성령님의 불이 임하자 조상 때부터 얽매어 있던 알코올중독의 쇠사슬이 멜에게서 끊겨 나갔다.

갈멜산 엘리야의 제단에 임하였던 불은 지금 우리 가운데도 역사한다. 기적의 불, 사람을 바꾸는 불, 병든 자를 치료하는 불, 가정을 회복시키는 불, 용서하고 화목하게 하는 불, 인생의 목적을 올바르게 하는 불, 죄와 정욕을 태워버리는 불, 이런 불이 지금도 여전히 하늘로부터 내려온다.

갈멜산에 있는 엘리야 기념 교회 옥상에 올라가면 멀리 지중해가 보인다. 마침 우리가 방문한 날 오후도 구름 한 점 없이 맑았다. 지중해에 반사된 햇볕이 아름다웠다. 그 시간은 엘리야가 산꼭대기에 올라가서 '다시 비를 내려주시라'고 기도드렸던 바로 그 시간이었다.

엘리야는 기도를 시작하기 전에 아합에게 말했다.

"엘리야가 아합에게 이르되 올라가서 먹고 마시소서. 큰 비 소리가 있나이다."(왕상 18:41)

믿음은 '바라는 것들의 실상'이다. 하나님을 절대 신뢰하는 엘리야의 눈에 이미 큰 비가 내리고 있었다. 아합 왕이 먹고 마시러 올라간 사이 엘리야는 갈멜산 꼭대기로 올라가서 땅에 꿇어 엎드렸다. 그리고 얼굴을 무릎 사이에 넣고 간절히 기도했다. 한 번 해보면, 그것이 얼마나 힘든 자세인지 알 것이다.

그런데 엘리야는 왜 새삼스럽게 기도했을까. 하나님께서 "내가 지면에 비를 내리리라"고 말씀하시지 않으셨던가? 비올 때까지 가만히 기다리면 될 일 아닌가? 모든 일은 하나님의 절대주권 아래 이루어진다. 비가 멈추는 일도 그렇고, 다시 쏟아지는 일도 그렇다. 그럼에도 불구하고 하나님은 그렇게 되기까지 기도하라고 하신다. 훗날 바벨론에 포로로 잡혀간 유다 백성들을 고향으로 돌아가게 하실 때에도 그렇게 말씀하셨다.

"주 여호와께서 이같이 말씀하셨느니라. '그래도 이스라엘 족속이 이같이 자기들에게 이루어 주기를 내게 구하여야 할지라. 내가 그들의 수효를 양 떼같이 많아지게 하되 제사 드릴 양 떼 곧 예루살렘이 정한 절기의 양무리같이 황폐한 성읍을 사람의 떼로 채우리라. 그리한즉 그들이 나를 여호와인 줄 알리라.' 하셨느니라."(겔 36:37-38)

하나님께서는 선한 일을 먼저 계획하신다. 그리고 우리에게 '그렇게 해 주시기를' 기도하라고 부탁하신다. 왜 그러실까. 하나님께서

하시는 놀라운 일에 우리를 초청하시고, 우리로 경험하게 하시기 위해서다. 얼마나 큰 은혜인가. 기도는 하나님의 은혜를 경험할 수 있는 수단과 통로이다.

기도를 마칠 때마다 엘리야는 사환을 보내어 바다 쪽을 바라보게 했다. 그렇게 엘리야는 여섯 번 기도했고, 사환은 여섯 번 빈손으로 돌아왔다. 일곱 번째 다녀와서도 대수롭지 않다는 듯이 말했다.

"바다에서 사람의 손만 한 작은 구름이 일어나나이다."

그런 조각구름이야 매일 보는 것 아니냐는 뜻이다. 그런데 엘리야의 입에서 뜻밖의 말이 튀어나왔다.

"올라가 아합에게 말하기를 비에 막히지 아니하도록 마차를 갖추고 내려가소서 하라."

조금 후에(문자적으로는 '손 한 번 움직일 동안에') 구름과 바람이 일어나고 하늘이 캄캄해졌다. 그리고 큰 비가 내리기 시작했다. 그 순간 하나님의 특별한 능력이 엘리야에게 임했다. 그는 옷을 걷어 허리에 질끈 묶고 이스르엘 어귀까지 아합이 탄 수레 앞에서 달려갔다. 이스르엘은 오늘날 아플라(Afula)의 구릉지대(丘陵地帶)인 텔 이스르엘(Tel Jezreel)로 갈멜산으로부터 50여 km 동남쪽에 있다. 엘리야는 그 먼 거리를 장대비와 진흙탕 속에 달려갔다. 그것은 '여호와가 승리하셨다'는 기쁜 소식을 전하는 전령(傳令)의 초인간적인 달음박질이었다. 아합 역시 흥분하기는 마찬가지였다. 그는 궁에 도착하자마자 엘리야가 행한 모든 일과 그가 어떻게 모든 선지자를 칼로 죽였는지를 이세벨에게 들려주었다. 그 말을 듣고 이세벨이 엘리야에게 사람을 보내어 조용히 말했다.

"내가 내일 이맘때에는 반드시 네 생명을 저 사람들 중 한 사람의

생명과 같게 하리라. 그렇게 하지 아니하면 신들이 내게 벌 위에 벌을 내림이 마땅하니라."(왕상 19:2)

마침내 이세벨이 무대의 전면으로 나섰다. 기가 막혔다. 중과부적(衆寡不敵)이다. 이세벨이 누구인가. 이스라엘의 권력을 한 손에 쥐고 있는 왕후가 아닌가. 그녀와 싸우다니, 말도 안 되는 소리다. 갑자기 피곤이 몰려왔다. 생명을 잃을지도 모른다는 두려움이 밀려왔다. 엘리야는 선걸음에 남쪽을 향해 도망치기 시작했다. 무겁게 내려앉은 하늘에서는 여전히 굵은 비가 쏟아지고 있었다.

엘리야가 도망간 행위 자체는 잘못이 아니다. 지난 3년 반 동안에도 도망 다녔으니까. 그러나 이번에는 질적으로 달랐다. 제단에 불이 임했던 초자연적인 사건, 바알과 아세라 선지자들 850명을 기손 시내로 끌어다가 죽인 대반전, 그리고 3년 반 만에 내린 엄청난 폭우, 이런 일련의 사건들로 엘리야는 승리감에 도취해 있었다. 엘리야는 마음으로 '이제 영적 전쟁은 끝났다'고 외쳤다. 그런데 아직 끝이 아니었다. '내일 내가 너의 생명을 취하리라'는 이세벨의 앙칼진 목소리가 들려왔다. 그 소리가 비수처럼 날아와서 엘리야의 정신줄을 끊어놓았다. 그것은 하나님의 광대하심에 대한 믿음 줄이었다.

히브리어로 '가댈'(גָּדַל)이라고 하는 '광대하심'은 '…보다 더 큰'이라는 최상급 능력을 의미한다. 하나님의 사랑보다 더 큰 사랑이 없고, 하나님의 인내보다 더 큰 인내가 없으며, 하나님의 지혜보다 더 큰 지혜가 없다. 하나님의 권세보다 더 큰 권세가 없고, 하나님의 심판보다 더 큰 심판도 없다. '하나님의 광대하심'은 인간의 생각과 행위와 역사의 모든 영역에서 항상 이런 식으로 표현되었다. 그런데 이세벨의 한마디가 엘리야로 하여금 하나님의 광대하심에 대한 믿음의 줄을 놓아버리게 했다.

믿음이 사라지자 두려움이 찾아왔다. 그래서 도망쳤다. 이전에 시냇가와 사렙다 과부의 집에 숨어 지낼 때에도 아합 왕이 엘리야를 추적했다. 그때는 하나님의 광대하심에 대한 믿음 때문에 두려워하지 않았다. 그러나 이번에는 쫓아오는 그림자도 없었다. 만일 이세벨이 정말로 엘리야를 죽이려 했다면 암살자를 뒤따라 보냈을 것이다. 그런데 성경에는 그런 기록이 없다. 암살자는 엘리야의 마음속에 있었다. 브엘세바까지 도망가는 동안 엘리야는 '마음속에 있는 암살자'가 두려워 뒤도 돌아보지 않고 내달렸다. 왕궁이 있는 이스르엘부터 브엘세바까지는 근래에 건설된 하이웨이 6번을 타고 달려도 177km의 먼 길이다. 4백 리가 넘는 길이니 밤낮 쉬지 않고 걸어도 나흘은 걸렸을 것이다.

브엘세바에 도착한 엘리야는 그곳에 종을 남겨놓고 혼자 광야로 들어갔다. 종이 지쳐서 더 이상 못 가겠다고 했을까, 아니면 종 때문에 도망가는 속도가 늦어진다고 생각했을까. 혼자서 메마른 광야를 하루 동안 걷다 보니 더 이상 도망갈 힘이 없어졌다. 그래서 나무 같지도 않은 로뎀나무의 그늘 아래 누워서 하나님께 푸념했다. 죽으면 그만인데 왜 이렇게 구차하게 도망 다니는지 스스로도 이해할 수 없었다.

> "여호와여 넉넉하오니 지금 내 생명을 거두시옵소서. 나는 내 조상들보다 낫지 못하니이다."(왕상 19:4)

그리고 깊은 잠에 빠져들었다. 그를 줄기차게 따라오던 죽음의 공포도 그의 곁에 함께 누웠다. 얼마 후 하나님께서 엘리야를 찾아오셨다. 사실은 하나님께서 한 번도 그를 떠나신 적이 없었다. 그릿 시냇가에 숨어 있을 때도, 사르밧 과부의 다락방에 머물 때도, 그리고 갈멜산에서도 항상 엘리야와 동행하셨다. 엘리야가 도망갈 때에도 하나님께서는 그의 길을 막지 않으셨다. 그냥 지켜보고 계셨다. 하나님은 엘리야로 하여금 충분히 수면을 취하게 하셨다. 잠은 보약(補藥)이니까. 그래서 솔로몬은 "여호와께서 그의 사랑하시는 자에게는 잠을 주시는도다"(시 127:2)라고 했다. 나이가 들면 그 말씀의 의미를 깨닫게 된다.

얼마나 시간이 지났을까, 천사가 엘리야를 깨웠다. 머리맡에는 숯불에 구운 따뜻한 떡과 한 병 물이 있었다. 엘리야는 먹고 마신 후에 다시 잠들었다. 떡과 물을 준비한 분이 누구신지 알기나 했을까. 한참 후에 천사가 와서 그를 어루만지며 "일어나 먹으라. 네가 갈 길을 다 가지 못할까 하노라" 하고 말했다. 아침에 사랑하는 자녀를 깨우는 어머니의 모습이 연상된다. 천사가 준비한 음식물은 특별했다.

엘리야는 그 음식물을 먹고 40일 밤낮을 걸어 호렙산(시내산의 다른 이름)에 이르렀다. 브엘세바에서 호렙산까지는 약 320여 km, 열흘 길이다. 엘리야는 그 광야길을 지금까지 있었던 일들을 반추하며 느긋하게 걸어갔다. 이제는 급한 일도 없었다. 그나저나 엘리야는 40일 동안 굶은 채로 걸었을까? 옛날 이스라엘 백성들을 만나와 생수로 먹이셨던 하나님께서 그에게도 일용할 양식을 주셨을 것이다.

엘리야가 호렙산의 바위굴에 거처를 정하자 하나님의 음성이 들려왔다.

"엘리야야 네가 어찌하여 여기 있느냐?"

왜 여기에 왔느냐는 말씀이다. 하나님께서 엘리야를 부르지 않으셨다. 엘리야 스스로 찾아왔다. 왜 하필 호렙산일까. 모세처럼 하나님을 대면하여 묻고 싶었을지 모른다.

"내가 만군의 하나님 여호와께 열심이 유별하오니 이는 이스라엘 자손이 주의 언약을 버리고 주의 제단을 헐며 칼로 주의 선지자들을 죽였음이오며 오직 나만 남았거늘 그들이 내 생명을 찾아 빼앗으려 하나이다."

그것은 '이제 나 혼자 남았는데 무슨 가망이 있겠습니까?' 하는 자조(自嘲) 섞인 독백이었다. 하나님께서 "너는 나가서 여호와 앞에서 산에 서라"고 명하신 후에 그의 앞으로 지나가셨다. 먼저 크고 강한 바람이 산을 가르고 바위를 부수었다. 그러나 그 가운데 하나님은 계시지 않았다. 바람 후에 일어난 지진 가운데도 계시지 않았다. 지진이 지나간 자리에 불이 일어났으나 불 가운데도 계시지 않았다. 엘리야는 바람과 지진과 불을 피해 굴속으로 피했을 것이다.

그때 세미한 음성이 들려왔다. 엘리야가 겉옷으로 얼굴을 가리고 다시 굴 어귀로 나갔다. 하나님께서 또 한 번 물으셨다. "엘리야야, 네가 어찌하여 여기 있느냐?" 엘리야도 똑같은 대답을 했다. 그러자 하나님께서 그에게 새로운 사명을 주셨다.

"너는 네 길을 돌이켜 광야를 통하여 다메섹에 가서 이르거든 하사엘에게 기름을 부어 아람의 왕이 되게 하고, 너는 또 님시의 아들 예후에게 기름을 부어 이스라엘의 왕이 되게 하고, 또 아벨므홀라 사밧의 아들 엘리사에게 기름을 부어 너를 대신하여 선지자가 되게 하라. 하사엘의 칼을 피하는 자를 예후가 죽일 것이요 예후의 칼을 피하는 자를 엘리사가 죽이리라. 그러나 내가 이스라엘 가운데에 칠천 명을 남기리니 다 바알에게 무릎을 꿇지 아니하고 다 바알에게 입맞추지 아니한 자니라."(왕상 19:15-18)

하나님께서 엘리야에게 주신 말씀은 '이세벨을 두려워하지 말라'는 말씀이 아니었다. 하나님은 엘리야의 손을 잡고 역사의 지평(地坪)을 향해 걸어 나가셨다. 하사엘을 아람 왕으로 세우고, 예후를 이스라엘 왕으로 세우고, 엘리사를 그의 뒤를 이을 선지자로 세우라고 하셨다. 엘리야는 모세가 하나님을 만났던 호렙산에서 다시 한 번 '광대하신 하나님'을 만났다. 그리고 그의 믿음도 회복되었다.

엘리야는 그 길로 엘리사를 찾아가 자신의 겉옷을 던졌다. 엘리사의 고향 '아벨 므홀라'는 요단강 서편, 야르묵 강과 얍복 강 사이에 있는 '그릿 시내' 부근에 있었다. 몇 년 전에 엘리야가 숨어 지냈던 곳이다. 엘리사는 엘리야의 행동이 무엇을 의미하는지 잘 알고 있었다. 즉시 일을 멈추고 소 두 마리를 잡아 '이별 잔치'를 벌인 후에 엘리야를 따라나섰다. 나머지 두 가지 사명, 하사엘과 예후를 각각 아람과 이스라엘의 왕으로 세우는 일은 엘리사의 몫으로 남겨졌다. 엘리야의 믿음이 회복되자 이세벨은 더 이상 반응이 없었다. 언제나 한편이 담대하게 되면 다른 편은 위축되는 법이다. 이것이 믿음의 세계에서 일어나는 현상이다.

5

이스라엘 왕 아합

왕상 20-22장; 대하 18장

그 후 아람의 벤하닷 왕(Ben-Hadad 2세, 주전 860-841)이 이스라엘을 쳐들어왔다(왕상 20장). 이 전쟁은 열왕기상에 기록된 세 번의 전쟁 중 첫 번째이다.(세 번의 전쟁 모두 Ben-Hadad 2세와 아합 왕 사이에 있었다.) 벤하닷이 32명의 왕들(아람 주변의 도시국가 왕들)과 함께 사마리아를 에워싸고 사자들을 아합 왕에게 보내며 말했다.

"네 은금은 내 것이요 네 아내들과 네 자녀들의 아름다운 자도 내 것이니라."(왕상 20:3)

궁지에 몰린 아합은 "내 주 왕이여 왕의 말씀같이 나와 내 것은 다 왕의 것이니이다" 하고 자세를 낮추었다. 그것은 어디까지나 외교적 수사(修辭)였다. 그러자 사자들이 다시 찾아와서 벤하닷의 본심(本心)을 전했다.

“내일 이맘때에 내가 내 신하들을 네게 보내리니 그들이 네 집과 네 신하들의 집을 수색하여 네 눈이 기뻐하는 것을 그들의 손으로 잡아 가져가리라.”

‘우리가 알아서 가져갈 터이니 너희는 옆으로 비켜서 있으라’는 협박이었다. 아합은 ‘그렇게는 할 수 없다’며 사신을 돌려보냈다. 한 번 더 사신이 다녀간 뒤에 벤하닷과 아합 사이에 일촉즉발의 상황이 벌어졌다. 말은 그렇게 했지만 이스라엘은 싸우러 나갈 군대가 없었다. 그때 한 선지자가 아합을 찾아왔다.

> “여호와의 말씀이, ‘네가 이 큰 무리를 보느냐. 내가 오늘 그들을 네 손에 넘기리니 너는 내가 여호와인 줄을 알리라.’ 하셨나이다.” (왕상 20:13)

하나님께서 직접 개입하시겠다는 말씀이다. 어떻게 해서라도 하나님만이 참 신이심을 아합으로 하여금 깨닫게 해 주고 싶으셨던 것이다. 아합은 하나님의 지시를 좇아 각 지방 고관의 자녀들 230명을 뽑고 그 자신이 선봉에 섰다. 그 뒤에는 고작 7천 명의 백성들이 따르고 있었다. 아람 군대에 비하면 절대 소수였다. 그러나 하나님의 도우심으로 이스라엘은 크게 승리했고, 벤하닷은 말을 타고 도망쳤다. 수모를 당한 벤하닷이 절치부심하고 있을 때 그의 신하들이 왕을 찾아와서 말했다.

“아람 왕의 신하들이 왕께 아뢰되, 그들의 신은 산의 신이므로 그들이 우리보다 강하였거니와 우리가 만일 평지에서 그들과 싸우면 반드시 그들보다 강하리이다.”

이듬해 벤하닷이 대군을 거느리고 다시 이스라엘과 싸우기 위해 아벡으로 올라왔다. 두 번째 전쟁이었다. 아람 앞에서 이스라엘은 여전히 두 무리의 적은 염소 떼 같았다. 그 정도면 누구나 도망갈 생각부터 하게 된다. 그때 하나님의 사람이 다시 아합 왕에게 말했다.

"여호와의 말씀에 아람 사람이 말하기를 여호와는 산의 신이요 골짜기의 신은 아니라 하는도다. 그러므로 내가 이 큰 군대를 다 네 손에 넘기리니 너희는 내가 여호와인 줄을 알리라 하셨나이다."

양 진영이 서로 대치하고 있던 일곱째 날에 접전(接戰)하여 이스라엘 자손이 하루에 아람 보병 십만 명을 죽였다. 전의를 상실한 아람 군사의 남은 자들이 아벡 성으로 들어갔으나, 성벽이 무너져 그곳에서도 이만 칠천 명이 죽었다. 골방으로 숨어들어간 벤하닷에게 신하들이 말했다.

"우리가 들은즉 이스라엘 집의 왕들은 인자한 왕이라 하니 만일 우리가 굵은 베로 허리를 동이고 테두리를 머리에 쓰고 이스라엘의 왕에게로 나아가면 그가 혹시 왕의 생명을 살리리이다."

벤하닷의 신하들이 그런 복장을 하고 먼저 아합을 찾아와서 말했다.

"왕의 종 벤하닷이 청하기를 '내 생명을 살려 주옵소서' 하더이다."

아합이 반가운 얼굴로 대답했다.

"그가 아직도 살아 있느냐? 그는 내 형제이니라."

아합은 골방에서 기어 나온 벤하닷을 자기 병거에 오르게 했다. 벤하닷이 머리를 조아리며 말했다.

"내 아버지께서 당신의 아버지에게서 빼앗은 모든 성읍을 내가 돌려보내리이다. 또 내 아버지께서 사마리아에서 만든 것같이 당신도 다메섹에서 당신을 위하여 거리를 만드소서."

아합은 벤하닷의 말을 믿고 그를 놓아 보냈다. 결정적인 실수였다. 전쟁을 이기신 분은 하나님이시므로 먼저 하나님께 물었어야 했다. 아니나 다를까 하나님의 책망이 임했다. 온몸에 상처를 입은 한 사람이 갑자기 소리를 지르며 아합 왕을 찾아왔다. (그는 하나님의 말씀을 드라마틱하게 전하기 위해 일부러 자기 몸에 상해를 입힌 선지자였다.) 눈까지 상했던지 수건으로 질끈 동여맨 선지자는 이렇게 억울함을 하소연했다.

> "종이 전장 가운데에 나갔더니 한 사람이 돌이켜 어떤 사람을 끌고 내게로 와서 말하기를, '이 사람을 지키라. 만일 그를 잃어버리면 네 생명으로 그의 생명을 대신하거나 그렇지 아니하면 네가 은 한 달란트를 내어야 하리라' 하였거늘 종이 이리저리 일을 볼 동안에 그가 없어졌나이다."(왕상 20:39-40)

"네가 스스로 결정하였으니 그대로 당하여야 하리라."

왕이 대수롭지 않다는 듯이 쏘아붙였다. 그제서야 그 사람이 눈을 가린 수건을 벗었다. 왕이 보니 그는 선지자들 중의 한 사람이었다. 그의 입에서 하나님의 엄중한 말씀이 쏟아져 나왔다.

"그가 왕께 아뢰되 여호와의 말씀이, '내가 멸하기로 작정한 사람을 네 손으로 놓았은즉 네 목숨은 그의 목숨을 대신하고 네 백성은 그의 백성을 대신하리라' 하셨나이다."

아합은 답답한 마음으로 근심하며 왕궁으로 돌아갔다. 열왕기 저자는 "그 후에 이 일이 있으니라"는 말로 21장을 시작했다. 무슨 일일까. 본래 아합은 심성이 약(弱)하고 우유부단한 사람이었다. 하루는 그가 식음을 전폐하고 침상에 돌아누운 채 일어나지도 않았다. 이세벨이 그 이유를 듣고 보니 기가 막혔다. 왕궁에서 가까운 곳에 나봇의 포도원이 있는데 채소밭으로 사용하면 좋을 것 같아 팔라고 하니 거절했다는 것이다. 이에 이세벨은 "왕이 지금 이스라엘 나라를 다스리시나이까" 하고 핀잔하며 자기가 그 문제를 해결하려고 나섰다. 그녀는 장로와 귀족들에게 은밀히 편지를 보냈다. 혹시 비밀이 새어나갈까 싶어 인봉한 편지였다.

"금식을 선포하고 나봇을 백성 가운데에 높이 앉힌 후에 불량자 두 사람을 그의 앞에 마주 앉히고 그에게 대하여 증거하기를 '네가 하나님과 왕을 저주하였다' 하게 하고 곧 그를 끌고 나가서 돌로 쳐 죽이라."

누명을 씌워 죽이라는 왕후의 명령이었다. 누구의 명령이라고 거절할 수 있겠는가. 장로와 귀족들은 불량자들을 앞세워 나봇에게 근거 없는 비난을 퍼붓게 한 후에, '나봇은 죽을죄를 범했다'고 평결했다. 그러자 무리들이 돌로 나봇을 쳐 죽였다. 아합은 나봇이 죽었다는 말을 듣고 가벼운 마음으로 포도원을 차지하기 위해 내려갔다. 마음 한 구석에 '엊그제까지 건강하던 사람이 갑자기 왜 죽었을까?' 하고 궁금했겠지만 막상 물어볼 용기가 없었다. 그러나 모른다고 해서 나봇의 죽음에 책임이 없을까? 엘리야에게 하나님의 말씀이 임했다. (이전의 두려움을 떨쳐버린 엘리야가 다시 이스르엘로 돌아와서 활동하고 있었다.)

"너는 일어나 내려가서 사마리아에 있는 이스라엘의 아합 왕을 만나라. 그가 나봇의 포도원을 차지하러 그리로 내려갔나니 너는 그에게 말하여 이르기를, '여호와의 말씀이 네가 죽이고 또 빼앗았느냐고 하셨다 하고, 또 그에게 이르기를 여호와의 말씀이 개들이 나

봇의 피를 핥은 곳에서 개들이 네 피 곧 네 몸의 피도 핥으리라 하였다' 하라."(왕상 21:18-19)

엘리야는 나봇의 포도원으로 내려가는 아합 왕을 만나 하나님의 말씀을 전했다.

"네가 네 자신을 팔아 여호와 보시기에 악을 행하였으므로 여호와의 말씀이 '내가 재앙을 네게 내려 너를 쓸어 버리되 네게 속한 남자는 이스라엘 가운데에 매인 자나 놓인 자를 다 멸할 것이요, 또 네 집이 느밧의 아들 여로보암의 집처럼 되게 하고 아히야의 아들 바아사의 집처럼 되게 하리니 이는 네가 나를 노하게 하고 이스라엘이 범죄하게 한 까닭이니라' 하셨고, 이세벨에게 대하여도 여호와께서 말씀하여 이르시되 '개들이 이스르엘 성읍 곁에서 이세벨을 먹을지라. 아합에게 속한 자로서 성읍에서 죽은 자는 개들이 먹고 들에서 죽은 자는 공중의 새가 먹으리라'고 하셨느니라."(왕상 21:20-24)

가끔 선지자들은 하나님의 말씀을 해석해서 전하곤 했다. 엘리야도 하나님의 말씀을 어느 정도 확대(amplify)해서 전했다. 그런데 훗날 그 말씀대로 이루어졌다. 열왕기의 저자는 자신의 생각을 이렇게 기록했다.

"예로부터 아합과 같이 그 자신을 팔아 여호와 앞에서 악을 행한 자가 없음은 그를 그의 아내 이세벨이 충동하였음이라. 그가 여호와께서 이스라엘 자손 앞에서 쫓아내신 아모리 사람의 모든 행함같이

우상에게 복종하여 심히 가증하게 행하였더라."(왕상 21:25-26)

엘리야는 '아합이 자신을 팔았다'고 했다. 무슨 뜻일까? 이세벨의 뒤에 숨어서 악한 일을 저질렀다는 말이다. 아합은 무책임한 사람, 기회주의자, 방관자, 무능한 사람, 그리고 누군가를 끌고 들어가서 함께 망하게 하는 사람이었다. 마침내 하나님의 심판이 아합의 집 문턱에 이르렀다. 22년의 폭정도 며칠 후면 끝이 날 것이다. 모두들 그렇게 생각하고 있는데 갑자기 아합이 옷을 찢고 굵은 베로 몸을 동이며, 굵은 베에 누워 금식하고 풀이 죽은 모습으로 걸어 다니기 시작했다. 아니나 다를까. 하나님의 인자하심이 또 한 번 그의 심판을 뒤로 미루셨다.

"여호와의 말씀이 디셉 사람 엘리야에게 임하여 이르시되, 아합이 내 앞에서 겸비함을 네가 보느냐? 그가 내 앞에서 겸비하므로 내가 재앙을 저의 시대에는 내리지 아니하고 그 아들의 시대에야 그의 집에 재앙을 내리리라.' 하셨더라."(왕상 21:28-29)

6

유다 왕 여호사밧

대하 19-20장

이쯤에서 유다 왕 여호사밧의 이야기로 돌아가 보자. 여호사밧은 자기 아들 여호람을 아합의 딸 아달랴에게 장가보냈다. 그들 사이에서 아하시야가 태어났다. 역대하 18장에는 아합 왕이 전사한 이야기와 여호사밧 왕이 구사일생으로 살아난 이야기가 기록되어 있다.

"이 년 후에 그가 사마리아의 아합에게 내려갔더니 아합이 그와 시종을 위하여 양과 소를 많이 잡고 함께 가서 길르앗 라못 치기를 권하였더라. 이스라엘 왕 아합이 유다 왕 여호사밧에게 이르되 당신이 나와 함께 길르앗 라못으로 가시겠느냐 하니 여호사밧이 대답하되 나는 당신과 다름이 없고 내 백성은 당신의 백성과 다름이 없으니 당신과 함께 싸우리이다 하는지라."(대하 18:2-3)

여기에서 '2년 후'는 원문대로 직역하면 '해들의 끝'이다. 때문에 영역 성경들은 '몇 해 후에'(some years later)로 번역하고 있다. 언제부터 몇 해 후를 가리킬까? 아마도 아합이 겸비하게 되어 심판을 면한 후를 가리킬 것이다. 여호사밧이 사돈네 나라를 방문했다. 아합이 여호사밧에게 물었다. '당신이 나와 함께 길르앗 라못을 치시겠습니까?' 여호사밧의 대답이 가관이었다. '나는 당신과 다름이 없고 내 백성은 당신의 백성과 다름이 없으니 당신과 함께 싸우리이다.' 그들은 함께 군사를 일으켜 길르앗 라못을 치기로 의기투합했다. 길르앗 라못은 아람 왕 벤하닷의 부친에게 빼앗겼던 성읍으로 원래 갓 지파에 속한 성읍이었다.

여호사밧은 매사를 하나님께 물어서 행하는 습관이 있었다. 아합은 여호사밧의 청에 따라 사백 명의 선지자들을 모았다. 그들은 한결같이 "길르앗 라못으로 올라가서 승리를 거두소서" 하고 예언했다. 너무 완벽하면 의심스러운 법이다. 여호사밧이 이스라엘에 다른 선지자가 있는지 물었다. 마지못해 아합이 미가야 선지자를 불러오면서 지나가는 말로 한마디 했다.

"아직도 이믈라의 아들 미가야 한 사람이 있으니 그로 말미암아 여호와께 물을 수 있으나 그는 내게 대하여 좋은 일로는 예언하지 아니하고 항상 나쁜 일로만 예언하기로 내가 그를 미워하나이다." (대하 18:7)

아니나 다를까, 미가야의 예언은 다른 선지자들과 달랐다.

"그가 이르되 내가 보니 온 이스라엘이 목자 없는 양같이 산에 흩어졌는데 여호와의 말씀이 이 무리가 주인이 없으니 각각 평안히 자기들의 집으로 돌아갈 것이니라 하셨나이다 하는지라."(대하 18:16)

미가야의 예언 중에 '목자 없는 양같이'라는 대목이 마음에 걸린다. 이번 전쟁에서 아합 왕에게 무슨 변고가 일어날지 암시하는 말씀이다. 미가야는 한술 더 떠 천상(天上)에서 일어난 일을 들려주었다.

"그런즉 왕은 여호와의 말씀을 들으소서. 내가 보니 여호와께서 그의 보좌에 앉으셨고 하늘의 만군이 그의 좌우편에 모시고 섰는데 여호와께서 말씀하시기를 누가 이스라엘 왕 아합을 꾀어 그에게 길르앗 라못에 올라가서 죽게 할까 하시니 하나는 이렇게 하겠다 하고 하나는 저렇게 하겠다 하였는데, 한 영이 나와서 여호와 앞에 서서 말하되 내가 그를 꾀겠나이다 하니 여호와께서 그에게 이르시되 어떻게 하겠느냐 하시니, 그가 이르되 내가 나가서 거짓말하는 영이 되어 그의 모든 선지자들의 입에 있겠나이다 하니 여호와께서 이르시되 너는 꾀겠고 또 이루리라. 나가서 그리하라 하셨은즉, 이제 보소서. 여호와께서 거짓말하는 영을 왕의 이 모든 선지자들의 입에 넣으셨고 또 여호와께서 왕에게 대하여 재앙을 말씀하셨나이다."(대하 18:18-22)

화가 난 아합 왕은 미가야를 감옥에 가두며 '내가 평안히 돌아올 때까지 (이놈에게) 고난의 떡과 고난의 물을 먹게 하라'고 엄명했다. 일반적으로 영역본들은 '고난의 떡과 물'을 단순히 '빵과 물 외에는 아무것도 주지 말라'(give him nothing but bread and water)로 번역하고 있다. 감옥으로 끌려가면서 미가야가 소리쳤다.

"왕이 참으로 평안히 돌아오시게 된다면 여호와께서 내게 말씀하지 아니하셨으리이다…너희 백성들아 다 들을지어다."

그런데 그 다음 구절이 우리를 숨 막히게 한다.

"이스라엘 왕과 유다 왕 여호사밧이 길르앗 라못으로 올라가니라."

왜 여호사밧은 미가야 선지자가 전해준 하나님의 말씀을 건성으로 들었을까? 하나님의 말씀보다 아합 왕과 혼인으로 맺은 동맹을 더 중하게 생각했기 때문일까? 끔찍한 일이 여호사밧 왕을 기다리고 있었다. 아합 왕이 꾀를 내며 여호사밧에게 말했다.

"나는 변장하고 전쟁터로 들어가려 하노니 당신은 왕복을 입으소서."

보나마나 아람 군사들은 이스라엘 왕부터 죽이려 들 것이다. 사실이 그랬다. 벌떼처럼 달려드는 적군 사이에서 여호사밧 왕은 비명을 질렀다. 혹시 '나는 이스라엘 왕이 아니다!' 하고 소리 질렀을까? 하나님의 도우심으로 아람 군사들이 그를 떠났다. 그러는 사이 아람 병사가 우연히 쏜 화살이 아합 왕의 갑옷 솔기를 뚫었다. 사람 편에서 보면 '우연'이지만 하나님 편에서 보면 '필연'(必然)이다. 하나님께서 그날 아합을 죽이기로 작정하셨으니까. 화살이 꽂힌 자리도 급소였을 것이다. 부상을 당한 아합이 병거를 돌려 전쟁터를 벗어나려 애썼지만 허사였다. 싸움이 맹렬했기 때문이다. 그날 해 질 무렵 아합은 병거에서 죽었다. 미가야의 예언이 성취되었다. 아합이 전사한 후에 그의 아들 아하시야가 대를 이어 왕이 되었다.

혼비백산하여 전쟁터를 빠져나온 여호사밧은 평안히 예루살렘으로 돌아왔다. 정말로 평안했을까? 하나님의 책망이 그를 기다리고 있었다.

"하나니의 아들 선견자 예후가 나가서 여호사밧 왕을 맞아 이르되 왕이 악한 자를 돕고 여호와를 미워하는 자들을 사랑하는 것이 옳으니이까? 그러므로 여호와께로부터 진노하심이 왕에게 임하리이다. 그러나 왕에게 선한 일도 있으니 이는 왕이 아세라 목상들을 이 땅에서 없애고 마음을 기울여 하나님을 찾음이니이다 하였더라." (대하 19:2-3)

'하나니의 아들 선견자 예후', 이는 선지자 집안의 사람이라는 말이다. 이전에 하나니는 아사 왕이 아람을 의지할 때에 그를 책망한 적이 있었다(대하 16:7). 그의 아들 예후는 이스라엘의 바아사 왕을 꾸짖었고(왕상 16:7), 그때로부터 35년이 지난 지금 다시 유다의 여호사밧 왕을 책망하고 있다. 책망이 효과를 발휘했던지 여호사밧이 다시 본심(本心)으로 돌아왔다.

그 후에 여호사밧 왕 때에 일어난 전쟁 이야기가 역대하 20장에 기록되어 있다. 여호사밧은 본래 천성이 착한 사람이었다. 예후의 책망을 듣고 난 후에 그는 종교개혁에 박차를 가했다. 스스로 브엘세바부터 에브라임 산지까지 두루 다니며 백성들을 하나님 여호와께로 돌아오게 했다. 우상숭배를 멀리하게 하고 율법을 가르치며 사법제도를 견고하게 하여 성중에 억울한 사람이 없게 했다. 무엇보다도 하나님 앞에 겸손하여 군대보다 하나님을 더 의지했다. 그리하여 그가 다스리는 25년 동안 온 나라가 평안했다. 좋은 지도자는 백성을 평안하게 해 주는 사람이다.

그러던 어느 날 변방을 지키던 병사가 돌아와 숨넘어가는 소리로 보고했다.

"큰 무리가 바다 저쪽 아람에서 왕을 치러 오는데 이제 하사손다말 곧 엔게디에 있나이다."(대하 20:2)

엔게디는 예루살렘에서 직선으로 42km, 넉넉잡아 이틀 길이다. 모압과 암몬과 에돔 족속들이 비밀리에 연합하여 유다를 치려고 올라왔다. 너무 갑작스러워서 전쟁에 대비할 여유도 없었다. 전쟁소식을 듣고 놀란 유다 백성들이 예루살렘으로 몰려왔다. 여호사밧은 금식을 선포하며 하나님께 부르짖었다.

"여호사밧이 여호와의 전 새 뜰 앞에서 유다와 예루살렘의 회중 가운데 서서 이르되 우리 조상들의 하나님 여호와여 주는 하늘에서 하나님이 아니시니이까. 이방 사람의 모든 나라를 다스리지 아니하시나이까. 주의 손에 권세와 능력이 있사오니 능히 주와 맞설 사람이 없나이다."(대하 20:5-6)

여호사밧은 솔로몬이 성전을 지을 때 드렸던 기도를 회상했다.

"그들이 이 땅에 살면서 주의 이름을 위하여 한 성소를 주를 위해 건축하고 이르기를 만일 재앙이나 난리나 견책이나 전염병이나 기근이 우리에게 임하면 주의 이름이 이 성전에 있으니 우리가 이 성전 앞과 주 앞에 서서 이 환난 가운데에서 주께 부르짖은즉 들으시고 구원하시리라 하였나이다."

그리고 하나님의 구원하시는 손길을 간절히 구했다.

"우리를 치러 오는 이 큰 무리를 우리가 대적할 능력이 없고 어떻게 할 줄도 알지 못하옵고 오직 주만 바라보나이다."

온 유다 사람들도 아내들과 자녀와 어린이와 더불어 오직 여호와만 바라보았다. 그때 여호와의 영이 레위 사람 야하시엘에게 임했다.

> "야하시엘이 이르되 온 유다와 예루살렘 주민과 여호사밧 왕이여 들을지어다. 여호와께서 이같이 너희에게 말씀하시기를 너희는 이 큰 무리로 말미암아 두려워하거나 놀라지 말라. 이 전쟁은 너희에게 속한 것이 아니요 하나님께 속한 것이니라. 내일 너희는 그들에게로 내려가라…이 전쟁에는 너희가 싸울 것이 없나니 대열을 이루고 서서 너희와 함께한 여호와가 구원하는 것을 보라. 유다와 예루살렘아 너희는 두려워하지 말며 놀라지 말고 내일 그들을 맞서 나가라. 여호와가 너희와 함께하리라 하셨느니라."(대하 20:15-17)

그 말씀을 듣고 여호사밧 왕이 몸을 굽혀 얼굴을 땅에 대었다. 감사의 경배였다. 온 유다와 예루살렘 주민들도 왕을 따라 여호와께 경배했다. 그날 밤, 왕과 백성들은 어떻게 하면 하나님께 감사드릴 수 있을까 하고 의논했다. 거룩한 예복을 입은 성가대가 전면에 서고 군대가 뒤따라가기로 했다. 이상한 전략이었다. 다행히 그날 승리했기에 망정이지 그렇지 않았더라면 여호사밧은 두고두고 어리석은 왕이라고 비난받을 뻔했다. 그러나 영적으로 보면 여호사밧은 가장 강력한 무기를 사용하고 있었다. 그것은 바로 '감사'라는 무기였다.

"여호와께 감사하세. 그 자비하심이 영원하도다."

이것은 여호사밧이 지은 노랫말이다. 평상시에도 여호사밧의 마음속에는 하나님에 대한 감사로 채워져 있었다. 여호사밧은 위기의 순간이 다가오자 하나님의 자비하심을 기억하며 감사드렸다. 찬양대는 이 짧은 찬송을 반복해서 불렀다. 남녀노소 할 것 없이 모든 백성들이 온종일 그 노래를 불렀다. 그러자 백성들의 마음에 큰 믿음이 생겨났다. 하나님께서 불쌍히 여기시고 구원해 주시리라는 믿음이었다. 그 믿음대로 그날 여호사밧과 유다 백성들은 큰 승리를 하였다.

우리는 여호사밧 왕을 통하여 세 가지 진리를 깨달을 수 있다.

첫째로, 감사하는 사람은 위기의 상황에서 자신을 지킬 수 있다.

암몬과 모압과 에돔 사람들이 쳐들어올 때 누구보다도 두려운 사람은 여호사밧이었다. 그에게는 충분한 군대가 없었다. 백성들은 어찌할 바를 모르고 전전긍긍했다. 이럴 때 지도자는 외롭고 고독하다. 만일 지도자가 연약한 모습을 보인다면 백성들의 마음은 촛농처럼 녹아내릴 것이다.

살다 보면 염려와 근심의 계곡을 지날 때가 있다. 한 가정의 가장으로서 절망의 벽 앞에 설 때가 있다. 아내와 아이들이 모두 아버지만 쳐다볼 때 어떻게 해야 할까. 한 회사의 사장으로서 위기상황을 만날 때가 있다. 사무실에 침묵이 흐르고 직원들이 사장님만 쳐다본다. 어떻게 해야 할까. 한 단체의 책임자로서 격동의 시기를 만날 때가 있다. 사람들의 관계가 엉클어져 가는데 해결할 방법이 보이지 않는다. 어떻게 해야 할까. 성경에는 이런 문제들을 해결할 수 있는 만능열쇠의 말씀이 있다.

> "아무것도 염려하지 말고 다만 모든 일에 기도와 간구로, 너희 구할 것을 감사함으로 하나님께 아뢰라. 그리하면 모든 지각에 뛰어난 하나님의 평강이 그리스도 예수 안에서 너희 마음과 생각을 지키시리라."(빌 4:6-7)

우리의 감정은 크게 원망의 영역과 감사의 영역으로 나누어진다. 원망 쪽으로 가면 분노, 불평, 슬픔, 처량함, 절망, 두려움, 스스로 무가치하다는 느낌이 밀려온다. 그러나 감사 쪽으로 가면 고마움, 기쁨, 담대함, 믿음, 소망, 그리고 존재감과 성취감이 풍성하게 된다. 원망과 감사, 어느 쪽을 선택해야 할지는 매순간 우리가 결정해야 한다.

35년 동안 목회하면서 내 자신의 연약함과 한계 때문에, 어려움이 닥칠 때마다 두려웠다. 이러다가 균형감각을 잃어버리고 무너지는 것은 아닐까, 혹은 인내심을 잃어버리고 주저앉는 것은 아닐까 싶어서 하나님 앞에 부르짖으며 엎드린 적이 한두 번이 아니었다.

1983년 3월에 우리교회를 시작할 당시의 이름은 'LA 순복음교회'였다. 그러다가 1991년에 교회 이름을 '감사한인교회'로 개명했다. 그때까지만 해도 캘리포니아는 물론이고 전 미국에서도 감사교회(Thanksgiving Church)가 없었다. 왜 그렇게 좋은 이름을 아무도 사용하지 않는지 알 수 없었다. 한 번은 운동을 하다가 백인 할아버지가 우리교회 이름이 무엇이냐고 물었다. 그래서 'Thanksgiving Church'라고 했더니 '너희 교회는 추수감사절에만 모이느냐'면서 웃었다. 그에게 '우리에게는 매일매일이 추수감사절이다'(For us, every day is Thanksgiving Day) 하고 대답해 주었다.

우리교회의 정신은 감사다. 목회하는 동안 내가 끝까지 붙들었던 정신도 '감사'였다. 하나님께 감사드리면 모든 근심, 걱정이 사라지고 기쁨이 회복되었다. 매일 새벽마다 어제 베푸신 은혜를 감사드리고, 오늘 행하실 새 일을 기대하며 하나님께 감사드렸다. 갈림길에 설 때마다 나는 염려하기보다 감사하는 편을 선택했다. 그것은 언제나 탁월한 선택이 되었다.

만일 여호사밧이 염려와 근심으로 두려워했다면 남왕국 유다는 격랑 속의 일엽편주가 되었을 것이다. 그러나 감사함으로 염려를 아뢰자 하나님께서 그를 붙들어 주셨다. 왕이 믿음으로 든든히 서니 백성들도 동요하지 않고 하나님만 바라보았다.

둘째로, 감사하는 사람은 서로를 하나 되게 한다.

찬양대와 백성들이 "여호와께 감사하세. 그의 인자하심이 영원하도다" 하고 노래하자 모두 한마음이 되었다. 감사의 정신은 위기의 순간에 서로를 하나 되게 한다. 감사함으로 견고하게 선 여호사밧은 감사의 정신으로 백성들을 하나 되게 했다.

1863년 10월 3일, 미국의 남북 전쟁이 한창일 때, 에이브러햄 링컨 대통령은 워싱턴 DC에서 전 국민에게 다음과 같은 선언문(proclamation)을 낭독했다.

> 한 해가 저물어가면서 열매가 가득한 들판과 건강한 하늘에 축복이 가득 차 있습니다. 이런 풍요를 늘상 즐기다 보니 우리는 그것들이 어디에서 왔는지조차 잊고 살지만, 이 특별한 자연의 축복은 하나님의 섭리에 무감각했던 우리의 가슴을 뚫고 들어와 부드럽게 해 줍니다. 가혹한 내전 가운데서도 다른 나라들과 평화가 유지되었고, 국한된 전쟁터를 제외하고는 법률이 존중되고 지켜지며 화합을 이루고 있습니다. 그나마 전쟁터도 점점 더 좁혀져가고 있습니다. 필요한 만큼의 물자가 평화로운 산업에서 국가 방위를 위해 전용되고 있지만 농업이나 교통이나 선박들은 여전히 잘 운영되고 있습니다. 우리의 정착지는 점점 그 경계를 넓혀가고 광산들과 철과 석탄을 비롯한 중요한 금속들은 오히려 이전보다 더 많이

생산되고 있습니다. 전쟁에도 불구하고 인구는 꾸준히 증가되었고, 나라는 장차 더 큰 자유를 누리게 될 것입니다.
이런 위대한 일은 사람의 마음이나 손으로 이룰 수 없습니다. 그것들은 전능하신 하나님, 비록 우리의 죄는 진노하시지만 자비하심을 잊지 아니하시는 하나님의 은혜로운 선물들입니다. 우리는 모두 한마음과 한 목소리로 거룩하고 경건하게 하나님께서 행하신 일들을 인정해드려야 합니다. 그러므로 저는 미국 전역에 살고 있는 저의 동료 시민들, 바다를 항해하고 있거나 외국에 체류하고 있는 시민들까지도 내년 11월 넷째 목요일을 특별히 구별하여 추수감사절로 지키고, 하늘에 계신 우리 선하신 아버지 하나님을 찬송하도록 초청하기 원합니다. (링컨은 1년 내에 전쟁이 끝나리라고 생각했지만 사실은 2년이나 걸렸다.)
우리는 우리를 구원하시고 축복해 주신 하나님을 찬양할 뿐만 아니라, 동시에 우리의 국가적인 타락과 불순종에 대하여 겸손하게 회개해야 합니다. 그리고 어쩔 수 없이 경험하고 있는 이 사회적 갈등 때문에 과부와 고아가 된 이들과 슬픔 가운데 고통받는 모든 이들에게 하나님의 위로하심이 함께하도록 기도해야 합니다. 또한 전능하신 하나님의 손길이 중재하셔서 이 나라의 상처를 치료해 주시고, 하나님의 뜻을 따라 회복시켜주셔서 완전한 평화와 화합, 그리고 평안과 연합에 이르도록 간구해야 합니다.

에이브러햄 링컨 대통령은 혼돈을 이겨낼 가장 강력한 무기가 감사라는 진리를 잘 알고 있었다. 이런 감사의 정신 때문에 미국은 내전의 상처를 딛고 일어나 세계적인 대국이 되었다. 혼란 가운데서도 하나님께 감사할 줄 아는 지도자를 둔 나라는 복 받은 나라이다.

셋째로, 감사하는 사람은 하나님을 영화롭게 한다.

여호사밧 왕과 백성들은 다음날 이른 아침 적군이 올라오는 길목을 향해 내려갔다. 그들이 아모스의 고향인 드고아에 이르렀을 때에 모압과 암몬과 에돔 족속들이 시스고개를 올라오고 있었다. 엔게디에서 예루살렘까지의 거리를 적군은 3분의 2쯤 올라오고, 유다 백성들은 3분의 1쯤 내려간 평지에서 서로 대치했다. 긴장하는 쪽은 적군이었다. 유다 진영에서는 찬양대와 백성들이 계속해서 똑같은 노래를 불렀다. 감사하는 사람은 두려워하지 않는다.

"여호와께 감사하세. 그의 인자하심이 영원하도다."

그 순간 하나님께서 숨겨두신 복병이 모압과 암몬과 세일산 주민들을 치기 시작했다. 세일산 주민들은 에돔 족속이다. 갑자기 모압과 암몬 자손들이 에돔 족속을 치기 시작했다. 왜 이런 일이 일어났을까. 하나님의 복병은 사람의 눈에 보이지 않는 하늘의 군사, 곧 천군(天軍)들이다. 천군의 공격을 받은 모압과 암몬 족속들이 에돔 사람들을 의심하기 시작했다. 그래서 에돔 족속들을 모두 죽여버리고 말았다. 그 다음에 같은 이유로 모압과 암몬 자손들이 서로 의심하며 싸우기 시작했다. 그때까지 유다 백성들은 하나님께 감사 찬송을 드리며 멀리 서서 구경만 하고 있었다. 누가 하나님을 이길 수 있겠는가. 백성 중의 몇 사람이 높은 언덕 위에 올라가 적진을 내려다보니 땅에 엎드러진 시체들뿐이요 피한 자가 하나도 없었다. 하나님의 말씀대로 이루어졌다.

"감사로 제사를 드리는 자가 나를 영화롭게 하나니 그의 행위를 옳게 하는 자에게 내가 하나님의 구원을 보이리라."(시편 50:23)

그날 유다 백성들은 피 한 방울 흘리지 않고 적군의 물건들을 탈취했다. 재물과 의복과 보물이 너무 많아 능히 다 가져갈 수가 없었다. 그래서 사흘 동안 전리품을 옮겨왔다. 도대체 전쟁하러 온 사람들이 왜 이렇게 많은 물건들을 가져왔을까. 어떤 성경학자는 그들이 유대인들을 쫓아내고 그곳에서 살려고 살림과 짐승들까지 모두 가져왔기 때문이라고 해석했다. 맞는 말일지도 모른다. 유다 백성들은 그 골짜기의 이름을 '브라가'라고 불렀다. '송축'이라는 뜻이다. 백성들은 비파와 수금과 나팔로 합주하며 여호와의 전으로 나아갔다. '여호와께서 이스라엘의 적군을 치셨다'는 소문이 주변 나라들에 퍼졌다. 그리하여 유다는 여호사밧의 남은 시대에 태평을 누리게 되었다.

물론 여호사밧의 행적에는 아합과 맺은 혼인동맹이 옥에 티처럼 남아 있다. 아직도 미련을 버리지 못한 여호사밧이 겨우 2년 동안 재위한 아하시야와 더불어 오빌의 금을 실어오기 위해 에시온게벨에서 선박을 지었지만 항해 중에 파선되고 말았다. 하나님의 뜻을 깨달았기 때문인지 여호사밧은 다시 배를 만들자는 아하시야의 재청(再請)을 단호하게 거절했다.

7

엘리야와 엘리사 이야기

왕하 1-11장

열왕기하 1장부터 10장에 기록된 이야기들은 역대기에서 비슷한 병행구절(竝行句節)들을 찾아볼 수 없다. 이 부분의 주제는 기적이다. 그래서 이야기들마다 하나님의 살아 계심과 그의 백성들을 돌보시는 인자하심에 대한 내용으로 채워져 있다. 그 점을 마음에 두고 성경을 읽어보자.

열왕기하 1장에는 이스라엘 왕 아하시야와 엘리야 사이에 있었던 특별한 이야기가 기록되어 있다. 아직 여호사밧이 유다 왕으로 재직하고 있을 때의 이야기이다. 아하시야가 사마리아에 있는 궁궐의 난간에서 떨어져 병이 들었다. 그는 블레셋의 에그론 성에 있는 (우상) 바알세붑 선지자에게 사람을 보내어 '이 병이 낫겠느냐'고 묻게 했다. 그때 하나님의 말씀이 엘리야에게 임했다.

"너는 일어나 올라가서 사마리아 왕의 사자를 만나 그에게 이르기를 '이스라엘에 하나님이 없어서 너희가 에그론의 신 바알세붑에게 물으러 가느냐? 그러므로 여호와의 말씀이 네가 올라간 침상에서 내려오지 못할지라. 네가 반드시 죽으리라 하셨다.' 하라."(왕하 1:3-4)

엘리야의 말을 듣고 놀란 사자들이 (그들은 엘리야를 잘 모르는 사람들이었다) 중간에 돌아와 왕에게 그 말을 전했다. 옷차림에 대하여 듣고 보니 그는 바로 엘리야였다. 아하시야가 산꼭대기(아마도 갈멜산)에 있는 엘리야에게 오십 부장과 군사 50명을 보내며 말했다.

"하나님의 사람이여 왕의 말씀이 내려오라 하셨나이다."

왜 내려오라고 했을까. 오십부장의 말에 교만이 들어 있었다. 엘리야가 말했다.

"내가 만일 하나님의 사람이면 불이 하늘에서 내려와 너와 너의 오십 명을 사를지로다."

그러자 하나님의 불이 하늘로서 내려와 그와 그의 군사 오십 명을 살랐다. 왕이 다시 오십부장과 50명의 군인들을 보냈지만 그들도 마찬가지로 불에 타 죽었다. 고집 센 아하시야는 세 번째로 오십부장과 50명의 군인들을 또 보냈다. '누가 이기나 보자'는 심보였다. 다행히 세 번째 오십부장은 겸손한 사람이었다. 엘리사 앞에 무릎을 꿇고 간구했다.

"하나님의 사람이여 원하건대 나의 생명과 당신의 종인 이 오십 명의 생명을 당신은 귀히 보소서. 불이 하늘에서 내려와 전번의 오십부장 둘과 그의 군사 오십 명을 살랐거니와 나의 생명을 당신은 귀히 보소서."

일이 점점 커지자 엘리야도 두려웠다. 하나님께서 두려워하지 말고 함께 내려가라고 하셨다. 엘리야는 아하시야에게 '네가 올라간 침상에서 내려오지 못하고 반드시 죽으리라'고 외쳤다. 얼마 후에 그 말씀대로 아하시야가 죽었다. 그리고 그에게 아들이 없으므로 아합의 다른 아들이자 아하시야의 동생인 여호람이 이스라엘의 10대 왕이 되었다. 유다 왕 여호사밧의 재위 18년째 되던 해에 일어난 일이다.

열왕기는 비교적 이스라엘과 유다 왕들을 균형 있게 다루고 있다. 그러나 역대기는 유다 왕들을 중심으로 기록하고 있다. 그렇다면 과연 하나님께서 남왕국 유다를 선택하시고 북왕국 이스라엘을 버리셨을까? 그런 것 같지 않다. 우선 하나님께서 선지자들을 두 왕국에 공평하게 보내셨다. 수많은 선지자들이 남왕국과 북왕국을 향해 하나님의 말씀을 대언했다.

다윗을 책망했던 나단, 다윗의 갈 길을 인도했던 갓, 여로보암에게 북왕국을 세우도록 예언했던 아히야, 벧엘의 여로보암에게 하나님의 심판을 예언했던 이름 없는 젊은 선지자, 르호보암이 여로보암과 싸우려 할 때 말렸던 스마야, 유다의 아비야 왕 때의 일을 기록한 잇도, 아사의 마음을 강하게 하여 하나님만 섬기게 했던 오뎃, 이스라엘 왕 바아사를 꾸짖었던 예후, 자기 몸을 해하면서까지 아합 왕의 잘못을 책망했던 이름 없는 선지자, 천상에 일어난 일을 전하며 아합과 여호사밧을 경고한 미가야, 주로 북왕국에서 활동했던 엘리야와 엘리사, 히스기야와 므낫세 시대에 유다의 영적 각성을 위해 예언했던 이사야, 유다 요시아 왕의 종교개혁을 격려했던 여선지 훌다, 그리고 유다의 멸망과 회복을 외치던 예레미야, 그 외에도 요나와 아모스와 호세아, 나훔과 스바냐와 하박국 같은 위대한 선지자들이 있었다.

그들은 나라를 바른길로 가게 하는 배의 키와 같은 역할, 포악한 지도자들의 기를 꺾어 화를 줄이는 역할, 유약한 지도자들에게 용기를 주어 나라를 잘 방어하고 다스리도록 하는 역할, 그리고 무엇보다도 왕과 백성들로 하여금 하나님께 돌아오게 하는 역할을 했다. 선지자들을 통하여 성경이 들려주려는 이야기는 언제나 단순했다. 하나님께서 유다와 이스라엘의 왕들과 백성들, 그리고 주변의 나라들을 다스리신다는 내용이었다.

열왕기하 2장에는 엘리야가 승천(昇天)한 이야기와 엘리사가 행한 기적들이 기록되어 있다. 열왕기상·하는 이스라엘의 선지자 엘리야와 엘리사의 이야기를 어느 왕보다 더 폭넓게 다루고 있다. 이 두 선지자는 이스라엘의 일곱 왕들과 같은 시대(주전 885-782년), 햇수로 보면 거의 100여 년 동안 활동했으며, 그들의 직-간접적 활동이 기록된 성경 장수만 20장에 달한다(왕상 17장-왕하 13장).

"여호와께서 회오리바람으로 엘리야를 하늘로 올리고자 하실 때에 엘리야가 엘리사와 더불어 길갈에서 나가더니 엘리야가 엘리사에게 이르되, '청하건대 너는 여기 머물라. 여호와께서 나를 벧엘로 보내시느니라. 하니' 엘리사가 이르되, '여호와께서 살아 계심과 당신의 영혼이 살아 있음을 두고 맹세하노니 내가 당신을 떠나지 아니하겠나이다.' 하는지라."(왕하 2:1-2)

엘리야를 하늘로 들어 올리시려는 하나님의 계획은 엘리사도 알고 있었다. 엘리야는 어떻게 하든지 엘리사를 떼어놓으려고 했지만 엘리사는 막무가내였다. 길갈은 이스라엘 백성들이 여호수아와 함께 요단을 건너 최초로 진을 쳤던 곳이다. 엘리야는 그곳을 떠나 벧엘로 올라갔다. 벧엘에 있는 선지자 생도들이 엘리사에게 '여호와께서 오늘 당신의 선생을 당신의 머리 위로 데려가실 줄 아느냐'고 물었다. 엘리사는 '나도 또한 아노니 너희는 잠잠하라'고 했다. 벧엘에서도 엘리사는 엘리야를 떠나지 않았다. 그들은 다시 여리고로 내려왔다. 엘리사는 그곳에서도 엘리야 곁을 지켰다. 여리고에서 나온 그들은 요단 강가에 섰다. 선지자의 제자 오십 명이 멀리 서서 그들을 바라보고 있었다. 엘리야가 겉옷을 말아서 강물을 쳤다. 이전에 엘리사에게 던지며 그를 후계자로 불러냈던 바로 그 겉옷이다. 물이 이리저리 갈라지자 두 사람이 마른 땅을 건넜다. 6백여 년 전, 여호수아 때도 하나님의 능력으로 그 강이 갈라진 적이 있었다. 하나님은 그때나 지금이나 동일하신 분이었다. 요단강을 건넌 후에 엘리야가 물었다.

"나를 네게서 데려감을 당하기 전에 내가 네게 어떻게 할지를 구하라."

"당신의 성령이 하시는 역사가 갑절이나 내게 있게 하소서."

그것은 엘리야가 결정할 일이 아니었다. 엘리야가 대답했다.

"네가 어려운 일을 구하는도다. 그러나 나를 네게서 데려가시는 것을 네가 보면 그 일이 네게 이루어지려니와 그렇지 아니하면 이루어지지 아니하리라."

훗날 엘리사는 11가지의 기적들을 행하였다. 엘리야의 7가지 기적에 비하면 거의 두 배에 가깝다. 그러나 엘리사가 구했던 '갑절'은 숫자의 개념이 아니었다. 하나님의 역사를 계속하여 수행할 수 있는 '넘치는 영적 능력'이었다.

두 사람이 요단강을 건너 걸어가는데 갑자기 불수레와 불말들이 둘 사이를 갈라놓았다. 그리고 회오리바람이 엘리야를 하늘로 올려갔다. 가끔 미국의 중부지방에서 발생하는 회오리바람은 자동차처럼 무거운 물체들도 들어올린다. 하물며 하나님의 회오리바람이겠는가. 아직 살아 있는 권력자 이세벨, 어리석은 왕 여호람, 여전히 바알을 숭배하는 백성들, 호시탐탐 이스라엘을 노리는 주변 국가들, 그들 모두가 하나같이 엘리야에게는 무거운 짐이었다. 엘리야는 그 짐들을 벗어놓고 하늘로 올라갔다. 세상을 떠나는 날은 무거운 짐을 벗는 날이다. 천사들처럼 가볍게 날아다닐 수 있는 존재로 변화되는 날이다. 회오리바람을 타고 올라갔던 엘리야도 천사들처럼 변화되었을 것이다. 마찬가지로 느보산에서 세상을 떠난 모세도 새로운 모습으로 변화되었다. 그 둘은 훗날 변화산에서 해같이 빛난 얼굴로 빛처럼 흰 옷을 입고 예수님을 만나 뵈었다. 우리도 훗날 그들처럼 변화될 것이다. 얼마나 영광스러운 소망인가.

불말과 불수레는 하나님의 능력을 상징한다. 엘리야는 우상숭배가 만연한 이스라엘 땅에서 불말과 불수레 같은 능력을 보여주었다. 엘리야가 있는 곳에 하나님의 군대가 진을 쳤다. 훗날 동일한 능력이 엘리사에게도 임했다. 하늘로 올라가는 엘리야를 보면서 엘리사가 외쳤다.

> "엘리사가 보고 소리 지르되, '내 아버지여 내 아버지여 이스라엘의 병거와 그 마병이여' 하더니 다시 보이지 아니하는지라."(왕하 2:12)

먼 하늘을 하염없이 쳐다보던 엘리사가 갑자기 자기 옷을 둘로 찢어버렸다. 그리고 엘리야의 몸에서 떨어진 겉옷을 들고 요단강으로 나아갔다. 그는 그 겉옷으로 강물을 치면서 부르짖었다.

"엘리야의 하나님 여호와는 어디 계시니이까."

그 순간 요단 강물이 이리저리 갈라졌다. 엘리사는 마른 땅으로 다시 건너왔다. 그 모습을 멀리서 보고 있던 선지자의 제자들이 "엘리야의 성령이 하시는 역사가 엘리사 위에 머물렀다!"고 외치며 엘리사 앞에 엎드려 경배했다. 그러나 그들이 오해한 점이 있었다.

"당신의 종들에게 용감한 사람 오십 명이 있으니 청하건대 그들이 가서 당신의 주인을 찾게 하소서. 염려하건대 여호와의 성령이 그를 들고 가다가 어느 산에나 어느 골짜기에 던지셨을까 하나이다."

엘리사는 그들의 강청을 거절하지 못하고 허락했다. 그러나 사흘 후에 50명의 건장한 (선지학교) 학생들이 빈손으로 돌아왔다. 그들은 아직도 하나님께서 하신 영적인 일을 육체적으로 생각하고 있었다. 마침 그 성(여리고)에 해묵은 문제가 있었다. 성의 위치는 좋으나 수질(水質)이 나빠 토지소산이 익기도 전에 떨어지는 문제였다. 그동안 성 사람들이 소위 '풍년(豊年)의 신'이라고 믿었던 바알에게 온갖 정성을 다했지만 헛수고였을 것이다.

소문을 듣고 성읍의 지도자들이 엘리사를 찾아와 도움을 구했다. 엘리사는 새 그릇에 소금을 담아다가 수원(水源)에 뿌렸다. 그랬더니 물맛이 좋아졌다. 여기에서 '새 그릇'은 바알이 아닌 하나님의 능력을 상징한다. 그때로부터 3백여 년 후, 열왕기의 저자가 이 글을 쓸 때에도 여전히 그 성읍의 물은 좋았고 과일들도 탐스러웠다.

그 후 엘리사가 벧엘로 올라가는 길에 불행한 사고가 일어났다. 엘리야가 회오리바람에 들려 올라갔다는 소식이 이미 벧엘까지 퍼져있었다. 작은 아이들, 그러나 선악을 구별하기에 충분한 12-15세 정도의 아이들이 성읍에서 나와 "대머리여 올라가라. 대머리여 올라가라" 하며 엘리사를 조롱하기 시작했다. (엘리사는 자연적으로 대머리였던 것 같다.) 왜 그랬을까. 두 가지 이유 때문이다. 하나는 오랫동안 바알 숭배에 물든 아이들이 하나님의 종을 능멸하였기 때문이고, 다른 하나는 그들이 엘리야의 승천을 의심했기 때문이다. 그 철없는 아이들이 하나님께서 하신 일을 비웃고 있었다. 그것은 엘리사가 경험하는 최초의 영적 충돌이었다. 엘리사가 돌이켜보며 여호와의 이름으로 그들을 저주했다. 그러자 수풀에서 두 마리의 암곰들이 나와 아이들 중에 42명을 찢었다. 그들이 모두 죽었는지 중상을 입었는지 우리는 모른다. 그래도 아이들인데 너무 심하다고 생각되는가? 하나님의 심판이 임할 때는 나이의 구별이 없다.

엘리사는 벧엘을 떠나 갈멜산을 들렀다가 사마리아로 내려왔다. 그것은 하나님의 능력을 체험하기 위한 영적 순례 길이었다. 사마리아는 권력과 우상숭배의 중심지였다. 마침 이스라엘은 아합의 다른 아들 여호람(혹은 요람)이 주전 852년에 왕위에 올라 12년 동안 다스리고 있었다. 그는 아버지가 만든 바알의 주상을 없앴지만 여로보암이 시작한 우상숭배(단과 바알에 세운 금송아지 상)의 죄에서는 떠나지 않았다.

열왕기하 3장에는 유다 왕 여호사밧 생애의 마지막에 있었던 일화(逸話) 한 토막이 기록되어 있다. 여호사밧의 치세(治世)가 끝나가고 엘리사의 사역이 막 시작되었을 무렵의 이야기이다. 그동안 이스라엘에 조공을 바치며 섬겨오던 모압이 배반하자 이스라엘의 여호람 왕은 유다의 여호사밧 왕에게 사신을 보내어 '모압 왕이 나를 배반하였으니 당신은 나와 함께 가서 모압을 치시겠느냐'고 물었다. 여호사밧은 가볍게 생각하고 대답했다.

"내가 올라가리이다. 나는 당신과 같고 내 백성은 당신의 백성과 같

고 내 말들도 당신의 말들과 같으니이다."(왕하 3:7)

옛날 여호람의 선친 아합 왕이 물었을 때에도 여호사밧은 똑같은 대답을 했다. 그리고 전쟁에 참여했다가 하마터면 죽을 뻔했다. 선지자 예후로부터 '왕이 악한 자를 돕고 여호와를 미워하는 자들을 사랑하는 것이 옳으냐'는 책망을 듣고, 모압과 암몬과 마온 사람들의 갑작스러운 공격에 나라가 망할 뻔한 사건을 경험했음에도 불구하고, 여호사밧은 여전히 아합 가문과 맺은 정을 끊지 못하고 있었다. 때때로 '사람 좋음'이 하나님의 종들에게 큰 올무가 될 때가 있다.

어느 길로 가면 좋겠느냐는 여호람의 말에 여호사밧은 에돔 광야길로 가자고 했다. 유다와 껄끄러운 관계에 있던 에돔 왕도 동맹으로 불러들였다. 당시에는 전쟁이 일종의 사업이었다. 그래서 이길 만한 전쟁에는 너도나도 한 몫을 잡기 위해 끼어들었다. 모압을 치기 위해 이렇게 세 왕들이 길을 둘러 가는데, 7일이 지나자 짐승의 마실 물까지 떨어졌다. 싸워보기도 전에 모두 죽게 되었다. 마침 가까운 곳에 엘리사 선지자가 와 있다는 소식이 들려왔다. 하나님께서 엘리사를 그곳에 미리 보내셨던 것이다. 여호사밧은 '여호와의 말씀이 그에게 있다'면서 두 왕을 데리고 만나러 갔다. 엘리사가 떨떠름한 표정을 지으며 말했다.

"엘리사가 이스라엘 왕에게 이르되, '내가 당신과 무슨 상관이 있나이까. 당신의 부친의 선지자들과 당신의 모친의 선지자들에게로 가소서.' 하니 이스라엘 왕이 그에게 이르되, '그렇지 아니하니이다. 여호와께서 이 세 왕을 불러 모아 모압의 손에 넘기려 하시나이

> 다.' 하니라. 엘리사가 이르되, '내가 섬기는 만군의 여호와께서 살아 계심을 두고 맹세하노니 내가 만일 유다의 왕 여호사밧의 얼굴을 봄이 아니면 그 앞에서 당신을 향하지도 아니하고 보지도 아니하였으리이다. 이제 내게로 거문고 탈 자를 불러오소서.' 하니라" (왕하 3:13-15)

여호람의 군대에는 바알의 선지자들이 동행했다. 그래서 그들을 찾아가라고 엘리사가 핀잔을 주었던 것이다. 거문고(수금) 타는 자가 연주를 시작하자 여호와의 손이 엘리사 위에 임했다.

> "여호와의 말씀이 이 골짜기에 개천을 많이 파라 하셨나이다. 여호와께서 이르시기를 너희가 바람도 보지 못하고 비도 보지 못하되 이 골짜기에 물이 가득하여 너희와 너희 가축과 짐승이 마시리라 하셨나이다. 이것은 여호와께서 보시기에 작은 일이라. 여호와께서 모압 사람도 당신의 손에 넘기시리니 당신들이 모든 견고한 성읍과 모든 아름다운 성읍을 치고 모든 좋은 나무를 베고 모든 샘을 메우고 돌로 모든 좋은 밭을 헐리이다."(왕하 3:16-19)

'바람도 보지 못하고 비도 보지 못하되 이 골짜기에 물이 가득하리니', 어딘가 미심쩍었지만 병사들은 엘리사의 말에 순종하여 골짜기에 많은 웅덩이를 팠다. 아니나 다를까, 물은 나오지 않고 먼지만 흩날렸다. 그런데 다음 날 아침 갑자기 골짜기로 물이 흘러오더니 어제 파놓은 웅덩이마다 가득가득 채웠다. 틀림없이 에돔 쪽의 산악지대에 밤새 비가 내렸을 것이다. 아침에 모압 왕들이 전쟁을 하기 위해 나왔다가 골짜기의 물웅덩이들을 보았다. 마침 아침 해가 떠올라 웅덩이의 물을 붉은 색으로 물들이고 있었다. 모압 왕들은 '이는 틀림없이 이스라엘과 유다 왕들이 서로 싸워 죽인 병사들의 피'라고 생각했다. 그래서 노략질하러 내려오다가 유다와 이스라엘 연합군에게 불의의 일격을 당하고 도망쳤다. 엘리사의 예언대로 전세(戰勢)는 유다와 이스라엘 쪽으로 기울었다. 다급한 모압 왕은 자기의 맏아들을 잡아 성 위에서 불태워 번제로 드렸다. 자기 자식을, 그것도 왕위를 물려줄 아들을 불로 태워 죽였다. 이 모습을 본 이스라엘 사람들은 분노를 감추지 못하고 각각 고향으로 돌아갔다. 아마도 모압 왕 메사는 자기네 신 그모스가 자기 아들을 제물로 받고 모압에 승리를 주었다고 백성들에게 큰 소리쳤을지 모른다.

그로부터 7년 후 여호사밧이 60세에 세상을 떠나고 주전 848년에 그의 아들 여호람이 대를 이었다. (당시에 유다와 이스라엘의 왕 이름이 모두 여호람이다.) 여호람은 예루살렘에서 8년을 다스리는 동안 하나님 앞에서 악을 행하였다. 열왕기 저자는 그 원인을 이스라엘과의 혼인동맹에서 찾았다.

> "그가 이스라엘 왕들의 길로 행하여 아합의 집과 같이 하였으니 이는 아합의 딸이 그의 아내가 되었음이라."(대하 21:6)

열왕기하 4장부터 6장까지에는 엘리사가 행한 여덟 가지 기적들이 기록되어 있다. 왕들의 행적을 기록한 '열왕기'에 엘리야와 엘리사의 활동이 이처럼 상세하게 기록된 사실이 특별하다. 유다와 이스라엘의 역사에서 왕과 제사장과 선지자는 거의 동격(同格)이라 해도 과언이 아니었다.

첫 번째 기적은 과부의 기름 그릇들을 채운 이야기이다. 젊은 선지자 생도가 갑자기 유명을 달리했다. 남은 것은 빚뿐이었다. 빚 받을 채주(債主)가 둘러보니 돈 될 만한 것이 하나도 없었다. 중국 연변(延邊)에 사는 동포들은 이런 경우를 '두 자 막대기 휘둘러도 거칠 것 없는 세상'이라고 표현한다. 집안에 변변한 살림살이 하나 없을 정도로 가난하다는 말이다. 채주가 어린 두 아들을 종으로 데려가겠다고 했다. 하루아침에 남편을 잃고 두 아들까지 빼앗기게 된 여인이 엘리사를 찾아와서 하소연했다.

엘리사는 집안에 남은 것이 무엇이 있느냐고 물었다. 기름 한 그릇뿐이라고 했다. 엘리사는 이웃에게 가서 그릇들을 빌려오게 했다. 그리고 두 아들과 함께 문을 닫고 들어가 그릇들에 기름을 부으라고 했다. 그릇마다 채우고 나니 기름이 그쳤다. 죽은 선지자의 부인은 그 기름을 팔아서 빚을 갚고 남은 것으로 생활했다. 엘리사의 말에 순종한 부인의 믿음이 돋보인다. 그러나 궁핍한 자를 돌보시는 하나님의 인자하심은 더 큰 빛을 발하고 있다.

두 번째 기적은 수넴 여인의 수태(受胎)와 그 아이가 죽었다 살아난 이야기다. 수넴(오늘날의 Sulam)은 사마리아(오늘날의 Nablus)에서 갈멜산으로 가는 길목에 있는 조그만 마을이다. 지금도 주변에는 비옥한 곡창지대가 펼쳐져 있다. 그 마을에 귀한 여인(아마도 부자 농부의 아내)이 살고 있었다. 그녀는 엘리사가 자주 그 마을을 지나 갈멜산으로 간다는 사실을 알고 남편에게 부탁해서 담 위에 엘리사와 사환을 위한 방을 만들어 주었다. 피곤한 여정에 편히 쉴 수 있는 처소를 마련해준 그녀의 행위가 고마웠다. 알고 보니 그녀에게는 자식이 없고 남편은 늙었다.

엘리사는 부인을 불러다가 "한 해가 지나 이때쯤에 네가 아들을 안으리라"고 예언했다. 여인은 "내 주 하나님의 사람이여 당신의 계집종을 속이지 마옵소서" 하고 사양했지만 엘리사의 말처럼 이듬해가 되자 아들을 품에 안았다. 그러나 네댓 살쯤 되었을 때 그 아이가 갑자기 죽고 말았다. 여인은 아이의 시체를 선지자의 침상 위에 뉘어놓고 갈멜산으로 올라갔다. 그리고 선지자의 발을 껴안고 울부짖었다.

"내가 내 주께 아들을 구하더이까? 나를 속이지 말라고 내가 말하지 아니하더이까?"

자초지종을 들은 엘리사가 사환 게하시를 보내면서 말했다.

"네 허리를 묶고 내 지팡이를 손에 들고 가라. 사람을 만나거든 인사하지 말며 사람이 네게 인사할지라도 대답하지 말고 내 지팡이를 그 아이 얼굴에 놓으라."

뒤이어 엘리사도 따라 내려갔다. 게하시가 엘리사의 말대로 했지만 아무 일도 일어나지 않았다. 엘리사가 자기 방에 올라가서 문을 닫고 기도했다. 그리고 자기 입을 그의 입에, 자기 눈을 그의 눈에, 자기 손을 그의 손에 대고 그의 몸 위에 엎드리니 아이의 살이 차차 따뜻해졌다. 잠시 후에 다시 한번 그렇게 하니 아이가 일곱 번 재채기를 하며 눈을 떴다.

엘리사는 '네 아들을 데리고 가라'면서 아이를 여인에게 건네주었다. (이전에는 엘리야가 사르밧 과부의 아들을 살려주었다.) 이번에도 기적을 행하신 분은 하나님이셨다. 그때로부터 850여 년 후, 수넴 마을의 뒷산 너머에 있는 나인성에서 예수님은 과부의 독자 아들을 살려주셨다(눅 7:11-16).

셋째와 넷째는 흉년 들어 먹을 것이 없을 때에 일어난 기적이다. 하루는 선지자 생도들이 들(야생) 호박으로 국을 끓여먹다가 하마터면 중독되어 죽을 뻔했다. 엘리사는 국에 가루(아마도 밀가루)를 넣어 중화(中和)시킨 후에 먹게 했다. 또 한 번은 어떤 사람이 농사를 지어 보리떡 이십 개와 한 자루의 채소를 가져왔다. 흉년 중에 귀한 음식물이었지만 백여 명의 선지자 생도들이 먹기에는 턱없이 부족했다. 엘리사가 사환에게 말했다. "무리에게 주어 먹게 하라. 여호와의 말씀이 그들이 먹고 남으리라 하셨느니라." 말씀대로 그날 음식은 먹고도 남았다. 예수님께서 아이의 한 끼 식사로 5천 명 이상을 먹이신 기적을 상기시켜주는 이야기다.

열왕기하 5장에는 아람의 군대장관 나아만의 이야기가 나온다. 다섯 번째 기적이다. 아마도 이스라엘 여호람 왕의 초기에 일어난 일이었을 것이다. 나아만은 아람 왕(벤하닷)의 신임과 총애를 받고 있는 장군이었다. 하나님께서 그를 사용하여 여러 차례 아람을 전쟁에서 이기게 하셨다. 그런데 나병환자가 되었다. 마침 그 집에 이스라엘에서 잡혀온 여종이 있었다. 어느 날 여종이 장군의 부인에게 조심스럽게 말했다.

"우리 주인이 사마리아에 계신 선지자 앞에 계셨으면 좋겠나이다. 그가 그 나병을 고치리이다."

부인에게서 그 말을 들은 나아만은 즉시 왕에게 가서 아뢰었다. 그러자 아람 왕은 친필서신을 나아만에게 들려 이스라엘 여호람 왕에게 보냈다.

"내가 내 신하 나아만을 당신에게 보내오니 이 글이 당신에게 이르거든 당신은 그의 나병을 고쳐 주소서."

나아만은 은 10달란트(750파운드, 27만 불 상당)와 금 육천 개(150파운드, 4백만 불 상당), 그리고 최고의 의복 열 벌을 준비하여 이스라엘 왕을 찾아갔다. 편지를 받아본 이스라엘 왕은 자기 옷을 찢으며 신하들에게 하소연했다.

"내가 사람을 죽이고 살리는 하나님이냐. 그가 어찌하여 사람을 내게로 보내 그의 나병을 고치라 하느냐. 너희는 깊이 생각하고 저 왕이 틈을 타서 나와 더불어 시비하려 함인 줄 알라."

아람과 이스라엘의 불편한 관계가 여호람의 말 속에 담겨 있다. 그 말을 엘리사가 듣고 나아만을 자기에게 보내라고 했다. 이제 이스라엘에 하나님의 선지자가 있음을 보여줄 차례였다. 나아만이 요란스럽게 말들과 병거들을 거느리고 엘리사의 집 문 앞에 이르렀다. 몸은 병들었지만 마음은 교만으로 가득했다. 엘리사가 맨발로 뛰어나와 머리를 조아릴 줄 알았는데 뜻밖에도 사환이 나와서 맞이하며 말했다.

"당신은 가서 요단 강에 몸을 일곱 번 씻으시오. 그러면 당신의 살이 회복되어 깨끗하게 될 것입니다."

자기 위상에 걸맞은 접대를 받지 못했다고 생각한 나아만은 분을 내며 말했다.

"내 생각에는 그가 내게로 나와 서서 그의 하나님 여호와의 이름을 부르고 그의 손을 그 부위 위에 흔들어 나병을 고칠까 하였도다. 다메섹 강 아바나와 바르발은 이스라엘 모든 강물보다 낫지 아니하냐. 내가 거기서 몸을 씻으면 깨끗하게 되지 아니하랴."

사람은 누구나 자기 생각의 틀을 벗어나기가 어렵다. 우상의 제사장들이 병자들에게 행하던 모습만 보아왔던 나아만은 엘리사도 그렇게 하리라고 기대했다. 그런데 지저분한 요단강에 몸을 씻으라니, 시리아 다메섹에 있는 아바나(혹은 아마나) 강과 바르발 강이 훨씬 더 깨끗하지 않느냐고 불평했다. 지금도 이 두 강들은 다메섹을 동서로 관통하며 흐르고 있다. 말 머리를 돌리는 나아만을 그의 종들이 막아서며 간청했다.

"내 아버지여 선지자가 당신에게 큰일을 행하라 말하였더면 행하지 아니하였으리이까. 하물며 당신에게 이르기를 씻어 깨끗하게 하라 함이리이까."

듣고 보니 맞는 말이었다. 지도자도 실수할 수 있다. 그러나 옳은 이야기를 듣고 마음을 돌이키는 사람은 유능한 지도자이다. 나아만은 엘리사의 말에 순종하고 즉시 32km 떨어진 요단강으로 내려가 일곱 번 몸을 잠갔다. 일곱 번째 물에서 나오자 어느새 문둥병이 사라지고 온몸이 어린아이의 살처럼 깨끗하게 되었다. 다시 사마리아로 올라온 나아만은 엘리사 앞에 겸손한 자세로 서서 말했다.

"내가 이제 이스라엘 외에는 온 천하에 신이 없는 줄을 아나이다."

위대한 고백이다. 나아만은 요단강물의 효험(效驗)을 칭송하지 않았다. 하나님께서 그의 나병을 치료해 주셨다고 고백했다. 나아만이 가져온 선물을 엘리사에게 주려고 했지만 엘리사는 강한 어조로 거절했다. 하나님께서만 영광을 받으셔야 했기 때문이다. 그러자 나아만이 엘리사에게 은혜를 구했다.

"그러면 청하건대 노새 두 마리에 실을 흙을 당신의 종에게 주소서. 이제부터는 종이 번제물과 다른 희생 제사를 여호와 외 다른 신에게는 드리지 아니하고 다만 여호와께 드리겠나이다."

아울러 벤하닷 왕이 '림몬'이라는 신당에 들어가 제사드릴 때에 어쩔 수 없이 동행하여 머리를 조아리는데, 마음에 없는 행동이니 하나님께서 용서해 주시기를 구했다. 엘리사는 "평안히 가라"(Go in peace)고 그를 전송했다. 우리는 나아만이 이방인이었음을 기억해야 한다.

문제는 그 후에 터졌다. 게하시는 엄청난 선물을 거절한 엘리사를 이해할 수가 없었다. 그중의 일부만 받아도 가난한 선지자생도들의 생활에 큰 도움이 되리라고 생각했다. 게하시는 나아만을 뒤따라가서 엘리사의 이름을 팔았다.

"우리 주인께서 나를 보내시며 말씀하시기를 지금 선지자의 제자 중에 두 청년이 에브라임 산지에서부터 내게로 왔으니 청하건대 당신은 그들에게 은 한 달란트와 옷 두 벌을 주라 하시더이다."

나아만은 억지로 권하여 은 두 달란트(68kg)와 옷 두 벌을 종들에게 지워 운반하게 했다. 게하시는 그 물건들을 집에 감추고 시치미를 뚝 뗀 채 엘리사 앞에 섰다. 그 순간 불호령이 떨어졌다.

"한 사람이 수레에서 내려 너를 맞이할 때에 내 마음이 함께 가지 아니하였느냐. 지금이 어찌 은을 받으며 옷을 받으며 감람원이나 포도원이나 양이나 소나 남종이나 여종을 받을 때이냐. 그러므로 나아만의 나병이 네게 들어 네 자손에게 미쳐 영원토록 이르리라."

엘리사 앞에서 물러나오는 게하시의 몸에 문둥병이 하얗게 퍼져 있었다. 이런 경우에 우리는 '게하시가 가난한 살림살이 걱정하다가 저지른 실수인데 그렇게까지 저주할 필요가 있었을까?' 하고 생각할 수 있다. 그러나 중요한 사실은 게하시의 행위가 하나님의 영광을 가렸다는 점이다. 나아만의 마음속에 충만했던, '나는 이스라엘의 하나님께서 베푸신 은혜(절대 선물)로 나병을 치료받았다'는 감동을 약화시켰기 때문이다. 혹시라도 나아만이 게하시에게 은과 의복을 준 후에 '은혜의 일부라도 갚았다'고 생각했다면 그것은 끔찍한 일이었다. 하나님의 은혜는 갚을 수 있는 은혜가 아니기 때문이다. 엘리사의 책망 속에는 그런 깊은 뜻이 담겨 있었다.

열왕기하 6장에 세 가지의 기적이야기들이 더 기록되어 있다. 여섯 번째 기적은 깊은 물에 빠진 '빌려온 도끼'를 떠오르게 한 이야기이다.

일곱 번째 기적은 아람 군대의 침략을 막아낸 이야기이다. 이 일이 정확히 언제 있었는지 모르지만 적어도 이스라엘의 여호람 왕 생전에 있었을 것이다. 아람 왕이 이스라엘을 공격할 때마다 이스라엘 군이 미리 알고 방비하는 일이 한두 번이 아니었다. 아람 왕은 자기 신복 중의 누군가가 이스라엘 왕과 내통하고 있다고 의심했다. 그때 신복 중의 한 사람이 '이스라엘의 선지자 엘리사가 왕이 침실에서 하신 말씀까지 이스라엘 왕에게 고한다'고 일러주었다.

그렇다면 엘리사부터 잡아야 했다. 그래서 엘리사가 살고 있는 도단 성으로 군대를 급파했다. 도단 성은 오늘날의 '도단 언덕'(Tell Dothan)으로서 사마리아로부터 20km 북쪽에 있다. 오래 전에 요셉이 형들에게 잡혀 애굽으로 팔려갔던 곳이다. 아침 일찍 사환이 일어나 보니 군사와 말과 병거가 성읍을 에워싸고 있었다. (그는 게하시가 아니다.) 사환이 뛰어 들어오며 "아아, 내 주여 우리가 어찌하리이까" 하고 외쳤다. 그러자 엘리사가 태연하게 말했다.

"두려워하지 말라. 우리와 함께한 자가 그들과 함께한 자보다 많으니라."

똑같은 상황에서 사환의 눈과 엘리사의 눈은 보는 대상이 서로 달랐다. 엘리사가 "여호와여 원하건대 그의 눈을 열어서 보게 하옵소서" 하고 기도하자 사환의 눈이 열렸다. 그가 보니 불말과 불병거가 산에 가득하여 엘리사를 두르고 있었다. 얼마나 놀라운 일인가. 답답하고 두려울 때에 성령님께 우리의 눈을 열어 하나님의 하시는 일을 볼 수 있게 해달라고 기도해야 한다. 그보다 더 큰 축복이 없을 것이다.

마침내 아람 군대가 엘리사를 잡기 위해 내려왔다. 엘리사는 하나님께서 저들의 눈을 어둡게 해달라고 기도한 후에 이렇게 말했다.

“이는 그 길이 아니요 이는 그 성읍도 아니니 나를 따라오라. 내가 너희를 인도하여 너희가 찾는 사람에게로 나아가리라.”

엘리사는 그들을 인도하여 20km 남쪽에 있는 사마리아 성으로 들어갔다. 아람 군대는 완전히 시력을 잃었다기보다는 분별력을 잃었다고 말하는 편이 더 좋을 것 같다. 사마리아에 이르러 엘리사가 다시 기도하니 그들의 분별력이 회복되었다. 그리고 자기들이 사마리아성 가운데 있음을 깨닫게 되었다. 뜻밖의 기회를 포착한 여호람 왕이 “내 아버지여, 내가 치리이까?” 하고 거듭 물었지만 엘리사는 말리면서 말했다.

“치지 마소서. 칼과 활로 사로잡은 자인들 어찌 치리이까. 떡과 물을 그들 앞에 두어 먹고 마시게 하고 그들의 주인에게로 돌려보내소서.”

엘리사의 목적은 전쟁의 승리가 아니었다. 이스라엘에 하나님과 그의 선지자가 있음을 보여주는 것이었다. 하나님을 알게 하는 데 사랑보다 더 좋은 길이 어디 있겠는가. 여호람 왕은 엘리사의 말대로 그들을 위해 많은 음식을 베풀어 먹고 마시게 했다. 밤새 도단 성까지 내려오고, 또 도단 성에서 사마리아에 이른 아람 군사들이 허기진 배를 따뜻한 음식으로 채운 후 아람으로 돌아갔다. 열왕기 저자는 “이로부터 아람 군사의 부대가 다시는 이스라엘 땅에 들어오지 못하니라”고 마침표를 찍었다. 그런데 아람 군대가 다시 침공한 이야기가 뒤이어 나온다. 그렇다면 이 두 사건은 연대기적으로 앞뒤가 맞지 않는다. 그러나 해결할 수 있는 길이 하나 있다. 두 사건 사이에 몇 년의 간격을 두는 방식이다.

엘리사가 행한 여덟 번째 기적은 6장 24절부터 7장에 걸쳐 기록되어 있다. 시작은 이렇다.

"이후에 아람 왕 벤하닷이 그의 온 군대를 모아 올라와서 사마리아를 에워싸니 아람 사람이 사마리아를 에워싸므로 성중이 크게 주려서…."

이전에 자비를 베풀어 아람 군대를 잘 대접하고 돌려보냈는데 그 후에 '온 군대'를 동원하여 쳐들어오다니, 도대체 이해할 수 없는 일이었다. 선을 악으로 갚는 벤하닷은 염치없는 사람이었다. 그러나 벤하닷의 입장이 되어 생각해보자. 그는 도단에 파견한 부대가 잘 얻어먹고 무사히 귀환했다는 사실에 자존심이 상했을 것이다. 이스라엘 군대와 싸우다가 몰살당했다는 소식보다 더 수치스러웠다. 그래서 몇 년 동안 준비한 후에 갑자기 침략해서 사마리아성을 에워쌌다. 포위가 오래 계속되자 성안의 식량이 바닥났다. 먹을 게 없는 나귀 머리 하나가 은 팔십 세겔(2파운드, 8백 불 정도)에 팔리고, 비둘기 똥 사분의 일 갑(0.3리터)이 은 다섯 세겔(50불 정도)에 팔렸다. 그나마도 구하기가 어려웠다.

하루는 성 위를 걸어가는 여호람 왕에게 한 여인이 찾아와 억울함을 호소했다. 들어보니 기가 막혔다.

> "이 여인이 내게 이르기를, '네 아들을 내놓아라. 우리가 오늘 먹고 내일은 내 아들을 먹자.' 하매 우리가 드디어 내 아들을 삶아 먹었더니 이튿날에 내가 그 여인에게 이르되, '네 아들을 내놓아라. 우리가 먹으리라.' 하나 그가 그의 아들을 숨겼나이다."(왕하 6:28-29)

왕이 그 말을 듣고 자기 옷을 찢었다. 백성들이 올려다보니 왕이 속에 굵은 베옷을 입고 있었다. 흔히 하나님 앞에 죄를 회개할 때에 이스라엘 백성들은 굵은 베옷을 입었다. 여인의 이야기를 다 듣고 난 왕은 노기가 충천(衝天)하여 소리쳤다.

"사밧의 아들 엘리사의 머리가 오늘 그 몸에 붙어 있으면 하나님이 내게 벌 위에 벌을 내리실지로다."

왜 갑자기 엘리사를 향해 화를 내었을까. 이전에 아람 군대를 죽이지 않고 잘 대접해서 돌려보냈기 때문에 이런 화를 당하게 되었다고 생각했을까. 만일 그렇게 생각했다면 어리석은 왕이다. 하나님께서는 이스라엘이 우상을 멀리하고 하나님께로 돌아오기를 원하셨다. 나아만이 고백했던 것처럼 '이제 이스라엘 외에는 온 천하에 신이 없는 줄' 알게 되기를 원하셨다. 그래서 거듭거듭 능력으로 기적을 베푸시고 구원해 주셨다. 그러나 여호람은 마음이 완악하여 하나님께로 돌아오지 않고 계속해서 우상을 숭배했다. 책임은 왕에게 있었다.

왕의 명령을 받고 엘리사를 죽이기 위해 찾아온 사자가 문밖에 이르렀다. 마침 장로들과 함께 앉아 있던 엘리사가 문을 걸어 잠그게 했다. 사자가 문밖에 서서 왕의 말을 전했다.

"이 재앙이 여호와께로부터 나왔으니 어찌 더 여호와를 기다리리요."

말도 안 되는 소리였다. 재앙이 여호와께로부터 온 줄 알았으면 당연히 회개해야 할 것이 아닌가. 집안에서 엘리사가 큰 소리로 외쳤다.

> "여호와의 말씀을 들을지어다. 여호와께서 이르시되, '내일 이맘때에 사마리아 성문에서 고운 밀가루 한 스아를 한 세겔로 매매하고 보리 두 스아를 한 세겔로 매매하리라.' 하셨느니라."(왕하 7:1)

앞으로 24시간 후에 성문이 열리고 고운 밀가루 5.5kg이 10불에 팔리고 보리 11kg이 역시 10불에 팔릴 것이라는 말씀이다. 그러자 문밖에 있던 한 장관이 "여호와께서 하늘에 창을 내신들 어찌 이런 일이 있으리요" 하며 비웃었다. 엘리사가 대답했다.

"네가 네 눈으로 보리라. 그러나 그것을 먹지는 못하리라."

다음 날 엘리사의 예언이 이루어졌다. 성문 밖에서 굶주리고 있던 나병환자 네 사람이 죽기로 작정하고 아람 진영을 찾아갔다. 그랬더니 아람 군대가 모든 군량(軍糧)과 의복과 병기를 버려두고 도주하여 아무도 없었다. 하나님께서 아람 군대로 병거 소리와 말소리와 큰 군대의 소리를 듣게 하셨기 때문이다. 그들은 이스라엘 왕이 돈을 주고 헷 사람의 왕들과 애굽 왕들을 불러왔다고 생각했다. 그래서 해질 무렵에(어둠이 내려앉을 때라 더 무서웠을 것이다.) 장막과 말과 나귀를 버리고 목숨을 위하여 도망갔다.

나병환자들로부터 이 소식을 들은 왕은 믿을 수가 없었다. 그래서 마병 몇 사람을 보내어 살펴보게 했다. 따라가며 보니 아람 사람이 급히 도망하느라고 버린 의복과 병기가 길에 가득했다. 이 소식을 들은 백성들은 성문을 열고 물밀듯이 나아갔다. 전날 엘리사의 예언을 비웃었던 장관은 군중의 발에 밟혀 죽고 곡식 값은 뚝 떨어졌다. 그 이후 여호람의 생전에 아람 군대가 다시 이스라엘을 침략하지 못했다. 여호람이 이런 기적을 경험한 후에 하나님께로 돌아왔을까. 성경에는 이에 대한 언급이 없다. 다만 그가 엘리야를 통하여 행하신 하나님의 놀라운 기적들에 대하여 관심을 보이는 장면이 열왕기하 8장에 기록되어 있을 뿐이다.

엘리사가 행한 기적들 중에 몇 가지가 '흉년'과 연결되어 있다. 여호람이 다스린 12년 중에 7년을 흉년으로 고통당했다. 엘리사는 수넴 여인에게 흉년을 피하여 다른 곳에 가서 거주하라고 일러주었다. 그녀의 가족은 블레셋 땅에 가서 7년 동안 살다가 흉년이 끝나자 다시 수넴으로 돌아왔다. 와보니 밭과 집의 주인이 바뀌어 있었다. 그녀는 이 문제를 해결하기 위해 아들과 함께 여호람 왕을 찾아갔다. 마침 왕이 게하시를 불러 그간 엘리사가 행한 큰일들에 대하여 듣고 있었다. 게하시가 수넴 여인을 보며 왕에게 말했다.

"내 주 왕이여 이는 그 여인이요 저는 그의 아들이니 곧 엘리사가 다시 살린 자니이다."

여인으로부터 자초지종을 들은 왕은 관리를 임명하여 그 여인에게 속한 모든 것과 7년 동안 그 땅에서 난 소출을 다 돌려주라고 명했다. 이렇게 해서 수넴 여인의 문제가 해결되었다. 그런데 우리 마음에 질문이 남는다. 나병환자 게하시가 어떻게 왕과 함께 앉아서 이야기를 나눌 수 있느냐는 질문이다.

세 가지 대답이 가능하다. 첫째로, 게하시에게 옮겨간 나아만의 병은 문둥병이 아니고 심한 피부병이었을 것이라는 해석이다. 그러나 성경은 분명히 나병이라고 기록하고 있다. 둘째로, 여호람과 게하시가 만나는 열왕기하 8장의 이야기를 5장의 나아만 장군 이야기 이전으로 돌려놓아야 한다는 해석이다. 그러나 그럴만한 근거가 성경에는 없다. 셋째로, 하나님께서 게하시의 죄를 용서하시고 그의 나병을 치료해 주셨다는 해석이다. 열왕기의 저자가 '하나님의 사람의 사환 게하시'라고 기록한 것을 보면 엘리사와의 관계도 회복되었던 것 같다(왕하 8:4). 그것이 전혀 불가능한 일일까? 아니다. 얼마든지 가능하다. 우리 하나님은 용서하시기를 기뻐하는 하나님이시다. 하나님의 용서에 대한 성경 몇 구절을 읽어보자.

"주는 선하사 사죄하기를 즐거워하시며 주께 부르짖는 자에게 인자함이 후하심이니이다."(시 86:5)

"그러나 사유하심이 주께 있음은 주를 경외하게 하심이니이다."(시 130:4)

"악인은 그의 길을, 불의한 자는 그의 생각을 버리고 여호와께로 돌아오라. 그리하면 그가 긍휼히 여기시리라. 우리 하나님께로 돌아오라. 그가 너그럽게 용서하시리라."(사 55:7)

전에 하나님께서 엘리야에게 세 가지 사명을 주셨다. 엘리사를 택하여 후계자로 삼으라는 명령과 하사엘을 아람 왕으로 삼으라는 명령, 그리고 예후를 이스라엘의 왕으로 삼으라는 명령이었다. 그중의 첫째는 실천했고, 나머지 둘은 엘리사에 의해 이루어졌다. 엘리사가 다메섹을 방문했을 때 아람 왕 벤하닷이 병들어 누워 있었다. 왕은 그의 신하 하사엘을 엘리사에게 보내어 자기 병이 낫겠는지 물어보았다. 엘리사의 대답이 뜻밖이었다.

"엘리사가 이르되 너는 가서 그에게 말하기를 왕이 반드시 나으리라 하라. 그러나 여호와께서 그가 반드시 죽으리라고 내게 알게 하셨느니라."(왕하 8:10)

그리고는 하사엘이 부끄러워할 때까지 쏘아보다가 울기 시작했다. 앞으로 하사엘이 이스라엘 백성들에게 행할 악한 일들을 생각하며 흐르는 눈물이었다. 어리둥절한 하사엘에게 엘리사가 말했다.

"여호와께서 네가 아람 왕이 될 것을 내게 알게 하셨느니라."

그 뒷날 하사엘은 이불을 물에 적시어 벤하닷의 얼굴에 덮었다. 감쪽같은 암살이었다.

그 사이에 남왕국 유다에서는 여호사밧의 아들 여호람(이스라엘 왕 여호람과 동명이인이다.)이 32세에 왕이 되어 8년을 다스렸다. 여호람의 아내는 이스라엘 아합 왕의 딸 아달랴였다. 아내의 영향 때문이었을까, 여호람은 세력을 잡자 그의 모든 아우들을 다 죽이고 충신들도 몇 사람 죽였다. 그는 유다의 여러 산에 산당을 세우고 예루살렘 주민으로 섬기게 했다. 엘리야는 여호람에게 이런 편지를 보냈다.

"선지자 엘리야가 여호람에게 글을 보내어 이르되 왕의 조상 다윗의 하나님 여호와께서 이같이 말씀하시기를, '네가 네 아비 여호사밧의 길과 유다 왕 아사의 길로 행하지 아니하고 오직 이스라엘 왕들의 길로 행하여 유다와 예루살렘 주민들이 음행하게 하기를 아합의 집이 음행하듯 하며 또 네 아비 집에서 너보다 착한 아우들을 죽였으니 여호와가 네 백성과 네 자녀들과 네 아내들과 네 모든 재물을 큰 재앙으로 치시리라. 또 너는 창자에 중병이 들고 그 병이 날로 중하여 창자가 빠져나오리라 하셨다.' 하였더라."(대하 21:12-15)

이것은 역대하에 기록된 엘리야의 유일한 예언이다. (이 사건은 불수레와 불말이 엘리야를 들어올리기 전에 있었다. 역대기에는 엘리야의 승천 이야기가 없다.) 그 말씀대로 블레셋과 아라비아 사람들이 왕궁의 모든 재물들과 막내아들 여호아하스(혹은 아하시야, 대하 22:1)를 제외한 모든 아들들을 죽이고 아내들을 사로잡아 갔다. 그리고 여호람은 창자가 빠져나오는 병에 들어 즉위한 지 8년 만에 죽었다. 여호람이 얼마나 악했던지 백성들은 그를 위해 분향하지 않았고 '아끼는 자 없이 세상을 떠났으며' 왕실의 묘에도 장사되지 못했다.

여호람의 막내아들 아하시야는 22세에 유다 왕이 되어 겨우 1년을 다스렸다(왕하 8:26). 역대하 22장 2절을 보면 아하시야가 왕이 될 때 나이가 42세라고 기록되어 있는데, 이는 22세를 잘못 기록한 것이다. 아하시야 역시 그의 아버지처럼 이스라엘의 아합가(家)에서 아내를 데려왔다. 아하시야는 어머니와 아내의 영향을 받아 하나님을 더 멀리 떠났다. 그 무렵 아합의 아들 요람(여호람, 아하시야의 외삼촌)이 하사엘과 더불어 싸우다가 부상을 당해 이스르엘에서 치료를 받고 있었다. 그 소식을 듣고 아하시야가 이스르엘로 병문안을 갔다.

그때 엘리사가 선지자 생도 중 하나를 불러서 이렇게 말했다.

> "너는 허리를 동이고 이 기름병을 손에 가지고 길르앗 라못으로 가라. 거기에 이르거든 님시의 손자 여호사밧의 아들 예후를 찾아 들어가서 그의 형제 중에서 일어나게 하고 그를 데리고 골방으로 들어가 기름병을 가지고 그의 머리에 부으며 이르기를 '여호와의 말씀이 내가 네게 기름을 부어 이스라엘 왕으로 삼노라 하셨느니라' 하고 곧 문을 열고 도망하되 지체하지 말지니라."(왕하 9:1-3)

당시 예후는 이스라엘의 군대장관으로서 길르앗 라못을 지키고 있었다. 그날 선지자 생도가 예후에게 선포한 말은 좀 더 구체적이었다.

> "이스라엘 하나님 여호와의 말씀이 내가 네게 기름을 부어 여호와의 백성 곧 이스라엘의 왕으로 삼노니 너는 네 주 아합의 집을 치라. 내가 나의 종 곧 선지자들의 피와 여호와의 종들의 피를 이세벨에게 갚아 주리라. 아합의 온 집이 멸망하리니 이스라엘 중에

> 매인 자나 놓인 자나 아합에게 속한 모든 남자는 내가 다 멸절하되 아합의 집을 느밧의 아들 여로보암의 집과 같게 하며 또 아히야의 아들 바아사의 집과 같게 할지라. 이스르엘 지방에서 개들이 이세벨을 먹으리니 그를 장사할 사람이 없으리라 하셨느니라."(왕하 9:6-10)

그리고 문을 열고 도망쳤다. 뒤늦게 사연을 들은 왕의 신복들이 예후를 왕으로 추대하였고, 그는 이스르엘로 진군하여 요람(여호람)을 죽였다. 예후의 화살에 맞은 요람이 죽은 곳은 그의 아버지 아합이 억지로 빼앗았던 나봇의 포도밭 근처였다. 요람의 병문안을 왔던 유다 왕 아하시야도 그날 죽임을 당했고, 오랫동안 악행을 일삼아왔던 이세벨 왕후(아하시야의 외할머니)도 죽었다. 얼마 후 예후가 이세벨의 시체를 장사지내려고 찾아보니 개들이 다 뜯어 먹고 남은 것은 두골과 손과 발뿐이었다. 오래전에 엘리야가 예언했던 말씀대로 이루어졌다(왕하 9:36-37). 예후는 사마리아에 있는 아합의 아들 70명을 죽이고, 요람의 병문안을 위해 내려오던 아하시야 왕의 형제들(혹은 그의 친척들) 40명도 죽였다(대하 22:8).

뿐만 아니라 예후는 '나는 아합보다 더 많이 바알을 섬기리라'는 말로 바알의 선지자들과 섬기는 자들을 바알 신당으로 유인하여 다 죽인 후에 산당을 불살랐다. 그러나 예후는 여호사밧이 만든 금송아지를 섬기는 죄에서 떠나지 않았다. 하나님께서 예후의 4대까지 이스라엘을 다스리게 될 것이라고 말씀하셨다. 예후가 28년 동안 이스라엘을 다스린 후에 그의 아들 여호아하스가 왕위를 물려받았다. 주전 814년에 있었던 일이다.

이스라엘 왕 아합으로부터 시작된 우상숭배가 예후에 의해 비로

소 끝이 났다. 그러나 유다에서는 몇 년 더 지속되었다. 아합의 딸이자 아하시야의 어머니였던 아달랴 때문이었다. '피는 못 속인다'는 옛말처럼 아달랴도 그의 친정어머니 이세벨처럼 악한 여인이었다. 그는 예후가 아하시야와 그의 친척 40명을 죽였다는 말을 듣고 자기 주변에 있는 유다 왕손들을 다 죽였다. 그리고 스스로 여왕 행세를 했다. 천만다행으로 아하시야의 누이 여호세바가 아하시야의 어린 아들 요아스를 몰래 빼내었다. 그리고 남편인 제사장 여호야다(대하 22:11)와 함께 6년 동안 요아스를 성전에 숨겨놓고 길렀다. 이번에도 하나님께서 다윗의 가문을 지켜주셨다.

8
요아스 왕과 제사장 여호야다의 종교개혁

왕하 12-17장; 대하 23-28장

요아스가 유모와 함께 숨죽이며 지내는 6년 동안 아달랴가 유다를 통치했다. 7년째 되자 제사장 여호야다는 백부장들을 불러 여호와의 성전에서 언약을 맺고 맹세하게 한 후에 다윗의 자손인 요아스를 그들에게 보여주었다. 그 소식을 듣고 비밀리에 유다로부터 온 백성의 족장들이 예루살렘으로 모여들었다. 제사장 여호야다는 요아스의 머리에 왕관을 씌우며 율법책을 주고 기름을 부어 왕으로 삼았다. 백부장들과 레위인들은 무기를 들고 어린 요아스 왕을 호위했다. 소식을 듣고 모여든 많은 무리들이 나팔을 불고 노래하며 왕의 만세를 불렀다. 뒤늦게 사태를 파악한 아달랴는 옷을 찢으며 "반역이로다, 반역이로다" 하고 외쳤다. 그녀는 왕궁으로 돌아가는 길목에서 죽임을 당했다. 이렇게 해서 이스라엘의 아합 가문이 유다 왕가(王家)에 끼쳤던 사악한 영향이 30여 년 만에 막을 내리게 되었다.

여호야다는 하나님 앞에서 백성들과 언약을 맺었다. 그리고 왕과 백성들 사이에도 언약을 세웠다. 그것은 아합의 딸 아달랴가 여호람 왕에게 시집온 이래로 잊혀졌던 거룩한 언약이었다. 백성들은 바알의 신당과 제단을 허물고 우상들을 철저히 깨뜨리며 바알의 제사장들을 죽였다. 그 대신 여호와의 제사장들과 레위인들을 다시 성전으로 돌아오게 했다.

마침내 제사장 여호야다에게 말씀으로 양육받은 요아스가 왕위에 올랐다. 온 백성이 즐거워하고 나라가 평온하게 되었다. 일곱 살에 왕위에 오른 요아스는 40년 동안 유다를 다스렸다. 여호야다는 요아스를 두 아내에게 장가들게 하였고, 그들로부터 다시 다윗의 자손들이 태어나게 했다. 그는 아버지의 심정으로 요아스에게 믿음의 여인들을 선택해 주었을 것이다. 요아스는 여호야다가 살아 있는 동안 그의 교훈을 따라 하나님 앞에 정직하게 행하였다. 한 가지 아쉬운 점은, 산당들을 제거하지 않아 백성들이 여전히 산당에서 제사하며 분향하는 일이었다. 이 일이 하나님을 온전히 섬기는 데 걸림돌이 되었다.

요아스는 성전 건물을 고치고 회복하는 데 특별한 노력을 기울였다. 그동안 아달랴의 아들들이 하나님의 전을 파괴하고 성물(聖物)들을 바알의 제사에 사용했기 때문이다. 아마도 본인이 어린 시절 숨어 지내던 성전에 남다른 애착이 있었을 것이다. 그는 백성들이 자원하여 드린 예물을 공사하는 사람들에게 나누어주고 성전의 무너진 곳을 수리하게 했다. 그리하여 성전의 옛 모습이 많이 회복되었다.

여호야다가 130세에 세상을 떠나자 백성들이 그를 왕실의 묘에 장사지냈다. 그는 진실로 왕 같은 제사장이었다. 그러나 여호야다의 죽음은 요아스에게 재앙이 되었다. 그가 세상을 떠나자마자 요아스는 신하들의 말을 듣고 여호와의 전을 떠나 아세라 목상과 우상을 섬기기 시작했다. 선지자들이 요아스에게 경고를 보냈지만 우이독경(牛耳讀經)이었다. 한 사람이 평생토록 변함없이 하나님을 잘 섬기는 일이 왜 이토록 어려울까? 하나님의 영이 제사장 여호야다의 아들 스가랴에게 임했다.

> "그가 백성 앞에 높이 서서 그들에게 이르되 하나님이 이같이 말씀하시기를, '너희가 어찌하여 여호와의 명령을 거역하여 스스로 형통하지 못하게 하느냐' 하셨나니 너희가 여호와를 버렸으므로 여호와께서도 너희를 버리셨느니라."(대하 24:20)

불행하게도 요아스는 하나님께로 돌아설 마음이 없었다. 그는 무리들로 하여금 여호와의 전 뜰 안에서 스가랴를 돌로 쳐 죽이게 했다. 스가랴가 누구인가? 자기를 살려주고 길러준 제사장 여호야다의 아들이요 자기의 사촌형이다. 스가랴의 어머니가 자기 고모이기 때문이다. 인간의 도리로 보더라도 요아스는 은혜를 원수로 갚은 사악한 왕이 되었다. 나이 많은 스가랴는 숨을 거두면서 "여호와는 감찰하시고 신원하여 주옵소서" 하고 기도했다. 그것은 단순히 원통함을 풀어주시라는 기도를 넘어 유다의 영적 회복을 위한 기도였다. 훗날 예수님은 바리새인들을 책망하시면서 이렇게 말씀하셨다.

> "그러므로 의인 아벨의 피로부터 성전과 제단 사이에서 너희가 죽

인 바라갸의 아들 사가랴의 피까지 땅 위에서 흘린 의로운 피가 다 너희에게 돌아가리라."(마 23:35)

성경학자들은 예수님께서 말씀하신 '사가랴'가 요아스에게 죽임을 당한 스가랴였으리라고 생각한다. 하나님의 말씀은 반드시 이루어진다. 스가랴가 죽은 지 1년 후에 그의 예언이 성취되었다(대하 24:23-27). 하나님께서 유다를 버리시니 아람 군대가 침략했다. 아람이 적은 수의 군대로 쳐들어왔지만 하나님께서 유다의 '심히 큰 군대'를 그들의 손에 넘기셨다. 유다와 예루살렘에서 대학살이 벌어졌다. 아람의 장군들은 유다에서 노략한 물건들을 다메섹에 있는 하사엘 왕에게 보냈다. (열왕기하 12장에는 요아스가 성전의 성물(聖物)과 왕궁에 있는 금을 다 모아다가 하사엘에게 주었다고 기록되어 있다. 아마도 전쟁에 패배한 요아스가 스스로 조공을 바쳤을 것이다.)

그 후 전쟁에서 당한 부상을 치료받고 있던 요아스는 그의 신복들에게 암살을 당했다. 역대기는 '그의 신하들이 제사장 여호야다의 아들들의 피로 말미암아 반역하여 그를 그의 침상에서 쳐 죽였다'고 기록하고 있다(대하 24:25). '아들들'이라니, 요아스는 스가랴뿐만 아니라 그의 형제들까지 죽였다는 말이다. 백성들은 그를 왕들의 묘실에 장사하지 않고 일반인들처럼 다윗성에 묻었다. 은혜를 알지 못한 그를 왕으로 여기지도 않았다는 말이다. 너무 슬프고 가슴 아픈 이야기이다. 그의 뒤를 이어 아들 아마샤가 왕위에 올랐다.

열왕기하 13장은 역대기에 없는 내용들이다. 하나님께서 예후를 사용하여 이스라엘을 심판하실 때에 그의 후손들이 4대에 걸쳐 이스라엘을 다스리게 될 것이라고 약속하셨다. 그 말씀대로 여호아하스, 요아스(유다의 요아스와 동명이인), 여로보암 2세, 그리고 스가랴가 암살당할 때까지 90년 동안 예후와 그의 후손들이 이스라엘의 제5왕조를 이루었다. 그중 누구도 하나님을 제대로 섬기는 자가 없었다. 모두들 금송아지를 만들었던 여로보암의 죄와 아세라 목상을 섬기는 죄에서 벗어나지 못했다. 그런데 왜 이스라엘의 모든 왕들이 한결같이 금송아지를 섬기는 죄에서 벗어나지 못했을까. 그 금송아지는 종교적 목적이 아닌 정치적 목적으로 세워졌다. 즉, 이스라엘 백성들로 하여금 절기 때마다 예루살렘에 제사 드리러 내려가는 길을 막기 위해 세워졌다. 이스라엘의 왕들에게는 금송아지가 포기할 수 없는 유혹이자 함정이었다.

이스라엘은 만일 하나님의 인자하심이 없었다면 훨씬 더 빨리 망했을 나라이다. 예후의 아들 여호아하스 시대에 아람 왕 하사엘이 여러 차례 이스라엘을 침략하고 학대했지만, 하나님께서 긍휼히 여기시고 그때마다 구원해 주셨다. 그뿐만 아니라 엘리사, 요나, 아모스, 그리고 호세아 같은 선지자들을 보내셔서 그들의 마음을 주께 돌이키려고 애쓰셨다. 그러나 미끄러운 비탈길로 들어선 그들은 날이 갈수록 더 멀리 하나님을 떠나갔다.

> "여호아하스 왕의 시대에 아람 왕 하사엘이 항상 이스라엘을 학대하였으나 여호와께서 아브라함과 이삭과 야곱과 더불어 세우신 언약 때문에 이스라엘에게 은혜를 베풀며 그들을 불쌍히 여기시며 돌보사 멸하기를 즐겨하지 아니하시고 이때까지 자기 앞에서 쫓아내지 아니하셨더라."(왕하 13:22-23)

그러나 여호아하스가 다스리는 이스라엘은 초라하기 짝이 없었다.

"아람 왕이 여호아하스의 백성을 멸절하여 타작마당의 티끌같이 되게 하고 마병 오십 명과 병거 열 대와 보병 만 명 외에는 여호아하스에게 남겨 두지 아니하였더라."(왕하 13:7)

한 나라가 타작마당의 티끌같이 되었다. 왜 그렇게 되었을까? 역시 이유는 우상숭배에 있었다.

"그들이 이스라엘에게 범죄하게 한 여로보암 집의 죄에서 떠나지 아니하고 그 안에서 따라 행하며 또 사마리아에 아세라 목상을 그냥 두었더라."(왕하 13:6)

주전 798년에 여호아하스가 죽고 그의 아들 요아스가 대를 이어 이스라엘의 왕이 되었다. 요아스는 하나님의 사람 엘리사의 임종이 가까워오자 병문안을 갔다. 그는 눈물을 흘리며 "내 아버지여 내 아버지여 이스라엘의 병거와 마병이여" 하며 울었다. 이 말은 옛날 엘리야가 하늘로 들려올라갈 때 엘리사가 했던 말이다(왕하 2:12). 엘리사가 여러 차례 아람의 침략으로부터 이스라엘을 구원해 주었으니 그렇게 부를 만도 했다. 엘리사는 이스라엘의 요아스 왕에게 손으로 활을 들게 했다. 그리고 자기 손을 왕의 손에 얹은 후 동쪽 창문을 향해 쏘게 했다. 동쪽에는 아람 나라가 있었다.

"엘리사가 이르되 이는 여호와를 위한 구원의 화살 곧 아람에 대한 구원의 화살이니 왕이 아람 사람을 멸절하도록 아벡에서 치리이다 하니라."(왕하 13:17)

이번에는 요아스에게 화살들로 땅을 치라고 했다. 왕이 세 번 치고 그치자 엘리사가 노하며 말했다.

"왕이 대여섯 번을 칠 것이니이다. 그리하였더면 왕이 아람을 진멸하기까지 쳤으리이다. 그런즉 이제는 왕이 아람을 세 번만 치리이다."

그리고 얼마 후에 엘리사가 죽었다. 50여 년 동안 이스라엘을 위하여 기도하며 기적을 행하고 말씀으로 가르쳤던 위대한 선지자의 죽음이었다. 요아스는 엘리사의 예언처럼 그 후에 아람을 세 번 물리쳤다. 그러나 완전한 승리는 아니었다.

이스라엘 왕 요아스 2년에 아마샤가 25세에 유다 왕이 되어 29년을 다스렸다(주전 796년). 그는 하나님 앞에 정직하게 행하였지만 산당에서 백성들이 제사 드리고 분향하는 일은 막지 않았다. 그는 권력을 장악한 후에 아버지를 암살했던 자들을 잡아 죽였다. 한 번은 에돔과의 전쟁에서 승전한 후 기세가 등등하여 이스라엘의 요아스 왕에게 선전포고를 하고 전쟁을 일으켰지만 크게 패하고 말았다.

유다 왕 아마샤 제15년에 이스라엘 왕 요아스가 죽고 그의 아들 여로보암 2세가 즉위하여 사마리아에서 41년을 다스렸다. 이스라엘 왕들 중에 가장 오랫동안 다스린 왕이다. 그러나 열왕기 저자는 그의 행적을 간단하게 한 문장으로 처리하고 있다.

> "여로보암이 사마리아에서 왕이 되어 사십일 년간 다스렸으며 여호와 보시기에 악을 행하여 이스라엘에게 범죄하게 한 느밧의 아들 여로보암의 모든 죄에서 떠나지 아니하였더라."(왕하 14:23-24)

만일 누군가 "여로보암 2세는 41년 동안 무슨 일을 했나요?" 하고 묻는다면 역사가는 "죄짓는 일들만 골라서 하다가 죽었다"고 대답할 것이다. 물론 그가 살아생전에 강한 군대를 일으키고 이스라엘의 영토를 다윗의 시절만큼 회복하기도 했다. 그러나 그마저도 하나님께서 이스라엘을 긍휼히 여기신 결과였다.

> "이스라엘의 하나님 여호와께서 그의 종 가드헤벨 아밋대의 아들 선지자 요나를 통하여 하신 말씀과 같이 여로보암이 이스라엘 영토를 회복하되 하맛 어귀에서부터 아라바 바다까지 하였으니, 이는 여호와께서 이스라엘의 고난이 심하여 매인 자도 없고 놓인 자도 없고 이스라엘을 도울 자도 없음을 보셨고, 여호와께서 또 이스라엘의 이름을 천하에서 없이 하겠다고도 아니하셨으므로 요아스의 아들 여로보암의 손으로 구원하심이었더라."(왕하 14:25-27)

여로보암 2세가 죽자 그의 아들 스가랴가 주전 753년에 이스라엘의 왕이 되어 6개월을 다스렸다. 그는 그 짧은 기간에도 악을 행하다가 백성들이 보는 앞에서 살룸에게 암살을 당했다. 스가랴는 예후의 4대손이다. 그를 죽인 살룸은 사마리아에서 스스로 왕위에 올랐다가 한 달 만에 므나헴에 의해 암살을 당했다. 겨우 한 달 동안 다스린 살룸이 제6왕조를 세웠다는 표현이 과연 맞는지 잘 모르겠다. 제7왕조를 세운 므나헴이 10년 동안 다스리다가 죽고, 그의 아들 브가히야가 왕위에 올랐다. 그러나 2년 후에 르말랴의 아들 베가에 의해 암살을 당했다. 제8왕조를 세운 베가는 20년을 다스렸지만 그 역시 하나님 앞에서 악한 자였다. 그가 다스리던 중에 앗수르 왕 디글랏 빌레셀이 와서 이스라엘 북부를 점령하고 그 백성들을 사로잡아 앗수르로 옮겨갔다. 베가는 주전 732년에 엘라의 아들 호세아에게 암살을 당했다. 제9왕조를 세운 호세아는 9년을 다스리다가 앗수르 왕 살만에셀에게 사로잡혀갔다. 그의 죽음에 관해서 성경은 침묵하고 있다. 그리고 마침내 주전 722년, 나라가 세워진 지 209년 만에 북왕국 이스라엘은 앗수르에게 완전히 멸망을 당했다.

이제 다시 유다 왕의 계보로 되돌아가 보자. 이스라엘 왕 여로보암 2세 제27년(주전 767년)에 유다 왕 아마샤의 아들 아사랴가 왕위에 올랐다. 그의 다른 이름은 웃시야다. 여기에서 우리는 아사랴(웃시야)의 연대기를 자세히 살펴볼 필요가 있다. 먼저 성경을 읽어보자.

> "이스라엘 왕 여로보암 제이십칠 년에 유다 왕 아마샤의 아들 아사랴가 왕이 되니 그가 왕이 될 때에 나이가 십육 세라. 예루살렘에서 오십이 년간 다스리니라."(왕하 15:1-2)

아사랴의 아버지 아마샤는 하나님을 의지하고 나가 에돔 사람들을 크게 이긴 적이 있었다. 그러나 돌아오는 길에 에돔의 신(神)들을 가져다가 자기의 신으로 삼고 그 앞에 경배하며 분향했다. 하나님께서 아마샤에게 진노하시며 선지자를 보내셔서 책망하셨다.

> "그(선지자)가 이르되 저 백성의 신들이 그들의 백성을 왕의 손에서 능히 구원하지 못하였거늘 왕은 어찌하여 그 신들에게 구하나이까?"(대하 25:15)

패전국의 신을 가져다가 섬기다니, 이보다 더 어리석은 왕이 또 어디 있을까. 선지자의 책망을 듣던 아마샤가 "우리가 너를 왕의 모사로 삼았느냐? 그치라. 어찌하여 맞으려고 하느냐"며 적반하장으로 위협했다. 선지자는 "왕이 이 일을 행하고 나의 경고를 듣지 아니하니 하나님이 왕을 멸하시기로 작정하신 줄 아노라" 하며 그 자리를 떠났다.

마음이 교만한 아마샤는 이스라엘의 요아스 왕에게 시비를 걸고 전쟁을 선포했다. 두 나라의 군대가 벧세메스에서 충돌하자 유다 백성들은 모두 도망가고 아마샤는 포로가 되었다. 승전한 이스라엘의 요아스 왕이 예루살렘 성벽의 일부(600피트)를 헐어버렸다. 그리고 성전과 왕궁의 재물들을 탈취하고 사람들을 볼모로 잡아 사마리아로 돌아갔다. 아마샤가 왕이 된 지 4년쯤 지난 주전 792년의 일이었다. 당시 열여섯 살이었던 아사랴(웃시야)는 이때(주전 790년)부터 사마리아에 구금되어 있는 아버지 아마샤를 대신하여 주전 739년까지 52년 동안 나라를 다스렸다.

다행히 아마샤는 잡혀간 지 10년 만에 예루살렘으로 돌아왔다. 그리고 15년 동안 아들 아사랴(웃시야)와 공동으로 나라를 통치했다. 훗날에 무리가 반역을 일으키자 그는 라기스로 도망갔다. 그리고 그곳에서 암살을 당했다. 주전 767년에 일어난 일이다. 아사랴는 그때로부터 주전 740년까지 28년을 더 다스렸다. 그러므로 열왕기하 15장 1-2절은 다음과 같이 읽어야 한다.

"이스라엘 왕 여로보암(2세) 제 이십칠 년(주전 767년)에 유다 왕 아마샤의 아들 아사랴가 (명실상부하게) 왕이 되니 그가 (사로잡혀간 아버지 아마샤를 대신하여) 왕이 될 때에 나이가 십육 세라. (그때부터 시작하여) 예루살렘에서 오십이 년간 다스리니라."

이제 유다 왕 아사랴(웃시야)의 이야기를 나누어보자. 열왕기 저자는 '하나님께서 아사랴를 치시니 죽는 날까지 나병환자가 되어 별궁에 거하고 그의 아들 요담이 왕궁을 다스리며 백성을 치리하였다'고 간단히 기록하고 있다(왕하 15:5). 도대체 무슨 일이 일어났던 것일까. 역대하 26장에 그 내용이 자세히 기록되어 있다(역대기는 아사랴를 웃시야로 부른다). 웃시야는 통치 초기에 하나님 앞에 정직하게 행하며 하나님을 찾았다. 그래서 하나님께서 그를 형통하게 하셨다. 그는 블레셋을 치고 그곳에 유다 성읍들을 세웠다. 그는 이스라엘 왕 요아스가 무너뜨렸던 예루살렘 성벽과 문들도 다시 견고하게 세웠다. 광야에는 망대를 세우고 물웅덩이(저수지)를 많이 팠다. 고원과 평지에는 가축을 많이 기르게 하고 포도원도 많이 만들었다. 그에게는 잘 무장한 군대가 삼십만 칠천오백 명이나 있었다. 암몬 사람들은 스스로 웃시야에게 조공을 바쳤고 그의 명성은 애굽 변방에까지 퍼졌다.

그렇게 잘 나가던 웃시야에게 어느 날 재앙이 다가왔다. '왕은 무엇이든지 할 수 있다'고 생각했던 그는 성전에 들어가 향단에 분향하려고 섰다. 그것은 제사장들이 해야 할 일이었다. 대제사장 아사랴가 제사장 80명을 데리고 들어가 왕을 말리며 말했다.

> "웃시야여 여호와께 분향하는 일은 왕이 할 바가 아니요 오직 분향하기 위하여 구별함을 받은 아론의 자손 제사장들이 할 바니 성소에서 나가소서. 왕이 범죄하였으니 하나님 여호와에게서 영광을 얻지 못하리이다."(대하 26:18)

마침 손으로 향로를 잡고 분향하려던 웃시야가 불같이 화를 냈다. 그 순간 그의 이마에 나병이 생기더니 온몸에 퍼지지 시작했다. 그 모습을 보고 제사장들이 웃시야를 성전에서 쫓아냈다. 웃시야는 죽는 날(주전 740년)까지 10년 동안 별궁에서 살았고 그의 아들 요담이 주전 750년부터 백성을 다스렸다.

인생의 위기는 언제 다가올까. 부족하고 연약할 때에는 누구나 겸손하다. 그러나 넉넉하고 강성해지면 선(線)을 넘고 싶은 교만의 바이러스가 침투해온다. 웃시야의 경우가 그랬다. 그래서 성경은 교만을 멀리하라고 경고했다.

"교만은 패망의 선봉이요 거만한 마음은 넘어짐의 앞잡이니라."(잠 16:18)

"그런즉 선 줄로 생각하는 자는 넘어질까 조심하라."(고전 10:12)

웃시야의 아들 요담은 16년 동안 하나님 앞에 정직하게 살았지만 성전에는 절대로 들어가지 않았다. 문둥병자가 된 아버지 때문이었을 것이다. 이 말을 달리 해석하면 그가 하나님과 인격적인 관계를 맺지 않았다는 의미가 된다. 한편 역대기 저자는 '요담이 그의 하나님 여호와 앞에서 바른길을 걸었으므로 점점 강하여졌더라'고 비교적 좋은 평가를 했다. 그의 16년 통치 중에 처음 10년은 별궁에 거하는 아버지와 함께 다스렸다. 그는 성읍과 성벽들을 건축하고 전쟁에 몇 번 승리했으나, 말년에는 아람 왕 르신과 이스라엘 왕 베가의 침략을 받았다. 요담은 주전 740년에 정식으로 왕위에 올라 6년을 더 다스리다가 주전 735년에 죽고 그의 아들 아하스가 왕위에 올라 16년을 다스렸다.

요담의 아들 아하스도 아버지처럼 16년을 다스렸다. 그러나 아버지와 달리 이방의 우상들을 숭배하고 자기 아들들을 불 가운데로 지나게 했다. 그는 선대(先代) 때부터 유다를 괴롭히던 아람의 르신과 이스라엘 왕 베가의 위협을 두려워했다. 그러자 당대의 선지자 이사야가 아하스에게 하나님의 말씀을 전했다.

> "너는 삼가며 조용하라. 르신과 아람과 르말리야의 아들(베가)이 심히 노할지라도 이들은 연기 나는 두 부지깽이 그루터기에 불과하니 두려워하지 말며 낙심하지 말라. 아람과 에브라임과 르말리야의 아들이 악한 꾀로 너를 대적하여 이르기를 우리가 올라가 유다를 쳐서 그것을 쓰러뜨리고 우리를 위하여 그것을 무너뜨리고 다브엘의 아들을 그중에 세워 왕으로 삼자 하였으나 주 여호와의 말씀이 그 일은 서지 못하며 이루어지지 못하리라."(사 7:4-7)

그러나 아하스는 하나님을 신뢰하지 않았다. 그 사이에 이스라엘과 아람이 번갈아 유다를 침공하여 백성들을 사로잡아갔다. 한 번은 이스라엘 왕 베가가 유다를 침공하여 군인 12만 명을 죽이고 아내와 아이들을 포함하여 20만 명의 유다인들을 사마리아로 잡아갔다. 그때 이스라엘에서 오뎃이라는 선지자가 일어나 왕의 군대를 향해 책망했다.

> "너희 조상의 하나님 여호와께서 유다에게 진노하셨으므로 너희 손에 넘기셨거늘 너희의 노기가 충천하여 살륙하고 이제 너희가 또 유다와 예루살렘 백성들을 압제하여 노예로 삼고자 생각하는도다. 그러나 너희는 너희의 하나님 여호와께 범죄함이 없느냐. 그런즉 너희는 내 말을 듣고 너희의 형제들 중에서 사로잡아 온 포로를 놓아 돌아가게 하라. 여호와의 진노가 너희에게 임박하였느니

라."(대하 28:9-11)

오뎃의 말을 듣던 에브라임의 지도자들도 '너희는 이 포로를 이리로 끌어들이지 못하리라'고 하면서 길을 막아섰다. 결국 그날 이스라엘은 유다 포로들을 잘 먹이고 입힌 후에 모두 고향으로 돌아가게 했다. 그러나 하나님을 떠난 아하스 왕은 계속 수세에 몰렸다. 북쪽에서는 아람과 이스라엘이 압박하고 남쪽에서는 에돔과 블레셋이 유다의 마을들을 점령했다.

아하스는 이사야가 전한 하나님의 말씀보다 앗수르 왕 디글랏 빌레셀을 더 의지했다. 그래서 성전과 왕궁 곳간에 있는 은금을 앗수르 왕에게 예물로 보냈다. (그렇게 자주 성전과 왕궁에 있는 금은을 갖다 바쳤는데 아직도 또 바칠 것들이 남아있다는 사실이 기이하다.) 앗수르 왕은 아하스의 청을 듣고 올라와 아람의 다메섹을 치고 르신 왕을 죽였다. 그 소식을 듣고 아하스가 다메섹에 가서 앗수르 왕 빌레셋를 알현(謁見)했다. 그리고 다메섹에 있는 우상의 제단 모형을 그려서 제사장 우리야에게 보내서 만들게 했다.

예루살렘으로 돌아온 아하스는 우리야가 성전 앞마당에 만들어 놓은 우상의 제단 위에서 각종 제사들을 드렸다. 원래 솔로몬이 만들었던 놋제단과 물두멍과 놋소는 한편으로 옮겨졌다. 성전에서 처음 있는 일이었다. 유다를 패망의 길로 인도하던 아하스가 주전 716년에 죽고 그의 아들 히스기야가 대를 이었다.

북왕국 이스라엘은 "여호와의 진노가 너희에게 임박하였느니라"는 오뎃의 예언처럼, 유다의 아하스 왕 제10년째인 주전 722년에 앗수르에게 멸망당하고 말았다. 이스라엘의 마지막 왕은 베가를 암살하고 왕위에 오른 호세아였다. 그는 매년 앗수르 살만에셀 왕에게 조공을 드리다가 애굽 왕 소(So, Osorkon의 약자)에게 사자들을 보내면서 조공을 멈추었다. 앗수르 왕은 배신한 호세아를 치고 사마리아를 함락시켰다. 또 왕을 비롯한 많은 사람들을 앗수르로 잡아가고 다른 민족들을 사마리아로 이주시켰다. 그리하여 사마리아는 여러 민족이 섞여 살며 자기 신들을 섬기는 영적으로 혼탁한 도시가 되고 말았다.

이즈음에서 이스라엘의 연대기를 한 번 되돌아보자. 솔로몬 왕의 말년에 우상을 숭배한 죄와 그의 아들 르호보암의 어리석음이 연합하여 주전 931년에 북왕국 이스라엘과 남왕국 유다로 나뉘어졌다. 그때로부터 주전 722년(호세아 9년)까지 '이스라엘'은 북왕국을 형성했다. 모두 20명의 왕이 다스렸는데 가장 오래 다스린 왕은 여로보암 2세(41년)였고, 가장 짧게 다스린 왕은 시므리(7일)였다. 그 사이에 왕조는 아홉 차례나 바뀌었다. 일곱 명의 왕이 암살당하고 한 명은 자살했으며, 다른 한 명은 전사했다. 이스라엘 역사에 큰 영향을 끼친 세 명의 왕이 있었는데, 여로보암과 아합과 예후였다. 여로보암은 단과 벧엘에 금송아지 우상을 세운 후 그것을 여호와 하나님이라고 불렀고, 이는 이스라엘의 가장 큰 죄가 되었다. 아합은 이방의 바알과 아세라 신을 섬기며 여호와의 제사장들을 박해했고 유다에 악한 영향을 끼쳤다. 예후는 아합 가문을 심판하는 도구가 되었지만 그의 자손들도 우상숭배의 늪에서 벗어나지 못했다.

어렸을 때 학교에서 집으로 돌아오다가 벽돌 만드는 장면을 관심있게 보곤 했다. 모래에 시멘트 가루를 섞어 반죽을 만들고 그것을 쇠 틀 안에 다져 넣어 햇볕에 말리면 튼튼한 벽돌이 되었다. 그런데 어떤 공장에서 만든 벽돌은 차돌처럼 강한 반면, 다른 공장에서 만든 벽돌은 손으로 움켜쥐어도 쉽게 부스러졌다. 원인은 간단했다. 모래에 흙을 섞었기 때문이다. 북왕국 이스라엘도 불량 벽돌처럼 하나님을 떠나고 우상을 숭배하다가 힘없이 무너졌다. 마지막 30년 동안 여섯 명의 왕 가운데 네 명이 암살을 당하고 왕조는 네 번이나 바뀌었다. 마치 흙을 섞어 만든 벽돌처럼 힘없이 부스러졌다. 하나님을 떠난 결과였다.

열왕기의 저자는 이스라엘의 마지막을 이렇게 정리하고 있다.

> "이스라엘을 다윗의 집에서 찢어 나누시매 그들이 느밧의 아들 여로보암을 왕으로 삼았더니 여로보암이 이스라엘을 몰아 여호와를 떠나고 큰 죄를 범하게 하매 이스라엘 자손이 여로보암이 행한 모든 죄를 따라 행하여 거기서 떠나지 아니하므로 여호와께서 그의 종 모든 선지자를 통하여 하신 말씀대로 드디어 이스라엘을 그 앞에서 내쫓으신지라. 이스라엘이 고향에서 앗수르에 사로잡혀 가서 오늘까지 이르렀더라."(왕하 17:21-23)

9 히스기야 왕과 므낫세 왕

왕하 18-21장; 대하 29-33장

유다는 이스라엘이 망한 주전 722년부터 약 136년 동안 더 지속되다가 주전 586년에 바벨론에 의해 망했다. 이 기간에 유다를 다스린 왕들에 대하여 살펴보자. 먼저 주전 716년부터 29년 동안 다스린 히스기야는 영성(靈性)이 탁월한 왕이었다. 그는 이스라엘이 망하기 전부터 아버지 아하스와 함께 유다를 다스렸다. 아버지가 우상을 숭배하는 모습을 보며 탄식하던 히스기야는 왕위에 오르자마자 성전 문을 열고 제사를 회복시켰다. 산당들을 제거하고 주상을 깨뜨리며 아세라 목상들도 찍어냈다. 그리고 그때까지 유다 백성들이 그 앞에서 분향하던 모세의 놋뱀을 부수어 놋조각들로 만들어버렸다. 열왕기 저자는 히스기야의 행적을 이렇게 기록하고 있다.

"히스기야가 이스라엘 하나님 여호와를 의지하였는데 그의 전후 유다 여러 왕 중에 그러한 자가 없었으니 곧 그가 여호와께 연합하여 그에게서 떠나지 아니하고 여호와께서 모세에게 명령하신 계명을 지켰더라. 여호와께서 그와 함께하시매 그가 어디로 가든지 형통하였더라. 저가 앗수르 왕을 배반하고 섬기지 아니하였고 그가 블레셋 사람들을 쳐서 가사와 그 사방에 이르고 망대에서부터 견고한 성까지 이르렀더라."(왕하 18:5-8)

히스기야 왕은 전무후무한 종교개혁을 일으켰다. 먼저 성전을 깨끗하게 했다. 그의 부친 아하스 왕은 성전으로 들어가는 문을 닫았다. 성전 문을 닫다니, 그것이 어떤 성전인가. 하나님께서 임재하셔서 그의 백성들을 만나시고 은혜를 베푸시는 성전 아니었던가. 매주 한 번씩 드리는 떡들은 말랐고 일곱 등잔대의 등불은 꺼졌으며 향로의 불도 사그라졌다. 성전 마당에는 우상을 위한 큰 제단이 설치되고, 솔로몬이 만든 (작은) 제단은 구석으로 밀려났다. 물두멍이나 물바다도 구석으로 옮겨졌고, 성전의 기구들은 한편으로 치워졌다.

그런데 히스기야가 우상의 제단을 허물고 솔로몬의 제단을 제자리로 돌려놓았다. 물두멍과 물바다도 제자리로 돌려놓았다. 제사장들과 레위인들을 독려하여 성전을 깨끗이 청소하고 기구들을 찾아 제자리에 놓았다. 성전 안에 있던 (아마도 우상숭배에 사용되었던) 더러운 물건들은 모두 성 밖 기드론 시내에 내다 버렸다. 새해 첫 달 초하루에 시작된 성전 청소가 16일 만에 끝났다.

성전을 깨끗이 한 후에 히스기야는 제사장들과 레위인들로 하여금 속죄제사를 드리게 했다. 그리고 조상들이 저지른 죄를 회개했다. 실로 오랜만에 속죄제물의 피가 제단에 부어졌다. 나팔과 제금과 비파와 수금 소리를 배경으로 레위인들의 찬송소리가 성전에 울려 퍼졌다. 백성들이 감사제물을 가져오니 소가 육백 마리요 양이 삼천 마리였다. 히스기야는 유다뿐만 아니라 앗수르에 망한 이스라엘의 여러 지파들까지 초청하여 하나님께로 돌아오게 하였다.

원래는 첫 달 열나흘 날에 유월절을 지키려고 했으나 성전을 청소하는 일과 백성들의 도착이 늦어진 까닭에 둘째 달 14일에 유월절을 지켰다. 옛날 모세도 준비가 덜 된 사람들을 위하여 둘째 달에 한 번 더 유월절을 지킨 전례가 있었으니 큰 문제가 되지 않았다. 보발꾼들이 왕의 편지를 가지고 유다뿐만 아니라 이스라엘의 구석구석까지 두루 다니며 외쳤다.

> "이스라엘 자손들아 너희는 아브라함과 이삭과 이스라엘의 하나님 여호와께로 돌아오라. 그리하면 그가 너희 남은 자 곧 앗수르 왕의 손에서 벗어난 자에게로 돌아오시리라. 너희 조상들과 너희 형제같이 하지 말라. 그들은 그의 조상들의 하나님 여호와께 범죄하였으므로 여호와께서 멸망하도록 버려 두신 것을 너희가 똑똑히 보는 바니라. 그런즉 너희 조상들같이 목을 곧게 하지 말고 여호와께 돌아와 영원히 거룩하게 하신 전에 들어가서 너희 하나님 여호와를 섬겨 그의 진노가 너희에게서 떠나게 하라. 너희가 만일 여호와께 돌아오면 너희 형제들과 너희 자녀가 사로잡은 자들에게서 자비를 입어 다시 이 땅으로 돌아오리라. 너희 하나님 여호와는 은혜로우시고 자비하신지라. 너희가 그에게로 돌아오면 그의 얼굴을 너희에게서 돌이키지 아니하시리라."(대하 30:6-9)

얼마나 감격스러운 소식인가. 보발꾼은 에브라임과 므낫세 각 성읍을 거쳐 북쪽 끝에 있는 스불론과 아셀 지파의 땅까지 이르렀다. 오랫동안 여로보암의 죄에 젖어 살던 대부분의 이스라엘 사람들은 히스기야의 말을 비웃었다. 그러나 몇몇 사람들은 겸손한 마음으로 예루살렘을 사모했다. 하나님의 손이 구원받을 자들을 감동시키셨기 때문이다. 그리하여 둘째 달에 백성들이 유교절과 무교절을 지키기 위해 예루살렘에 모였는데 그것은 매우 큰 모임이었다. 무리들은 예루살렘에 있는 우상의 제단들과 향단들을 제거해 기드론 시내에 내다 버렸다. 모인 이들 중에 에브라임과 므낫세와 잇사갈과 스불론(모두 북왕국 이스라엘에 속한 족속들이다.)에서 온 사람들이 습관에 따라 자기를 깨끗하게 하지 않고 제물을 먹다가 병이 들었다. 그러자 히스기야가 하나님께 간절히 기도했다.

"하나님 곧 그의 조상들의 하나님 여호와를 구하는 사람은 누구든지 비록 성소의 결례대로 스스로 깨끗하게 못하였을지라도 사하옵소서."(대하 30:19)

하나님께서 그의 기도를 들으시고 병든 자들을 치료해 주셨다. 온 백성들이 즐거워하며 조상들의 하나님 여호와께 감사를 드렸다. 원래 7일의 무교절 잔치가 일주일 더 연장되었다. 왕은 수송아지 천 마리와 양 칠천 마리를 회중에게 내주었고, 방백들도 수송아지 천 마리와 양 일만 마리를 회중에게 주었다. 온 백성들이 2주간 동안 잔치하며 먹었던 짐승들의 숫자다. 역대기 저자는 "예루살렘에 큰 기쁨이 있었으니 이스라엘 왕 다윗의 아들 솔로몬 때로부터 이러한 기쁨이 예루살렘에 없었더라"(대하 30:26)고 기록했다. 올바르게 드리는 예배(제사)에는 언제나 기쁨이 따라온다.

히스기야의 종교개혁은 예루살렘에서 시작하여 각 성읍으로 퍼져나갔다. 그것은 예루살렘에서 불기 시작한 거룩한 바람이었다.

유월절에 참석한 무리들이 고향으로 돌아가서 산당과 제단들을 제거하고 주상들을 깨뜨리며 아세라 목상들을 찍어냈다. 예루살렘 성전에서는 매일 아침저녁, 안식일과 초하루와 각종 절기의 제사들이 회복되었고, 제사장들과 레위인들은 자기 처소에서 맡은 일을 했다. 이들을 위하여 백성들이 십일조를 드렸는데 너무 많아 셋째 달에 시작하여 일곱째 달에야 쌓기를 마쳤다. 그리하여 예루살렘에 있는 제사장들과 레위인들뿐만 아니라 각 성읍에 사는 레위인들과 가난한 사람들도 모두 넉넉한 양식을 얻을 수 있었다. 역대기 저자는 감격에 겨워 이렇게 기록했다.

> "히스기야가 온 유다에 이같이 행하되 그의 하나님 여호와 보시기에 선과 정의와 진실함으로 행하였으니 그가 행하는 모든 일 곧 하나님의 전에 수종드는 일에나 율법에나 계명에나 그의 하나님을 찾고 한 마음으로 행하여 형통하였더라."(대하 31:20-21)

히스기야 왕은 하나님 앞에서 바르고 정직하며 겸손했다. 그는 주변 사람들을 격려하고 세워주었다. 나아가 제사장과 레위인들을 존경하고 백성들을 사랑했다. 특히 나라를 잃어버린 북쪽의 동포들을 긍휼히 여기며 하나님께로 인도했다. 그는 진실로 하나님과 백성들에게 사랑받는 왕이었다. 그렇게 평안한 10여 년의 세월이 흘러갔다. 그 기간에 유다는 애굽과 동맹을 맺었다. 그러나 앗수르의 세력도 점점 커져가고 있었다.

열왕기와 역대기는 히스기야의 치적(治績)에 각각 4장씩 할애했다. 그런데 조금 다른 점이 있다. 열왕기는 그중의 4분의 3을 앗수르의 고통스러운 침략에 할애했고, 역대기는 4분의 3을 히스기야의 종교개혁에 할애했다. 역사가의 관점이 서로 달랐기 때문이다. 우선 열왕기의 기록들을 중심으로 히스기야가 어떻게 앗수르의 침략을 기도로 물리쳤는지 살펴보자. 이 내용은 이사야 36-37장에도 기록되어 있다.

앗수르의 살만에셀 5세는 주전 722년에 북왕국 이스라엘을 멸망시켰다. 그의 후계자 사르곤 2세는 다메섹 북쪽에 있는 크고 작은 왕국들을 점령했다. 사르곤 2세의 아들 산헤립은 4년 동안 힘을 기른 후에 남쪽으로 눈길을 돌렸다. 여러 민족들로 구성된 앗수르는 주전 934년부터 주전 612년까지(메대와 바벨론의 연합군에 멸망한 해) 3백여 년 동안 지구상에서 가장 강력한 국가였다.

히스기야는 장차 다가올 앗수르의 침략을 예측하며 미리 준비했다. 먼저 방백들과 의논하고 성 밖에 있는 기혼 샘으로부터 실로암 연못에 이르는 533미터의 지하수로(水路)를 만들었다(대하 32:30). 주전 701년경에 만들어진 이 수로는 주후 1838년 에드워드 로빈슨에 의해 발견되었는데, 그 이전까지는 실로암 연못에서 지하수가 솟아난다고 생각했다. 북쪽과 남쪽으로부터 동시에 파 들어간 수로는 몇 차례의 굴곡을 거쳐 마침내 중간에서 만났다. 지금도 그 수로에는 기혼 샘에서 시작된 맑은 물이 흐르고 있다. 놀랍게도 5백 미터가 넘는 지하수로의 경사는 겨우 30센티미터에 불과했다. 수로의 높이는 약 2미터이며 깊이는 발목이 잠기는 부분에서 허리가 잠기는 부분까지 조금씩 달랐다. 예루살렘 거민들은 전쟁이 일어나도 이 수로를 통하여 풍족한 식수를 얻을 수 있을 것이다. 반면에 성 밖에 있는 물의 근원들을 막았으므로 침략자들은 식수가 부족할 것이다.

히스기야 왕 14년, 주전 701년에 마침내 앗수르 왕 산헤립의 남진

정책(南進政策)이 현실로 다가왔다. 그는 애굽과 남부동맹을 맺고 있는 페니키아와 팔레스타인의 해안 도시들을 손에 넣은 후, 46개의 유다 성읍들을 차례로 점령했다. 그리고 예루살렘에서 서남쪽으로 직선거리 40km쯤 떨어진 라기스에 본부를 정하고 외롭게 남은 예루살렘을 부릅뜬 눈으로 올려다보았다. 어느 순간이라도 쳐들어올 기세였다. 히스기야는 먼저 라기스로 사람을 보내어 화친을 청했다. 할 수 있으면 전쟁을 피하는 편이 상책(上策)이었기 때문이다.

"내가 범죄하였나이다. 나를 떠나 돌아가소서. 왕이 내게 지우시는 것을 내가 당하리이다."

앗수르 왕은 은 삼백 달란트와 금 삼십 달란트를 요구했다. (2021년 12월 11일 가격으로 치면 은값은 80여만 불이고, 금값은 6천5백여만 불에 해당한다.) 히스기야는 성전과 왕궁 곳간의 은을 다 모으고 성전 문과 기둥에 덧입혀 있는 금들을 벗겨서 보냈다. (훗날 산헤립은 그의 전승 기념비에 이 사실을 기록해 놓았다.) 그렇게 조공을 받고 돌아가 준다면 얼마나 고마울까. 히스기야도 위기가 지나간 줄 알았다. 그러나 견물생심(見物生心), 엄청난 양의 조공을 어렵지 않게 바친 예루살렘의 부(富)에 탐욕이 생긴 앗수르 왕은 랍사게 장군에게 대군을 내어주며 예루살렘을 함락하라고 명령했다. 예루살렘에 이른 랍사게는 높은 곳에 올라 성안 사람들이 다 듣도록 유다 말로 외쳤다. 일종의 심리전(心理戰)이었다.

"너희는 대왕 앗수르 왕의 말씀을 들으라. 왕의 말씀이 '너희는 히스기야에게 속지 말라. 그가 너희를 내 손에서 건져내지 못하리라. 또한 히스기야가 너희에게 여호와를 의뢰하라 함을 듣지 말라. 그가 이르기를 여호와께서 반드시 우리를 건지실지라. 이 성읍이 앗수르 왕의 손에 함락되지 아니하게 하시리라 할지라도 너희는 히스기야의 말을 듣지 말라 앗수르 왕의 말씀이 너희는 내게 항복하고 내게로 나아오라. 그리하고 너희는 각각 그의 포도와 무화과를 먹고 또한 각각 자기의 우물의 물을 마시라. 내가 장차 와서 너희를 한 지방으로 옮기리니 그곳은 너희 본토와 같은 지방 곧 곡식과 포도주가 있는 지방이요 떡과 포도원이 있는 지방이요 기름 나는 감람과 꿀이 있는 지방이라. 너희가 살고 죽지 아니하리라. 히스기야가 너희를 설득하여 이르기를 여호와께서 우리를 건지시리라 하여도 히스기야에게 듣지 말라. 민족의 신들 중에 어느 한 신이 그의 땅을 앗수르 왕의 손에서 건진 자가 있느냐.'"(왕하 18:28-33)

모든 백성들이 잠잠하고 한 마디도 대답하지 않았다. 히스기야 왕이 가부간에 대답하지 말라고 명령했기 때문이다. 랍사게는 부러진 갈대 같은 애굽을 의지하지 말라고 했다. 맞는 말이다. 당시 애굽은 앗수르의 상대가 될 수 없었다. 랍사게는 또 여호와를 의지하지 말라고 했다. 히스기야가 신상들과 산당을 폐하였기 때문에 여호와의 진노가 임했다고 했다. 그것은 틀린 말이다. 히스기야는 여호와 하나님께서 가장 기뻐하시는 일을 하고 있었다.

랍사게는 '너희가 항복하면 각각 자기 포도와 무화과를 먹고 또한 각각 자기의 우물물을 마시리라'고 약속했다. 쌩뚱맞는 말이다. 예루살렘 성에는 비축해둔 충분한 양식과 무제한으로 마실 수 있는 최상급의 기혼 샘물이 있었다. 마지막으로, 랍사게는 장차 앗수르 왕이 무슨 큰 은혜나 베푸는 것처럼, 유다 백성들을 다른 지방으로 옮기겠다고 했다. 젖과 꿀이 흐르는 땅보다 더 좋은 땅이 어디 있단 말인가. 그런데도 그의 말이 백성들의 마음을 서늘하게 했다.

불과 20여 년 전에 사마리아 사람들이 그렇게 망했기 때문이다.

위협을 당하면 누구나 두려운 법이다. 히스기야 왕은 자기 옷을 찢고 굵은 베옷(거친 염소털로 만든 옷)을 입은 채 성전에 들어가면서 신하들과 제사장들을 이사야에게 보냈다.

"그들이 이사야에게 이르되 히스기야의 말씀이, '오늘은 환난과 징벌과 모욕의 날이라. 아이를 낳을 때가 되었으나 해산할 힘이 없도다. 랍사게가 그의 주 앗수르 왕의 보냄을 받고 와서 살아 계신 하나님을 비방하였으니 당신의 하나님 여호와께서 혹시 그의 말을 들으셨을지라. 당신의 하나님 여호와께서 그 들으신 말 때문에 꾸짖으실 듯하니 당신은 이 남아 있는 자들을 위하여 기도하소서 하더이다.' 하니라."(왕하 19:3-4)

산헤립은 실제로 그의 전승(戰勝) 비석에 '히스기야가 내게 굴복하지 않자 나는 그의 견고한 도시 46개를 포위하고 공격했다'고 새겨놓았다. 이제 남은 성이라곤 예루살렘뿐이다. 아무리 굳게 성문을 걸어 잠가도 시간이 지나면 속수무책으로 함락당하는 날이 올 것이다. '아이를 낳을 때가 되었으나 해산할 힘이 없다'는 표현보다 더 절망적인 말이 어디 있겠는가. 그러나 이 절망에서 벗어날 길이 하나 있었다. 하나님께서 직접 개입하시면 된다. 히스기야 왕은 속이 타들어갔다. 이사야를 찾아간 사람들의 입에서도 지독한 단내(burning smell)가 났을 것이다. 그런 그들에게 이사야의 대답이 시원한 위로가 되었다.

"너희는 너희 주에게 이렇게 말하라. 여호와의 말씀이, '너는 앗수르 왕의 신복에게 들은 바 나를 모욕하는 말 때문에 두려워하지 말라. 내가 한 영을 그의 속에 두어 그로 소문을 듣고 그의 본국으로 돌아가게 하고 또 그의 본국에서 그에게 칼에 죽게 하리라.' 하셨느니라."(왕하 19:6-7)

랍사게의 말과 하나님의 말씀을 어떻게 비교할 수 있겠는가. 랍사게의 말에는 결정적 파워가 없었다. 그러나 하나님의 말씀은 짧지만 강한 능력이 있었다. 랍사게의 말은 성 밖에서 맴돌다 사라졌지만 하나님의 말씀은 반드시 성취될 것이다. 적어도 하나님을 믿는 자들에게는 하나님의 말씀이 하나의 사건이 된다. 할렐루야.

랍사게는 그의 주군(主君) 산헤립이 라기스를 떠났다는 소식을 듣고 립나로 내려가 합류했다. 구스 왕 디르하가가 산헤립과 싸우기 위해 올라왔기 때문이다. 립나는 오늘날의 '텔 에스 사피'(Tell es-safi 언덕)로 라기스에서 북쪽으로 직경거리 16km쯤 떨어진 지역이다. 지금도 구글 지도를 열어보면 수십만의 앗수르 군과 애굽 군이 전투하기에 넉넉한 구릉 지대가 펼쳐져 있다. '구스 왕 디르하가'는 다른 말로 '구스(애굽의 남쪽 지역)에서 난 애굽 왕'이라는 말이다. 애굽 왕과 전선을 펼치고 있던 산헤립이 편지 한 장을 히스기야에게 보내왔다.

"너희는 유다의 왕 히스기야에게 이같이 말하여 이르기를 네가 믿는 네 하나님이 예루살렘을 앗수르 왕의 손에 넘기지 아니하겠다 하는 말에 속지 말라. 앗수르의 여러 왕이 여러 나라에 행한 바 진멸한 일을 네가 들었나니 네가 어찌 구원을 얻겠느냐."(왕하 19:10-11)

그러면서 앗수르 왕들이 멸한 북쪽의 열 나라 이름들을 열거했다. 왜 산헤립이 이런 편지를 보냈을까. 혹시라도 애굽 왕이 왔다는 말을 듣고 히스기야가 용기를 내어 후방에서 공격할 수도 있다고 생각했을지 모른다. 비록 애굽 왕이 체면상 산헤립과 싸우기 위해 올라오기는 했지만 앗수르의 상대가 되기에는 역부족이었다. 그래서 산헤립의 편지가 히스기야를 더욱 두렵게 만들었다. 히스기야는 성전에 올라가 그 편지를 여호와 앞에 펼쳐놓고 기도했다. 이 기도는 성경에 기록된 가장 위대한 믿음의 기도 중 하나이다. 지금까지 눈으로 이 책을 읽어왔다면 이번에는 히스기야의 가슴으로 소리 내어 읽어보자.

"그룹들 위에 계신 이스라엘의 하나님 여호와여,
주는 천하 만국에 홀로 하나님이시라.
주께서 천지를 만드셨나이다.
여호와여 귀를 기울여 들으소서.
여호와여 눈을 떠서 보시옵소서.
산헤립이 살아 계신 하나님을 비방하러 보낸
말을 들으시옵소서.
여호와여 앗수르 여러 왕이 과연
여러 민족과 그들의 땅을 황폐하게 하고
또 그들의 신들을 불에 던졌사오니
이는 그들이 신이 아니요 사람의 손으로 만든 것
곧 나무와 돌뿐이므로 멸하였나이다.
우리 하나님 여호와여 원하건대
이제 우리를 그의 손에서 구원하옵소서.

그리하시면 천하 만국이 주 여호와가
홀로 하나님이신 줄 알리이다."(왕하 19:15-19)

히스기야의 기도가 끝나자 하나님의 응답이 이사야를 통해 주어졌다. 이 말씀도 하나님의 심정으로 소리 내어 읽어보자.

"여호와께서 앗수르 왕에게 대하여 이같이 말씀하시기를,
처녀 딸 시온이 너를 멸시하며 너를 비웃었으며
딸 예루살렘이 너를 향하여 머리를 흔들었느니라.
네가 누구를 꾸짖었으며 비방하였느냐.
누구를 향하여 소리를 높였으며 눈을 높이 떴느냐.
이스라엘의 거룩한 자에게 그리하였도다.
네가 사자들을 통하여 주를 비방하여 이르기를,
'내가 많은 병거를 거느리고 여러 산꼭대기에 올라가며
레바논 깊은 곳에 이르러 높은 백향목과
아름다운 잣나무를 베고
내가 그 가장 먼 곳에 들어가며
그의 동산의 무성한 수풀에 이르리라.
내가 땅을 파서 이방의 물을 마셨고
나의 발바닥으로 애굽의 모든 강들을 말렸노라' 하였도다.
네가 듣지 못하였느냐.
이 일은 내가 태초부터 행하였고 옛날부터 정한 바라.
이제 내가 이루어
너로 견고한 성들을 멸하여 무너진 돌무더기가 되게 함이니라.
그러므로 거기에 거주하는 백성의 힘이 약하여

두려워하며 놀랐나니
그들은 들의 채소와 푸른 풀과 지붕의 잡초와
자라기 전에 시든 곡초같이 되었느니라.
네 거처와 네 출입과 네가 내게 향한 분노를 내가 다 아노니
네가 내게 향한 분노와 네 교만한 말이 내 귀에 들렸도다.
그러므로 내가 갈고리를 네 코에 꿰고
재갈을 네 입에 물려
너를 오던 길로 끌어 돌이키리라."(왕하 19:21-28)

얼마나 통쾌한 말씀인가. 이는 먼 장래에 이루어질 예언이 아니었다. 바로 그날 밤 성취될 말씀이었다. 그 밤에 여호와의 사자가 와서 앗수르 군사 십팔만 오천 명을 쳤다. 왕이 아침에 일어나 보니 늠름하던 군사들이 다 송장이 되어 있었다. 산헤립은 고개도 들지 못한 채 수도(首都) 니느웨(오늘날 이라크의 모술 지역)로 물러가 조용히 지냈다. 몇 년 후 (아마도 주전 681년경에) 산헤립은 그의 신 니스록의 전에서 경배하다가 두 아들들에게 암살을 당했다(사 37:38). 아버지를 죽인 그들은 니느웨로부터 5백여 km 더 북쪽에 있는 아라랏(지금의 아르메니아) 땅으로 도망갔고, 다른 아들 에살핫돈이 왕위를 이었다. 그는 훗날 므낫세 왕과 백성들을 잠시 앗수르로 잡아갔다가 돌려보내준 왕이다.

하나님께서 개입하시니 유다 백성들이 포로로 잡혀가는 참사를 면했다. 만일 히스기야가 항복했더라면 수십만 명의 백성들이 종으로 끌려갔을 것이다. 앗수르 왕들은 점령지의 백성들을 혹독하게 다루기로 소문이 나 있었다. 그런데 산헤립이 많은 군사들을 하룻밤 사이에 다 잃어버리고 초라한 모습으로 돌아갔다. 하나님께서

그의 종 다윗을 위하여 예루살렘 성을 구원하셨기 때문이다. 하나님께서 보너스로 유다와 이스라엘 백성들로 하여금 2년 동안 농사를 짓지 않고도 스스로 난 곡식을 먹게 해 주셨다. 전쟁 때문에 농사를 짓지 못한 땅도 안식의 축복을 받았다.

험한 고개는 산에만 있는 것이 아니다. 한 사람의 생애에도 있다. 고갯길은 오르는 데 힘들고 위험하지만 정상에 이르면 성취감을 느낀다. 반면에 내리막길은 쉽고 한가하다. 그런데 대부분의 후회스런 일들은 내리막길에서 일어난다. 우리는 대부분의 왕들에게서 그런 패턴(pattern)을 보아왔다. 히스기야 왕도 예외는 아니었다. 이제 그의 가슴 아픈 이야기를 들어보자.

> "그때에 히스기야가 병들어 죽게 되매 아모스의 아들 선지자 이사야가 그에게 나아와서 그에게 이르되, '여호와의 말씀이 너는 집을 정리하라. 네가 죽고 살지 못하리라.' 하셨나이다."(왕하 20:1)

마른하늘에 날벼락 같은 말씀이었다. 곧 죽을 것이니 집을 정리하라고 하셨다. 속히 후계자를 세우라는 말씀이다. 아들 므낫세는 당시 8세로서 왕의 사명을 감당하기에 아직 어렸다. 전쟁이 끝난 후라 히스기야가 해야 할 일들이 너무 많았다. 산헤립에게 고통받은 백성들을 위로하고 무너진 성읍들을 수축하며 나라를 회복시켜야 할 중요한 시기에 갑자기 죽어야 하다니, 기가 막혔다. 히스기야는 낯을 벽으로 향한 채 통곡하며 기도했다. 낯을 벽으로 향했다는 말은 오직 하나님만 의지했다는 뜻이다.

"여호와여 구하오니 내가 진실과 전심으로 주 앞에 행하며 주께서 보시기에 선하게 행한 것을 기억하옵소서."

이사야가 성읍 (혹은 궁전의 뜰) 가운데 이르기 전에 여호와의 말씀이 임했다.

"너는 돌아가서 내 백성의 주권자 히스기야에게 이르기를, '왕의 조상 다윗의 하나님 여호와의 말씀이 내가 네 기도를 들었고 네 눈물을 보았노라. 내가 너를 낫게 하리니 네가 삼 일 만에 여호와의 성전에 올라가겠고 내가 네 날에 십오 년을 더할 것이며 내가 너와 이 성을 앗수르 왕의 손에서 구원하고 내가 나를 위하고 또 내 종 다윗을 위하므로 이 성을 보호하리라 하셨다 하라.' 하셨더라."(왕하 20:5-6)

하나님께서 히스기야를 백성의 주권자로 삼으셨다. 그리고 그의 기도에 신속히 응답하셨다. 지금도 우리의 기도를 들으시고 우리의 눈물을 보시는 하나님, 그는 살아 계신 하나님이시다. 이사야가 (아마도 하나님의 지시를 받아) 무화과 반죽을 만들어 히스기야의 상처 위에 놓았다. 그런데 죽을병이 겨우 무화과 반죽으로 나을 수 있을까 의심이 들었다. 의심은 죄가 아니다. 단순히 연약함이다. 그래서 히스기야는 이사야에게 구원의 징표를 구했다.

"여호와께서 나를 낫게 하시고 삼 일 만에 여호와의 성전에 올라가게 하실 무슨 징표가 있나이까?"

히스기야는 그 증표로 해시계가 뒤로 십도 물러나기를 구하였다. 당시에는 계단으로 해의 그림자를 측정하고 시간을 알렸다. 그런데 그림자가 십도 앞으로 나아가는 것은 '해가 빠르게 서산을 향해 움직여 간다'는 뜻으로 별로 놀랄만한 일이 아니었다. 그래서 히스기야는 해시계가 뒤로 십도 물러나기를 구했고, 실제로 그런 현상이 일어났다. 그로부터 사흘 후에 히스기야는 건강을 되찾고 성전으로 올라갔다.

하나님께서 이스라엘 백성들을 산헤립의 손에서 구하시고 히스기야의 죽을병을 고쳐주셨다는 소문이 인근 여러 나라에 퍼졌다. 어느 날 바벨론 왕 므로닥발라단이 사신을 통해 예물을 보내왔다. 바벨론은 앗수르와 적대관계였지만 아직 기를 펴지 못하고 있는 작은 나라였다. (훗날 그의 아들 느부갓네살 왕이 유다를 함락시키고 왕들과 백성들을 포로로 잡아갈 것이다.)

기분이 상기된 히스기야는 바벨론에서 온 사자들에게 자기 보물고의 금은과 향품과 보배로운 기름과 창고의 모든 것들을 보여주었다. 아마도 마음속에 '얼마 전에 히스기야가 모든 금은을 산헤립에게 보냈는데…' 하는 의문이 생겨날 것이다. 그러나 역대기에 기록된 다음 말씀에서 우리는 중요한 단서를 발견할 수 있다.

> "이와 같이 여호와께서 히스기야와 예루살렘 주민을 앗수르 왕 산헤립의 손과 모든 적국의 손에서 구원하여 내사 사면으로 보호하시매 여러 사람이 예물을 가지고 예루살렘에 와서 여호와께 드리고 또 보물을 유다 왕 히스기야에게 드린지라. 이후부터 히스기야가 모든 나라의 눈에 존귀하게 되었더라."(대하 32:22-23)

왕궁의 보물은 순식간에 사라질 수도 있고 순식간에 채워질 수도 있다. 칼 한 번 사용하지 않은 채 산헤립을 물리쳤고, 그 자신은 죽을병에서 기적적으로 살아났다. 주변 나라들이 축하 사절과 보물들을 보내오자 히스기야의 마음에 슬며시 교만이 들어왔다. 그래서 바벨론의 사자들에게 자기가 얻은 부(富)를 자랑했다.

"히스기야가 마음이 교만하여 그 받은 은혜를 보답하지 아니하므로 진노가 그와 유다와 예루살렘에 내리게 되었더니"(대하 32:25)

교만하면 감사가 사라진다. 교만하면 하나님을 잊어버리게 된다. 그래서 교만은 패망에 이르는 지름길이다. 바벨론의 사자들이 떠나자 이사야가 굳은 얼굴로 히스기야를 찾아왔다.

"이사야가 히스기야에게 이르되 여호와의 말씀을 들으소서. 여호와의 말씀이 날이 이르리니 왕궁의 모든 것과 왕의 조상들이 오늘까지 쌓아 두었던 것이 바벨론으로 옮긴 바 되고 하나도 남지 아니할 것이요 또 왕의 몸에서 날 아들 중에서 사로잡혀 바벨론 왕궁의 환관이 되리라 하셨나이다."(왕하 20:16-18)

이 말을 듣고 히스기야가 즉시 하나님 앞에 회개하며 엎드렸을까? 우리는 당연히 그랬을 것이라고 생각한다. 그러나 히스기야의 반응은 전혀 달랐다.

"히스기야가 이사야에게 이르되 당신이 전한 바 여호와의 말씀이 선하니이다 하고 또 이르되 만일 내가 사는 날에 태평과 진실이 있을진대 어찌 선하지 아니하리요 하니라."(왕하 20:19)

이전의 히스기야가 아니었다. 아버지 아하스가 저질러 놓은 우상의 쓰레기들을 치우던 히스기야가 아니었다. 산헤립의 편지를 들고 성전에 들어가 통곡하며 부르짖던 히스기야가 아니었다. 어딘가 느슨해졌다. 자기 생전에만 별일이 없으면 괜찮다니, 어떻게 그런 말을 할 수 있을까. 자손의 대(代)에 그런 끔찍한 일이 일어나서는 안된다고, 자기가 교만하여 범죄했다고, 다시 성전에 들어가 울면서 회개했더라면 얼마나 좋았을까. 히스기야가 훌륭한 왕이었지만 그럼에도 불구하고 다윗에 미치지 못한 이야기가 여기에 있었다. 만일 다윗이었다면 다시 베옷을 입었을 것이다. 길지도 않은 인생에 왜 그렇게 처음 믿음을 끝까지 지키기가 어려울까. 바울의 편지가 생각난다.

"나는 선한 싸움을 싸우고 나의 달려갈 길을 마치고 믿음을 지켰으니 이제 후로는 나를 위하여 의의 면류관이 예비되었으므로 주 곧 의로우신 재판장이 그날에 내게 주실 것이며 내게만 아니라 주의 나타나심을 사모하는 모든 자에게도니라."(딤후 4:7-8)

히스기야는 주전 697년(전쟁 후 4년)부터 10년 동안 그의 어린 아들 므낫세(12세)와 공동섭정(co-regency)을 했다. 이 제도는 이조시대의 '세자책봉'과 같아서 아들이 아버지로부터 통치술(統治術)을 물려받을 수 있었다. 만일 히스기야가 므낫세에게 통치술보다 그의 신앙을 물려주었더라면 얼마나 좋았을까. 예나 지금이나 자식농사는 마음대로 되지 않는가 보다.

히스기야의 대를 이어 주전 697년부터 643년까지 55년 동안 왕위에 있었던 므낫세는 유다 왕들 중에서 가장 멀리 하나님을 떠난 왕이었다. 재위 기간은 가장 길었지만 열왕기와 역대기 사가(史家)들은 그의 생애에 대하여 비교적 짧은 지면을 할애하고 있다. 므낫세는 히스기야와 정반대의 길을 걸어갔다. 아버지가 헐어 버린 산당을 다시 세우고, 바알들을 위하여 제단을 쌓으며, 성전 안마당에 일월성신을 위한 제단을 쌓고 아세라 목상들을 만들었다. 그는 힌놈의 골짜기에서 자기 아들들을 불 가운데로 지나게 하며(이것은 산 사람을 몰록에게 드리는 제사였다.), 무죄한 피를 많이 흘리고, 신접한 자들과 박수들을 주의 선지자들보다 더 신뢰하였다. 그는 주변국가의 왕들보다 훨씬 더 음란하게 우상을 숭배했다. 결국 하나님께서 앗수르를 다시 불러오시는 길 외에 다른 길이 없었다.

> "여호와께서 므낫세와 그의 백성에게 이르셨으나 그들이 듣지 아니하므로 여호와께서 앗수르 왕의 군대 지휘관들이 와서 치게 하시매 그들이 므낫세를 사로잡고 쇠사슬로 결박하여 바벨론으로 끌고 간지라."(대하 33:10-11)

하나님의 개입으로 산헤립이 패주(敗走)하고 자식들에게 암살당했지만, 그렇다고 앗수르가 역사의 지평에서 사라진 것은 아니었다. 그의 아들 에살핫돈을 걸쳐 손자 앗수르바니팔(Asurbanipal, 주전 669-626)에 이르자 앗수르는 역사의 전면에 다시 등장했다. 그 후로 앗수르 군대는 유다를 침략하고 왕궁의 보물들을 탈취했다. 보물들뿐만 아니라 므낫세 왕까지 잡아갔다.

그런데 왜 앗수르 왕이 자기네 수도 니느웨가 아닌 바벨론으로 므낫세를 끌고 갔을까. 아직 강대국으로 성장하지 못한 바벨론은 그때 앗수르의 통치 아래 있었다. 수치와 환난을 당한 므낫세는 (아마도 생전 처음으로) 그의 조상들의 여호와 하나님께 겸손하게 기도했다. 그러자 자비가 풍성하신 하나님께서 므낫세의 기도를 들으시고 그를 다시 예루살렘으로 돌아오게 하셨다. (이번에는 잠시 동안 바벨론에 잡혀갔지만 50여 년 후에는 더 많은 왕들과 백성들이 바벨론에 포로로 잡혀가고, 유다 나라는 오랫동안 역사의 뒤안길로 사라질 것이다.)

"므낫세가 그제서야 여호와께서 하나님이신 줄을 알았더라."(대하 33:13)

구사일생으로 돌아온 므낫세는 예루살렘에 외성(外城)을 쌓고 견고한 성읍들에 지휘관들을 두며 성전에 있는 우상을 제거하고 그 제단들을 다 성 밖으로 던졌다. 그리하여 백성들이 여호와께만 제사를 드렸다. 하나님의 은혜로 늦게나마 죄를 회개하고 돌아온 므낫세에게, 시편 기자가 노래한 것처럼 고난이 축복이 되었다.

"우리에게 여러 가지 심한 고난을 보이신 주께서 우리를 다시 살리시며 땅 깊은 곳에서 다시 이끌어 올리시리이다."(시 71:20)

"고난당하기 전에는 내가 그릇 행하였더니 이제는 주의 말씀을 지키나이다."(시 119:67)

그러나 므낫세가 죽은 후에 왕위에 오른 아몬은 2년 동안 우상숭배를 하다가 신하들에 의해 암살을 당했다. 백성들이 암살자들을 찾아 죽이고 아몬의 아들 요시야로 왕을 삼았다. 북왕국 이스라엘에서는 왕의 암살이 곧 왕조의 몰락을 의미했다. 그러나 남왕국 유다에서는 왕이 암살되어도 다윗의 후손들이 그 계보를 이어갔다. 하나님께서 다윗의 위(位)를 지켜주시겠다고 약속하셨기 때문이다.

10

남왕국 유다의 명멸(明滅)

왕하 22-25장; 대하 34-36장

주전 641년, 겨우 8세에 왕위에 오른 요시야는 31년 동안 나라를 다스렸다. 그는 하나님 앞에서 유다를 회복시키기 위해 마지막으로 몸부림쳤던 등불과 같은 존재였다. 그 이후에 네 명의 왕들(셋은 그의 아들이고 한 명은 손자)이 23년을 더 다스렸지만, 모두 우상을 숭배하다가 바벨론에게 완전히 멸망하고 말았다.

요시야가 왕위에 오른 지 18년 되던 해에 대제사장 힐기야가 성전에서 율법책을 발견했다. 왜 '발견했다'는 표현을 사용했을까. 악한 왕들이 철저하게 성전의 유산을 파괴할 때에 누군가 그 책을 숨겨놓았기 때문이다. 율법책은 본래 제사장들이 성전에 두고 읽었다. 그런데 언제부터인가 눈에서 사라졌다. 하나님의 은혜로 그 사라졌던 율법책이 요시야의 손에 들어왔다. 서기관 사반이 왕 앞에서 율법책을 읽기 시작하자 요시야는 자기 옷을 찢었다. 그리고 몇몇 신하들을 여선지 훌다에게 보내어 하나님의 뜻을 물었다. 훌다가 이렇게 하나님의 말씀을 대언했다.

> "여호와의 말씀이 내가 이곳과 그 주민에게 재앙을 내리되 곧 유다 왕이 읽은 책의 모든 말대로 하리니 이는 이 백성이 나를 버리고 다른 신에게 분향하며 그들의 손의 모든 행위로 나를 격노하게 하였음이라. 그러므로 내가 이곳을 향하여 내린 진노가 꺼지지 아니하리라."(왕하 22:16-17)

하나님 앞에서 '겸비하여 옷을 찢고 통곡한' 요시야는 평안히 조상의 묘실에 묻힐 것이라고 했다. 훌다의 예언을 들은 요시야는 지도자들과 함께 성전으로 올라갔다. 소문을 들었는지 백성들도 뒤따라왔다. 왕은 지도자와 백성들에게 그 율법책을 읽어준 후에 하나님 앞에서 언약을 세웠다. 마음을 다하고 뜻을 다하여 여호와께 순종하고, 그의 계명과 법도와 율례를 지켜 그 책에 기록된 언약의 말씀을 이루겠다는 언약이었다. 백성들은 그 언약에 따르기로 맹세했다.

그 후에 요시야는 철저한 종교개혁을 실천에 옮겼다. 그만큼 철저하게 우상의 잔재들을 찾아내어 성전을 깨끗하게 한 왕은 이전에도 없었다. 요시야의 개혁은 성전과 왕궁과 예루살렘에 국한되지 않았다. 성 밖에 남아 있던 산당들, 옛적에 솔로몬 왕이 '시돈 사람의 아스다롯과 모압 사람의 그모스와 암몬 자손의 밀곰'을 세워놓은 (예루살렘 건너편 산에 있는) 산당들을 허물고, 그 석상(石像)들과 목상(木像)들을 깨뜨렸다. 나아가서 전국의 모든 산당들을 헐고 그곳에서 봉직(奉職)하던 제사장들은 무교병은 먹되 여호와의 제단에는 다시 올라오지 못하게 했다. 산당들뿐만 아니라 신접한 자들과 점쟁이들도 제거했다. 요시야는 벧엘을 방문하고 전에 여로보암이 세운 제단과 산당과 우상들을 헐고 불살랐다. 그리고 무덤의 해골들을 가져다가 그 파괴된 제단 위에서 불살라 더럽혔다. 그리하여 3백여 년 전에 벧엘을 방문했던 유다의 젊은 선지자가 예언했던 말씀이 그대로 이루어졌다.

"하나님의 사람이 제단을 향하여 여호와의 말씀으로 외쳐 이르되 제단아 제단아 여호와께서 이와 같이 말씀하시기를 다윗의 집에 요시야라 이름하는 아들을 낳으리니 그가 네 위에 분향하는 산당 제사장을 네 위에서 제물로 바칠 것이요 또 사람의 뼈를 네 위에서 사르리라 하셨느니라."(왕상 13:2)

이처럼 백성들과 땅을 정결케 한 요시야 왕은 그 해에 전무후무한 규모의 유월절을 지켰다. 열왕기 저자는 이렇게 기록하고 있다.

"사사가 이스라엘을 다스리던 시대부터 이스라엘 여러 왕의 시대와 유다 여러 왕의 시대에 이렇게 유월절을 지킨 일이 없었더니… 요시야와 같이 마음을 다하며 뜻을 다하며 힘을 다하여 모세의 모든 율법을 따라 여호와께로 돌이킨 왕은 요시야 전에도 없었고 후에도 그와 같은 자가 없었더라."(왕하 23:22, 25)

그러나 요시야의 뒤늦은 개혁이 하나님의 진노의 불길을 돌이킬 수는 없었다.

"여호와께서 이르시되 내가 이스라엘을 물리친 것같이 유다도 내 앞에서 물리치며 내가 택한 이 성 예루살렘과 내 이름을 거기에 두리라 한 이 성전을 버리리라 하셨더라."(왕하 23:27)

만일 요시야 왕이 좀 더 오래 살고 영적 개혁을 계속했더라면 어떻게 되었을까. 아쉽게도 요시야는 39세에 요절했다. 애굽 왕 느고(주전 609-594년에 통치)가 유브라데 강가의 갈그미스에서 신흥제국 바벨론과 자웅(雌雄)을 다투기 위해 올라가고 있었다. 앗수르는 이미 주전 612년에 바벨론 연합군에 의해 멸망한 뒤였다. 애굽은 바벨론의 세력이 커지는 것을 두려워하며 앗수르의 남은 세력들과 힘을 합쳐 주전 609년에 갈그미스를 점령하였다. 갈그미스는 구글 지도에 'Jarabulus, Syria'로 나오는데, 유프라테스 강의 서안에 위치한 동서(東西) 상업과 전략적 요충지였다.

근간에 앗수르가 쇠약해진 틈을 타 자유를 누리고 있던 요시야는 애굽에게 지배받기를 원치 않았다. 그래서 므깃도에서 애굽 왕의 북진을 가로막았다. 애굽 왕이 요시야에게 '이 원정은 하나님의 뜻'이니 옆으로 비켜서라고 경고했다. 그러나 요시야는 변장하고 전투에 임했다가 애굽군의 화살에 맞아 죽고 말았다.

그 소식을 들은 신하들은 요시야의 아들 여호아하스를 왕으로 세웠다. 그러나 애굽 왕 느고는 3개월 후에 여호아하스를 다메섹에서 2백 여 km 북쪽에 있는 하맛(Hama) 땅으로 소환하고, 그의 형인 엘리아김을 여호야김으로 개명하여 18대 유다 왕으로 세웠다. 왜 애굽 왕이 여호아하스를 폐위시키고 여호야김을 세웠을까. 일종의 내정간섭이었다. 후에 여호아하스는 애굽으로 끌려가 그곳에서 죽었다.

한편 갈그미스 전투에서 바벨론에게 약세를 보인 애굽 왕 느고는 본국으로 돌아가 전열을 재정비했다. 그리고 주전 605년에 다시 갈그미스로 올라가 바벨론 왕 느부갓네살과 격전을 치렀지만 완패하고 후퇴했다. 내친김에 느부갓네살은 남진하여 팔레스타인 지역을 점령하고, 주전 606년에는 여호야김이 다스리던 유다를 바벨론의 속국으로 삼았다(바벨론의 1차 침공).

그로부터 3년 후, 이번에는 바벨론의 느부갓네살이 애굽 본토를 치려고 내려왔다가 큰 손실을 입고 돌아갔다. 약삭빠른 여호야김은 즉시 바벨론을 배반하고 애굽 편으로 돌아섰다. 바벨론 왕 느부갓네살은 갈대아와 아람과 모압과 암몬 부대를 보내어 유다를 공격했다.

그 사이에 여호야김은 자연사하고, 그의 아들 여호야긴(18세)이 주전 598년에 유다의 19대 왕이 되었다. 그도 역시 아버지처럼 악을 행하였다. 그가 왕이 된 지 3개월 후에 바벨론 왕 느부갓네살이 직접 예루살렘을 치려고 내려오니(주전 598년) 겁에 질린 그는 어머니와 신하들과 지도자들이 함께 나가서 항복했다(바벨론의 2차 침공). 느부갓네살은 왕과 남은 용사들과 장인(匠人)과 대장장이들을 사로잡고, 성전과 왕궁에 있는 모든 보물을 바벨론으로 옮겨갔다. 이때 에스겔도 함께 잡혀갔다(겔 1:1-2).

느부갓네살은 요시아의 또 다른 아들 시드기야(21세)를 왕으로 세웠다. 시드기야는 11년간 유다를 다스린 마지막 왕이었다. 그는 왕위에 오른 지 9년째에 바벨론을 배반했다. 약 2년 동안 바벨론 군대에 포위당한 예루살렘 성에 식량이 떨어졌다. 견디다 못한 시드기야 왕과 군사들이 성벽 사이의 비밀통로를 통하여 도망갔지만 여리고 평지에서 사로잡히고 말았다. 느부갓네살 앞에 끌려간 시드기야는 아들들이 학살당하는 끔찍한 장면을 자기 눈으로 직접 보아야 했다. 느부갓네살은 그의 두 눈을 뺀 후 바벨론으로 끌고 갔다. 유다가 망할 무렵 하나님의 말씀을 대언했던 예레미야는 바벨론 왕이 시드기야를 불태워 죽였다고 기록했다(렘 29:22).

느부갓네살은 주전 586년에 시위대장을 예루살렘으로 다시 보냈다. 그는 성전에 남은 금은 그릇들과 놋기둥과 놋 바다를 깨뜨려 바벨론으로 가져간 후 성전과 왕궁과 귀인들의 집을 모두 불살랐다. 군대들은 예루살렘 성벽을 헐고 성중에 남아 있는 백성들을 바벨론으로 사로잡아갔다(바벨론의 3차 침공). 예루살렘은 폐허가 되고 남은 자들은 애굽으로 도망쳤다. 그렇게 허물어진 성벽은 140여 년 후에 느헤미야가 재건할 때까지 방치되었다.

한편 18세에 바벨론에 사로잡혀간 여호야긴은 37년 후에 신분이 회복되었다(주전 560년). 열왕기 저자는 이를 장차 유다의 회복과 관련된 하나님의 증표로 보았다. 열왕기 저자는 느부갓네살의 아들 에윌므로닥이 즉위한 해에 여호야긴에게 일어났던 일을 이렇게 기록하고 있다.

> "유다의 왕 여호야긴이 사로잡혀 간 지 삼십칠 년 곧 바벨론의 왕 에윌므로닥이 즉위한 원년 십이월 그 달 이십칠 일에 유다의 왕 여호야긴을 옥에서 내놓아 그 머리를 들게 하고 그에게 좋게 말하고 그의 지위를 바벨론에 그와 함께 있는 모든 왕의 지위보다 높이고 그 죄수의 의복을 벗게 하고 그의 일평생에 항상 왕의 앞에서 양식을 먹게 하였고 그가 쓸 것은 날마다 왕에게서 받는 양이 있어서 종신토록 끊이지 아니하였더라."(왕하 25:27-30)

여호야긴의 석방은 페르시아의 고레스 왕이 유다 포로들의 귀향을 허락한 주전 537년으로부터 23년 전쯤에 일어난 일이었다.

남왕국 유다의 멸망도 북왕국 이스라엘의 멸망처럼 허무했다. 마치 부스러진 돌조각들 같아서 건져낼 만한 이야기들이 없다. 왜 그렇게 어리석을까. 하나님을 섬기면 축복받는다는 말씀을 왜 그렇게 줄기차게 외면했을까. 그들에게는 역사를 읽을 만한 지혜도 없었을까? 왕들의 이야기를 읽다 보면 바울이 로마서에 인용한 말씀이 떠오른다.

"기록된바, 의인은 없나니 하나도 없으며
깨닫는 자도 없고 하나님을 찾는 자도 없고
다 치우쳐 함께 무익하게 되고
선을 행하는 자는 없나니 하나도 없도다.
그들의 목구멍은 열린 무덤이요
그 혀로는 속임을 일삼으며
그 입술에는 독사의 독이 있고
그 입에는 저주와 악독이 가득하고
그 발은 피 흘리는 데 빠른지라.
파멸과 고생이 그 길에 있어
평강의 길을 알지 못하였고
그들의 눈앞에 하나님을 두려워함이 없느니라 함과
같으니라"(롬 3:10-18)

왕들의 이야기는 인간의 반역과 하나님의 용서가 교차되는 이야기들이다. 왕들의 이야기는 인간의 관점에서 볼 때는 절망이고 하나님의 관점에서 볼 때는 소망이다. 지속적으로 유다 왕들과 백성들에게 '바벨론에게 항복하라'고 외쳤던 예레미야가 예언한 70년 포로생활의 끝이 서서히 다가오고 있었다.

> "여호와께서 이와 같이 말씀하시니라. 바벨론에서 칠십 년이 차면 내가 너희를 돌보고 나의 선한 말을 너희에게 성취하여 너희를 이 곳으로 돌아오게 하리라."(렘 29:10)

역대기는 예레미야의 예언이 이루어져서 유다 백성들이 고향으로 돌아온 이야기까지 기록하고 있다.

> "바사의 고레스 왕 원년에 여호와께서 예레미야의 입으로 하신 말씀을 이루시려고 여호와께서 바사의 고레스 왕의 마음을 감동시키시매 그가 온 나라에 공포도 하고 조서도 내려 이르되, 바사 왕 고레스가 이같이 말하노니 하늘의 신 여호와께서 세상 만국을 내게 주셨고 나에게 명령하여 유다 예루살렘에 성전을 건축하라 하셨나니 너희 중에 그의 백성 된 자는 다 올라갈지어다 너희 하나님 여호와께서 함께하시기를 원하노라 하였더라."(대하 36:22-23)

사람은 불성실해도 하나님은 신실하셔서 반드시 그의 약속을 지키신다. 아멘, 할렐루야! (예레미야를 비롯한 선지자들의 이야기는 나중에 따로 집필할 계획이다.)

가슴으로 읽는 성경 7 사무엘서·열왕기서·역대기서

왕들의 이야기

1판 1쇄 인쇄 _ 2022년 4월 1일
1판 1쇄 발행 _ 2022년 4월 15일

지은이 _ 김영길
펴낸이 _ 이형규
펴낸곳 _ 쿰란출판사

주소 _ 서울특별시 종로구 이화장길 6
편집부 _ 745-1007, 745-1301~2, 747-1212, 743-1300
영업부 _ 747-1004, FAX 745-8490
본사평생전화번호 _ 0502-756-1004
홈페이지 _ http://www.qumran.co.kr
E-mail _ qrbooks@daum.net / qrbooks@gmail.com
한글인터넷주소 _ 쿰란, 쿰란출판사
페이스북 _ www.facebook.com/qumranpeople
인스타그램 _ www.instagram.com/qrbooks
등록 _ 제1-670호(1988.2.27)
책임교열 _ 최찬미·신영미

© 김영길 2022 ISBN 979-11-6143-708-8 94230
979-11-6143-143-7 (세트)

책값은 뒤표지에 있습니다.
이 출판물은 저작권법에 의해 보호를 받는 저작물이므로 무단 복제할 수 없습니다.
파본(破本)은 구입처에서 교환해 드립니다.